KB073296

무조건 기본소득

매우 중요하고 시의적절한 책. '사회권력'을 강조함으로써 정치·경제적으로 격동의 시기에서의 기본소득을 둘러싼 논쟁과 연구에 새롭고도 꼭 필요한 사회적 차원을 부여한다. 수년에 걸친 다비드 카사사스의 기본소득에 관한 분석이 한 권에 담긴 이 훌륭한 책은 사회를 변화시키는 수단으로서의 기본소득에 관한 더 넓은 식견을 얻고 싶은 이들의 필독서다.
- 루이즈 하그

유용하면서 전투적인 책. 무조건적인 기본소득 제안을 명석하고 엄격하고 노련하게 확립했다는 점에서 유용하며, 가히 급진적이라고 할 만한 입장을 숨기지 않는다는 점에서 전투적이다. 이렇듯 카사사스는 "급진적인 태도를 취할 줄 모르는 자는 극사실주의라는 어리석음에 빠지고 만다."라는, 우리의 스승이자 친구, 안토니 도메네크의 충고를 따른다.
- 다니엘 라벤토스

공화주의적 자유라는 가치를 토대로 쌓아 올린 기본소득에 대한 윤리적 변론. 엘리트가 금권정치를 일삼으며 갈수록 더 큰 부로 주머니를 채우는 불로소득 자본주의 시대에 중요한 제안이다. 우리에게는 기본소득이 닻으로 기능하는 새로운 분배 체계가 필요하다.
- 가이 스탠딩

너는
전태일 50주기
공동 출판 프로젝트
나다 2

다비드 카사사스 지음
구유 옮김

모두의 자유를 위한
공동의 재산

LIBERTAD
INCONDICIONAL

무조건 기본소득

리얼부커스

노동에는 무언가 나쁜 점이 있는 게 분명하다.
그렇지 않았더라면 부자들이 이미 독차지했을 테니까.
- 마리오 모레노(칸틴플라스)

무위,
내버려 둠으로써 스스로 형성하지 못하는 이가 없게 하라.
- 노자, 프랑수아 줄리앙의 해석에 따름

차례

일러두기

* 본문에 있는 각주는 모두 저자가 작성한 것이다.
* 책으로 볼 수 있는 것(단행본, 장편소설, 소설집, 신문을 비롯한 정기·부정기 간행물)의 제목은 겹화살괄호(《 》)로 묶고, 책의 형태가 아닌 인쇄물, 영화 등의 제목은 홑화살괄호(〈 〉)로 묶었다.

감사의 말

인간의 손에서 나온 모든 물건이 그러하듯 이 책 역시 사회적 또는 집단적 노력의 결과물로, 과거에서부터 물려받은 단서와 참고문헌을 비롯하여 동시대 사람들과 그들의 연구가 없었더라면 세상에 나오지 못했을 것이다. 따라서 그들의 노고에 감사하지 않고 넘어갈 수 없다.

안토니 도메네크Antoni Domènech, 요안 페르난데스 데 라스 에라스Ion Fernández de las Heras, 이라체 페르난데스 데 라스 에라스Iratxe Fernández de las Heras, 마리나 가르세스Marina Garcés, 에두아르도 곤살레스 데 몰리나Eduardo González de Molina, 브루 라인 에스칸델Bru Laín Escandell, 에드가르 만하린Edgar Manjarín, 마리아 헤수스 마르케스María Jesús Marqués, 훌리오 마르티네스-카바Julio Martínez-Cava, 조르디 문도Jordi Mundó, 후안마 페리카스Juanma Pericàs, 다니엘 라벤토스Daniel Raventós, 세바스티안 리우토르트Sebastià Riutort, 마티아스 사르렌가Matías Zarlenga는 이 책을 읽고 의견을 나누어 주었으며, 충고와 제안으로 더 나은 책을 만드는 데 도움을 주었다.

다니엘 라벤토스, 유르겐 데 위스펠라레Jurgen de Wispelaere,

사이먼 번바움Simon Birnbaum은 내가 이 책을 쓰면서 가장 오랜 시간을 함께 보낸 이들이다. 이전 책에서 공동 저자로 함께 작업하기도 했던 그들의 흔적이 확연할 것이다. 이 책을 써 내려가는 동안 그들의 발자취를 확인할 수 있었고, 우리가 함께 글을 쓰며 나눴던, 진심으로 즐거웠던 순간들이 다시금 떠올랐다.

세월이 흐르는 동안 다양한 무리의 동료가 생겼고, 이 책에서 전개하는 크고 작은 아이디어들을 그들과 분석하고 토론할 수 있었다. 이를 두고 '특권'이라고 생각하지는 않지만, 그렇다고 그들의 도움을 당연한 것으로 여기고 싶지는 않다. 그들이 있어 정말 행운이라고 느낀다. 지금까지 언급한 이들 외에도 훌리오 레오니다스 아기레Julio Leónidas Aguirre, 로드리고 아미롤라Rodrigo Amírola, 조르디 아르카론스Jordi Arcarons, 프란시스코 바에스 우르비나Francisco Báez Urbina, 루시아 바라테크Lucía Baratech, 보르하 바라게Borja Barragué, 파블로 블랑코Pablo Blanco, 마리아 훌리아 베르토메우María Julia Bertomeu, 야닉 보스크Yannick Bosc, 알렉스 보소Àlex Boso, 바스크 노동조합ESK 동료들, 싱크탱크 모두의 재단Fundación de los Comunes 동료들, 가토Gato, 플로렌스 고티에Florence Gauthier, 안카 게아우스Anca Gheaus, 알렉스 고레비치Alex Gourevitch, 훌리오 세사르 구안체Julio César Guanche, 루이즈 하그Louise Haagh, 야요 에레로Yayo Herrero, 리사 헤르조그Lisa Herzog, 마이클 하워드Michael Howard, 프랑수아 허든François Hudon, 인플렉시오Inflexió 집단 친구들, 루이스 후베리아스Luis Juberías, 마이클 크라트케Michael Krätke, 한스 라구나Hans Laguna, 이르쿠스 라리나가Irkus Larrinaga, 루벤로 부올로Rubén Lo Vuolo, 제르만 로에베Germán Loewe, 알레한드로 나달Alejandro Nadal, 호세 안토니오 노게라José Antonio Noguera, 캐롤 파트먼Carole Pateman, 크리스티안 페레스 무뇨스Cristian Pérez Muñoz, 필립 페팃Philip Pettit, 제라르도 피사레요Gerardo Pisarello, 모니카 플라나Mònica Plana, 로미 모랄레스Rommy Morales, 사비에르 페드롤Xavier Pedrol, 마르크 프라델Marc Pradel, 엔리크 프랏Enric Prat, 파코 라모스Paco Ramos, 세르지 라벤토스Sergi Raventós, 호세 루이스 레이José Luis Rey, 마우리시오 리포Mauricio Rifo, 아드리아나 사바테Adriana Sabaté, 체마 산체스Txema Sánchez, 베아트리스 실바Beatriz Silva, 엑토르 신Héctor Sin, 가이 스탠딩Guy Standing, 마치에이 슐린데르Maciej Szlinder, 하비에르 테바르Javier Tébar, 유이스 토렌스Lluís Torrens, 아일린 토레스 산타나Ailynn Torres Santana, 필리프 반 파레이스Philippe Van Parijs, 야닉 반더보르트Yannick Vanderborght, 피터 와그너Peter Wagner, 줄리 와크Julie Wark, 스튜어트 화이트Stuart White, 칼 와이더키스트Karl Widerquist, 파블로 야네스Pablo Yanes와 알마즈 젤레케Almaz Zelleke에게 감사한다. 또한, 카를레스 나바레테Carles Navarrete와 후안호 보야Juanjo Boya는 내가 이 책을 쓰도록 용기를 북돋아 주었을 뿐만 아니라, 집필이 지나치게 지체되지 않도록 의견과 조언으로 도움을 주었다.

경제 사회학, 사회운동, 사회학 입문 수업을 듣는 바르셀로나 대학교 학부생들과 국제정치 비평지 《신 페르미소*SinPermiso*》가 주관한 '현대 자본주의의 경제적·정치적-철학적 분석' 수업을 듣는 석사생들, 그리고 바르셀로나 대학교 측은 이 책의 의도를 가장 먼저 접하고 길을 제시해주었으며, 말하고자 하는 바를 나 자신도 더 정확히 이해하고 표명할 수 있도록 이루 말할 수 없는 도움을 주었다. 이 사실을 과연 그들이 알지는 모르겠다.

이론적 고민과 사회정치적 개입이 같은 정치적 열망과 걱정을 공유하는 단체와 공간 안에서 이루어질 때, 둘은 손을 맞잡고 의미 있는 지점으로 향한다. 그런 의미에서 내가 《신 페르미소》의 뼈대가 되는 문화적·정치적 프로젝트에, 기본소득스페인네트워크Red Renta Básica에, 기본소득지구네트워크Basic Income Earth Network에, 바르셀로나 경제적·사회적·문화적 권리 관측소DESC의 활동에 참여할 수 없었더라면 이 책은 지금의 모습을 갖추지 못했으리라. 또한, 바르셀로나 대학교의 사회경제적 윤리와 사회과학 인식론 연구팀GREECS에서 진행한 〈주권, 정치적 자유, 재산권과 공유 자원Mineco, FFI2015-63707-P〉이라는 연구 프로젝트는 이 책이 빛을 볼 수 있을 환경을 조성해주었다.

이 책의 집필 과정은 친구이자 스승 안토니 도메네크의 갑작스럽고도 너무 이른 죽음이라는 소식에 흔들리기도 했다. 비록 그는 떠났지만, 가닥가닥 엮이며 각계 정치인과 지식인의 무대에 끊임없이 물을 대는, 마치 토니가 우리를 위해 준비해둔 것 같은 대담하고 창의적인 사상의 흐름을 매일같이 발견해 나가는 데서 오는 확신과 열정이 남아있다. 토니가 없는 지금, 사유한다는 것은 매일 그의 자취를 발견하는 것이자 그와 늘 함께 하는 것이리라.

마지막으로, 아체와 이라체는 쓰이기 전부터 후까지 이 책을 이해하고 격려함으로써 나 역시 이 책을 더 잘 이해할 수 있게 도와주었다. 특히, 개인적·정치적 시공간의 나침반을 현명하게 다룰 줄 아는 이라체는 나침반을 던져버리는 법을 배우는 것 역시 중요하다는 사실을, 아찔하겠지만 그렇게 삶의 옷깃을 움켜쥐고 삶을 우리의 것으로 만들려는 노력을 해야 한다는 것을 가르쳐주었다. 나는 이 책을 삶과 세상을 움직일 용감한 결단에 바친다.

이제 끝을 맺는다. 이 책은 조건적 자유라는 체제하에 살아가는 이들, 즉 압도적 다수인 우리 모두와 함께, 우리 모두를 위해 쓰였다. 우리가 사는 지금이 느린, 때로는 속을 뒤집어 놓을 만큼 느리지만, 방황하더라도 결코 멈추지 않을 민주주의 혁명의 시대라는 말이 사실이기를 바란다. 민주주의 혁명으로 우리는 자유를 모두가 조건 없이 온전히 접근할 수 있는 재산으로 만들어야 할 것이다. 자유가 실현될 가능성의 물질적·상징적 조건을 쟁취하기 위해 우선 싸우지 않고서는, 자유를 알아보지도 경험하지도 못하리라.

서문

모자와 삶

"모자에 기대어 사는 행위(빌붙는 행위)"는 부당하다고들 한다. 열심히 사는 사람들을 놀리는 행위이자 도덕적 기반을 무너뜨리면서 사회에 해를 끼칠뿐더러 본인에게도 해로운 행위인데, 빌붙어 사는 사람은 참혹한 기면 상태에 빠지는 경향이 있다는 것이다. 즉 행위의 기면이자 사회적 유대관계의 기면 상태에 빠지는 것으로, 완전한 무질서며 재앙이라고들 말한다.

그래, 좋다. 빌붙는 행위는 부당하다. 그런데 잠깐. 모자에 기대어 산다는 표현은 누가 만든 것인가? 그리고 무엇보다, 우리는 어떤 행위를 두고 모자에 기대어 산다고 말하는가? 잠시 과거로 눈을 돌려 이 표현의 역사적 유래를 파헤쳐보자. 그러려면 19세기, 어쩌면 20세기 초반의 산업사회로 거슬러 올라가야 한다. 그 당시 산업을 생각해보자. 십장이 직공에게 하루 치 노동에 대한 급여를 지불하던 일용 노동의 시대를 떠올릴 수 있겠다. 단 하루 치 품삯이다. 그리고 물론, 이미 완전히 프롤레타리아화된 하층 계급을 위한 사회적 보호가 전혀 이루어지지 않던 시대를 떠올릴 수 있겠다. 이 시대는 칼 폴라니Polanyi가 여러 번 말했던 자본주의의 '거대한 전환'이 이루어지던 시대로, 지역 규모의 특정 공공재산에 아직 접근할 수 있던(누릴 수도 있던) 세계와 최초의 사회복지 체계며 공공부조 체계가 모습을 갖춰가던 세계 사이를 말한다. 물질적·비물질적 수단의 '대약탈'(마르크스Marx의 말을 빌리자면, "피를 뚝뚝 흘리며" 자행된 "착취")이 자행된 '거대한 전환'의 정점에서 이제 다만 한 가지만 남게 됐다. 바로 **일당**이다. 일당이 없는 날이면 기본적인 생계를 해결할 수 없었다. 가령, 일당 없이는 저녁 식사도 없었다.

그런데 정말로 일당 하나만 남았을까? 분명 한 가지가 더 있었다. 바로 모자다. 남자들은 푸른 셔츠를, 여자들은 검고 긴 원피스를 입던 당시, 모자는 프롤레타리아화된 군중을 연대의 끈으로 (다시) 이어주는 도구가 되었다. 누군가 아플 때 동료나 이웃이나 친척이 공장에 소식을 알렸고, 일당을 받을 때가 오면 결근한 동료의 모자를 구석에 두었다. 공장을 나서면서 그날 번 돈의 일부를 넣어주자는 합의였다. 이런 식으로 아픈 노동자의 집에도 거의 온전한 일당이 전해질 수 있었고, 그렇게 기본적인 생계를 해결할 수 있었다. 즉 저녁 식사를 해결할 수 있었다. 영국의 역사가 E.P. 톰슨E.P. Thompson이 지적했듯, 노동자 계급은 그들의 일상에서, 노동력을 싸게 팔아넘기도록 무자비하게 그들을 밀어붙인 그 약탈의 과정에서 다만 수동적인 구경꾼에 머무르지 않았다. 프롤레타리아 역시 벌어진 상처를 달래는 데 그치지 않고, 자신들의 역사를 다시 써 내려가기 위한 장치를 모색하며 '스스로 형성'하고, '공통의 관습'을 (재)숙고할 줄 아는 계급이었다. 어떤 장치였냐고? 바로 모자였다.

우리네 삶에서 토씨는 중요하다. 언어학자 조지 레이코프와 마크 존슨이라면 '삶으로서의 은유', 곧 늘 정치적 의도가 다분한 은유를 형성할 때도 마찬가지로 토씨가 중요하다고 할 것이다. 이렇듯 토씨는 중요하다. 그도 그럴 것이 당시에는 아무도 "모자**에 기대어** 산다"고 하지 않았다. 냉혹하고 혹독했던 19세기 당시, 노동자 계급은 자원(일당, 일당**들**)을 공유화할 수 있는, 상부상조와 연대를 구축하는 방안으로 모자를 활용했는데, 그 목적은 단순했다. 모두가 생활할 수 있게 하는 것이었다. 이런 맥락에서 그들은 '모자**를 가지고** 살았다'고 할 수 있다. 빈곤에 맞서 싸우고, 대단하지는 않을지언정 적어도 숨통은 트이게 해 줄 자유를 되찾는 데 필요한 모든 모자**를 가지고** 살았던 것이다. 모자**를 가지고** 살고 모자**를 통해** 행동하기란 생산수단의 공유화라든가 자본주의의 약탈적 성격을 몰아내는 것과는 거리가 있었고, 기껏 공유화할 수 있었던 것은 일당에 불과했지만, 이는 결코 작은 성취가 아니었다. 모자의 도움을 구하는 행위('모자**를 가지고** 사는 행위')를 통해 일당을 공유화한다는 것은 노동문화를 형성하는 방식이었다. 다시 E.P. 톰슨의 용어를 빌리자면, 자본주의 기업이라는 '시퍼런 물질'을 '비물질적으로 재정의'하여 그 안에서 조금은 덜 메마르고, 가능하다면 자본주의와 먼 삶의 형태를 천천히 시험해볼 수 있게 할 틈이 있는 공간을 이루고자 하는 것이었다.

모자**를 가지고**(결코 **기대지** 않고) 사는 행위로, 프롤레타리아는 종종 불가피하다고 여겨지는 운명에서 부분적이나마 탈출했다.

이렇게 그들은 자기 본성을 자각하고, 왔던 길을 되짚으며 공동의 세계로 향하기 위해 소소하게나마 투쟁을 지속하는, '스스로 형성'하는 계급이 되었다. 그래서 자본주의자들은 모자를 악마로 묘사해야 했던 것이다. 이탈리아의 페미니스트 저술가 실비아 페데리치Silvia Federici에 따르면, 중세(후기)와 산업혁명 이전 시기에 공유지에 자리 잡고 살며 그들만의 지식 및 관습으로 그 땅을 풍요롭게 했던 여성들을 마녀라고 매도했던 것처럼, 언어의 패권 싸움은 물질적으로 대립하는 계급 간의 갈등을 수습하는 데 있어 상징적이라기보다 결정적인 법이라, 마찬가지로 저들만의 '공통의 관습'을 두둔하던 자본주의 옹호자들이 모자의 의미를 손상하기에 이르렀다. 그들은 노동자 계급이 "모자**에 기대어** 산다"고 했고, 그렇게 표현이 생겨났다. 결국 토씨의 문제다.

지금 우리 모습은 이 이야기와 별반 다르지 않다. 오늘날에는 어떤 공공-공동의 수단을 가지고 나날이 곪아가는 벌어진 상처를 달래며, 나아가 우리가 선택한 삶을 그려보고 살아볼 수 있을까? 우리는 무엇보다 노동의(**노동들**의) 영역에 시선을 고정한 채, 이토록 새롭고도 이토록 낡은, 여전히 우리를 잠식하고 있는 '시퍼런 물질'을 어떻게 해석하고 재정의해야 할지 고민해야 할 것이다. 오늘날 우리에게는 어떤 모자가 있을까, 또는 어떤 모자를 가질 수 있을까? 우리는 어떤 장치를 이용하여 노동의(**노동들의**) 영역, 곧 우리네 삶이 펼쳐지는 시간과 공간에 영향을 미치는 영역을 인간 존엄과 자유가 양립하는 세계로 만들어나갈 수 있을까?

오늘날에도 역시 살기 위해 일해야 하는 우리는 인간의 질서와 운명이 정해져 있다는 관념적인 주장에 반격을 가해야 하는 사람들로 이루어진 계급이다. 역사는 아직 다 쓰이지 않았다. 오늘날에도 역시 살기 위해 일해야 하는 우리는 '스스로 형성'하며 작인(作因)철학에서 말하는 '작인(作因, Agency)'은 보통 어떠한 결과를 가져오는 작용을 말한다. 주어진 환경에서 행위자와 행위 사이에 인과 관계가 성립한다고 할 때, 행위자가 선택하고 행위하는 능력으로 이해할 수 있다.-옮긴이을 고민해야 하는 계급이다. 스페인의 철학자 마누엘 사크리스탄에 따르면, 작인을 고민한다는 것은 곧 자신을 '지구의 파괴자들'에게 주도권을 빼앗긴 역사의 희생자로 여기는 것에 그치지 않고(희생자가 맞기는 하지만), 민주화를 추구하는 도덕적 본능을 지닌 주체이자 끊임없이 투쟁을 이어가려는 주체로 여기는 것과 같으며, 투쟁 속에서 벌어지는 모든 우발적 사건은 우리의 일상과 노동을 존엄하게 하는 방향으로 향할 것이다.

기본소득 제안은 이러한 맥락에서 생겨났다. 기본소득이란 생활의 기본적인 필요를 해결하기에 충분한 액수를 공권력이 개별적으로(가구가 아닌 개인에게), 보편적으로(인구 전체에), 무조건적으로(다른 수입원이나 각자가 처한 환경과 무관하게) 지급하는 현금 수당이다. 그러나 기본소득은 역사를 초월하여 어느 곳에서든 효과를 내는 일종의 만병통치약이 아니다. 사실은 정반대로, 기본소득은 그것이 아무리 중요하더라도 우리가 협상력을 얻고 저마다의 삶을 일구어 갈 수 있도록 **가지고** 행동해야 할 장치의 일부로 다루어져야 한다. 19세기의 모자처럼, 기본소득이 사회적으로 취약하고 궁핍한 처지에 놓인 사람들을

'구제'해야 하는 것도 맞지만, 이러한 '구제'는 19세기의 모자와 마찬가지로 (다시) 프롤레타리아화된 노동자 계급이 다시금 '스스로 형성'하고, 그로부터 프롤레타리아, 즉 하위 계급을 해체하기 위한 기초가 될 사회질서를 세울 수 있게 하는 많은 사회정치적 과정의 시작 단계일 뿐이다. 우리가 프롤레타리아에서 벗어나 자유로운 노동자가 되는 데 기본소득이 도움이 될까? 다시 말해, 오늘날의 **모자**가 우리를 **일당**에서부터(**노동**에서부터가 아니라) 자유롭게 만들어 줄 수 있을까?

그러나 이 책이 꼭 기본소득에 관한 책은 아니다. 이 책은 기본소득을 축으로, 오늘날 노동 인구가 자기 삶을 되찾는 데 이용하고 있고 앞으로 이용할 수 있는 제도적 장치와 정책과 수단을 탐구하기 위한 책이다. 그렇기에 기본소득은 신성화 된 우상이 되어서는 안 되겠지만, 등대로 기능할 수는 있다. 실제로 기본소득이 무조건적으로 지급된다는 특징은 삶이란 상품이 아니라는 점을, 선을 넘지 않아도 된다는 점을 시사한다. 이렇듯 기본소득이라는 제안은 우리가 자유로운 주체이자 집단으로 생각하고 행동하는 데 필요한, 매우 다양한 성질의 상징적 장치와 물질적 환경으로 구현된 사회정치적 국가들을 상상해보는 전도유망한 출발점이 될 수 있을 것이다. 따라서 우리 앞에 놓인 가장 급한 과제는 기본소득이지만, 결국에는 이를 넘어서는 것이어야 한다.

그러나 차근차근 가자. 이제 시작하는 여정에서 가로지를 영역이 겹치는 부분이 많아 네 가지로 분리하는 편을 택했고, 각 영역은 이 책을 이루는 총 4부의 주제와 연결된다. 이어서 간단히 살펴보자.

(무)질서

'스스로 형성한 계급'이 융화될 수 있는 사회**질서**를 세운다고? **질서**라는 개념이 해방적 정치 계획의 관점에서 매력적이기라도 하단 말인가? 지난 세기부터 오늘날까지 해방 전통이 저지른 가장 흔한 실수이자 치명적인 실수는 바로 근대와 초기 현대 사회에서 일어난 대중운동의 요구와 가치를 부정했다는 것이다. 대중운동은 자유주의와 보수 진영 모두에서 논쟁거리가 되었고 때로는 억압받았다. 자유의, 민주주의의, 개인의, 개인의 이익의, 기업가 정신의, 재산의, 자유로운 시장의, 그리고 마지막으로, 질서의 가치와 계획들을 떠올려보자. 전부 과거나 지금이나 너무나 자주 비난받고 거절당했다. 대체 왜 그럴까? 답은 비참할 정도로 간단하다. 민주화를 추구하는 사회 개혁의 사상이라면 조금도 받아들일 마음이 없던 지적·정치적 전통(공리주의, 자유주의, 신계급주의)에 의해 왜곡되고 터무니없는 수준으로 축소되어 의미 없는 사상으로 전락했기 때문이다.

이러한 현실 앞에, 최근 해방 전통이 저지르는 가장 흔한(반복하지만, 정치적으로 치명적이기도 한) 실수라면 고유 가치라는 요새 안에서 엄격히 방어적인 태세를 취하는 것이며,

빼앗긴 가치들을 그것들을 빼앗은 장본인들(공리주의, 자유주의, 신계급주의, 모든 노선의 스탈린주의)에게 넘겨주기까지 한다는 것이다. 물론 평등, 공통의 것, 국가, 자주 관리는 해방 전통의 **고유 가치**가 맞고, 여기에는 의심할 여지가 없다! 그러나 거부당한 개념과 계획 역시 해방 전통의 고유 가치였고 여전히 그러하므로, 이 가치들이 조금이나마 이해되고 실현되려면 대중운동을 일으키는 사람들이 민주화의 사명을 지녀야 한다. 그런 의미에서 이제 방어적이기만 한 전략을 트로이의 목마 작전으로 발전시켜, 고유 가치를 지키는 동시에 잃어버린 가치(넘겨준 가치)의 암흑 같은 심장부로 침투함으로써 그 가치들을 되찾고 회복하여 새로운 해방적 사회정치 계획의 중심부에 퍼뜨려야 한다. 그리고 이 과정은 질서의 개념과 멀지 않다. 가령, 최초의 무정부주의 신문이라고 여겨지는 《무정부주의, 질서의 기록*L'Anarchie, Journal de l'Ordre*》을 창간한 프랑스의 무정부주의자 앙셈 벨가리그와 어울리던 지리학자 엘리제 르클뤼는 19세기 중엽, 자본주의의 모든 계략마다 그 안에는 무질서가 자리하며, 무정부주의야말로 '최상의 질서가 구현된 형태'라고 지적한 바 있다.

질서라, 그런데 어떤 질서란 말인가? 질서의 개념은 다양하고, 그중 몇몇은 우리가 우리 삶의 주인이 되는 데 도움이 될 모자를 쥐여주고자 하는 계획이라면 일체 배척한다는 것은 굳이 말할 필요가 없을 것이다. 그러니, 어떤 질서란 말인가? 더 정확히 말하자면, 어떤 질서에 모자의 존재가 필요하며 어떤 종류의 모자를 필요로 하는가? 그리고 사회질서가 형성되는 과정에서 여러 모자 가운데 기본소득과 같은 조치는 어떤 역할을 맡을 수 있는가? 이어서 (무)질서를 해석하는 세 가지 틀을 살펴보고 결론을 내보자.

첫째, 모범성과 순종을 내세우는 엘리트주의적 논리라면 어떤 종류의 모자도 필요 없다. 모범적인 보호자(아버지*pater*)와 모든 것에 정통한 기술관료는 우리 행동의 방향을 정하고, 우리를 사회 조직 내 꼭 맞는 자리로 배치하고자 지도하고 명령(당연히 수직적인 명령)을 내릴 수 있는 **아버지 같은** 존재다. 스페인의 철학자 오르테가 이 가세트에 따르면, 엘리트가 그들의 임무를 다하지 않을 때 사회는 그 골조가 무너지고 멈춰버린다. 반면, '최선'(그리스어로 아리스토이*aristoi*)을 선택하는 과정이 올바르게 이루어지면 **귀족 계급**이 강화되어 진정한 척추로 기능하고, 그 주위에서 모두 주어진 사회적 지위와 임무와 재산의 분배를 유순하고 얌전하게 따르며 자리를 잡을 수 있을 것이다. 따라서 어떤 종류의 모자도 필요 없다. 아랫사람의 운명을 보살피는 존재가 이미 있기 때문이다. 물론, 이는 아랫사람이 자신의 자리에서 벗어나려는 야망과 사회적 삶을 수평화하려는 목표를 분명하고 확실하게 포기한다는 조건 하의 이야기다. 엄격하게 수직적이고 강경하게 계급주의적인 사회의 중심에서 권력을 행사하는 이가 거대한 보호의 망토를 두르고 우리 위를 날고 있으니, 우리에게 모자는 필요 없다.

때때로 아랫사람이 통제에 저항하기도 하는데, 그럴 때 질서를 세우는 과정은 거친 국면으로 접어들고, 투쟁이 폭발한다. 아니,

투쟁이 밖으로 드러난다는 게 더 맞는 말이리라. 투쟁을 은폐하는 게 아니라 녹여버림으로써 얻은, 겉으로만 번드르르한 사회적 안정이라는 어둠 속에서 투쟁이 머리를 드는 것이다. 그럴 때 '보이지 않는 손'보다 '보이는 주먹'을 더 많이 입에 올렸던 애덤 스미스Adam Smith가 자세히 설명했듯, 윗사람들 혹은 위에 있기를 열망하는 사람들(루스벨트 전 미국 대통령의 말을 빌리자면 "경제 군주들"과 각종 우두머리 행세를 하는 이들)의 주먹은 수직적 구조를 강화하고 다시 세우기에 전념하며, 필요하다면 폭력적인 수단도 가리지 않는다. "지금 벌어지는 계급투쟁에서 우리가 이기고 있다."라는 말은 2008년 발발한 금융 위기의 조짐이 보이던 때 북미의 한 권위 있고 유명한 투자자가 한 말이다.[1] 이렇듯 계급투쟁의 상황을 두고 엘리트 집단은 "국정 운영이란 때로는 고통을 분배하는 것이기도 하다."라고 고백하기도 하는데, 이는 같은 시기 스페인 법무부 장관의 말이다.[2] 감사하게도 메시지는 분명하다. 자본주의의 골조를 이루는 처벌과 보상 체계가 주체, 자원, 활동을 두고 계급적으로 **질서를 세우는** 능력과 그렇게 세운 질서를 시간의 흐름에 따라 재생산하는 능력을

1 워런 버핏의 말이다. '계급투쟁이 있다는 것, 인정한다. 그러나 그것은 우리 부자들이 일으킨 전쟁이며, 우리가 이기고 있다.' Ben Stein, 〈In Class Warfare, Guess Which Class Is Winning〉, *The New York Times*, (06/11/26).

2 2012년 12월 12일, 스페인에서 '세금법'이라 불리는 법률세 인상으로 발생한 법조인과 시민들의 시위와 관련해 묻는 라디오 방송국 COPE의 질문에 대한 알베르토 루이스 가야르돈 당시 스페인 법무부 장관의 답이다.

완벽히 증명하고 있으니, 모자가(기본소득을 포함하여) 필요 없다는 말이다. 하나부터 열까지, 불화가 들어찰 여지가 없다는 말이다. 관대하다거나 진중한 얼굴을 하고 있지만, 언제나 수직적이고 가부장적인 엘리트주의 정치사상은 파시즘을 포함하여 무척 다양한 역사적 시기와 환경으로 흘러 들어갔고, 오늘날 '전문가들'로 대변되는 이들에게까지 이르렀다. 이들은 모두 조용히 지내면 균열이 생길 일이 없으므로, 사회 조직에는 모자가 없는 편이 모두에게 낫다고 확신한다.

둘째, 갈등의 존재 자체를 부정해 버릴 때 역시 어떤 종류의 모자도(기본소득을 포함하여) 필요 없다. 다르게 말하자면, 지금 여기, 우리가 사는 세상에 내재하는 갈등을 수직적으로 해결한다는 것조차 의심할 때, 또 다르게 말해보자면, 세상에는 의도적인 성질을 지니는 **어떤 질서**가 있다는 주장 자체에 반대할 때 모자는 필요 없다. 18세기 초, 영국에서 활동하던 네덜란드계 풍자 작가 버나드 맨더빌은 거짓말 같은 이야기를 하나 발표했는데, 그 안에 담긴 비꼼을 알아챈 이는 많지 않았다. 이야기는 꿀벌들이 **(무)질서하게**, 즉 자기 행동이 주위에 어떤 영향을 줄지, 다른 꿀벌들이 무얼 하든지 따위에는 완전한 무관심으로 일관하며 '개인의 악덕'에 심취하여 살았기 때문에 번영한 벌집을 다룬다. 그리고 수십 년 후, 자유주의 전통은 맨더빌의 우화 속 농담을 진지하게 받아들인다. 어떻게 보자면, 19세기 초에 분리된 교조적인 고전적 자유주의자들은 갈등이 존재한다는 것을 다만 부정함으로써, 즉 모든 사회관계와 계약을 체결할 때 그 안에 존재하는 권력관계와 의존관계의 존재를 부정함으로써, 자원이 부족하고 이해가 상충하는 세계에 내재한 갈등을 '해소한다'고 할 수 있다. 이러한 사회관계며 계약은 전적으로 자유롭고 자발적인 선택의 결과라는 게 그들의 입장이다.

미국의 경제학자 아바 러너Abba Lerner가 신고전파 경제학을 묘사한 바에 따르면, 자유주의 세계란 "정치적 문제"의 존재를 부인하기에 "정치적 문제가 해결된" 세계다. 권력이 없고, 갈등이 없다면, 사회질서를 정치적으로 고민할 필요도 없다. 혹은 대처리즘("사회 같은 건 없다*There is no such thing as society*")을 추구하는 신자유주의적 관점에서 말하자면, 그 구조를 정치적으로 문제 삼고 다룰 **사회**도 없다. 이렇듯 자유주의 세계는 맨더빌의 농담을 진지하게 받아들인다. 수직적으로든, 수평적으로든, 어떤 방식으로든 '누군가' **질서를 세우는** 권력관계는 사회적 삶에 내재하는 게 아니라, 욕망과 성향이 담긴 각자의 선호에 따라 정해진 구조도 방향도 없는 사회적 혼합물 위를 변덕스레 돌아다니는 개인-꿀벌들의 예측할 수 없는 상호작용의 결과로 생겨나는 것이다. 이러한 입장은 '사회학적 부인'이라 포장할 수도 있겠지만, 결국 부인하는 것에 지나지 않는다. 왜냐하면 우리는 여느 인간 사회 구조와 마찬가지로 자본주의 사회 구조 역시 이해가 상충하는 사회적 맥락 속 제한적인 기회와 자원의 접근성이라는 문제를 해결하고자 하는, 광대하고 다양한 정치적 **관계성**의 집합 위에 놓여 있다는 것을 분명히 알기 때문이다.

자유주의 전통이 맨더빌의 농담을 진지하게 받아들인다고

해서 세상이 혼란 그 자체라는 결론을 내리는 것은 아니다. 바로 정해진 구조가 없기 때문에 **어떤 질서**가 생겨난다는, 관념적이라고 할 법한 주장을 펼치며 자유주의 역사에는 놀라운 개념의 도약이 일어난다. 즉 활발하게 움직인다면, 어떤 필요든 최고의 효율로 충족된다는 것이다. 이런 논리에 따르면 인간 역시 맨더빌의 벌집 속 꿀벌들처럼 행동하므로, 사회질서가 자연적으로 발생한다. 각자 무턱대고 실천하는 행위가 질서를 끌어내며, 이런 질서는 결코 의도적이지 않은, 자연에서 생겨난 재산이다. 그리고 의도가 없다면 의도를 제도로 구체화할 필요도 없다. 특히, 모자(기본소득을 포함하여)는 필요 없는데, 이러한 자연발생적 환경에서는 그것이 어떤 종류의 모자든, 세상이 자생하는 과정에 걸림돌이며 족쇄가 될 것이기 때문이다.

여기까지는 자유주의의 신화에 불과하다. (신)자유주의 세계의 실재하는 역사는 다른 길을 밟았다. 개념의 도약 대신, 너무나도 자주 뒤흔들리던 질서를 안정시키고자 재산권을 시행했고, 이러한 움직임에 앞서 자유주의 신화가 주장하는 자연발생적인 탄성을 별로 믿지 않았기에 겁이 난 실재 (신)자유주의는 곧장 가부장적·수직적 사상과 실천에 기댐으로써 민주화, 즉 수평화를 도모하는 계획들로 인한 사회 발전을 다분히 의도적으로 제지하고자 했다. 자유주의-사회유기체설의 싹은 그렇게 뿌리를 내린다.

셋째, 공화주의의 사회 존재론과 역사적으로 민주공화주의가 바라보는 질서라는 개념을 살펴볼 필요가 있다. 외부 자원에 대한 접근성이 다르다는 데서부터 사회적 삶이 결정되며, 이로 인해 특권과 종속이라는 사회적 지위가 생기므로(또한, 이렇게 생겨난 지위가 갈등을 조장하므로) 모자는 필요하다. 즉 세상이 이해가 상충하는 사회 집단으로 분열되어 있으므로 모자가 필요한 것이다.

애덤 스미스의 수제자이자 스코틀랜드 역사학파의 뛰어난 일원이던 철학자 존 밀러가 말했듯, 인간이 놓인 사회적 신분 차이의 원인은 역사적인 것이지 결코 관념적인 것이 아니므로, 완벽하게 짚어낼 수 있을뿐더러 정치적으로 바로잡을 수 있다.

계약을 떠올려보자. 이를테면, 노동 계약을 떠올려보자. 이 **계약**은 무언가 새로운 일을 **공동으로** 시작하기를 바라는 두 행위자 사이 **협동**의 결과로 맺어진 **약속**인가, 아니면 그 반대로, 유리한 특정 행위자 측의 명백한 **강압**인가? 사회학적으로 확실하고 유용하며, (신)자유주의의 단순함이라던가 대놓고 부인하는 태도와는 거리가 먼 공화주의의 사회 존재론은 아리스토텔레스 시대부터 다음과 같은 입장을 밝혀 왔다. (임금) 노동 계약에 서명하는 이들은 주로 빈곤하여 계약이 강요하는 조건을 따르는 도리밖에 없다는 것이다. 스타게이라의 말을 빌리자면 이들은 자신의 의지를 고용주에게 넘김으로써 진정한 '시간제 노예'가 되는 것이고, 그로부터 23세기 후 마르크스가 사용하게 될 개념에 따르면 온갖 형태의 **임금 노예제**에 묶인 사람들이 되는 것이다. 즉 부족한 대안 탓에 취업 세계에 발을 들이는 사람들은 탈출구를 내주는 법이 거의 없는 거대한 미로에 갇혀 반(半)노예가 된다.

여기서 지적할 점이 있다. 만일 세계(이를테면, 임금노동의 세계)가 이렇게 형성되는 것이고 낙오자 없이 모든 사람의 사회적 삶을 민주화하고자 하는 열망을 세계가 공유한다면, 사회관계의 수평화를 비롯하여 덜 가부장적이고 더 동지애적인 사회**질서**의 수립과 실천에 초점을 맞춘 제도들을 생각(물론 의도적으로 생각)해보는 결론으로 이어져야 할 것이다. 동지애라는 개념의 족적을 탐구하는 데 있어, 스페인의 철학자 안토니 도메네크는 우리가 모두 정치적으로 성숙한 시민으로서의 삶을 영위할 수 있도록 자원과 기회가 수평적일 것을 요구하던 대중운동의 역사에서 동지애가 어떤 식으로 나타났는지 살핀다. 동지애의 개념은 꽤 간단하다. 독점적이지 않은 자원을 소유하고 통제하는 형태(그리고 이에 딸려오는 E.P. 톰슨이 언급한 '군중의 도덕경제'라는 노동문화)를 통해 모두 고개를 들고, 느슨한 밧줄 위에서 줄을 타는 듯한 두려움을 떨치고 일어나, 원하는 삶(노동의 영역에서부터)을 자유롭게, **공동으로** 결정할 수 있어야 한다는 것이다. 따라서 사회관계를 수평화하는 제도가 필요하다. 제도를 구상하지 않거나 돌보지 않는 것, 결국에는 방기하는 것으로 마무리 짓는 (신)자유주의 계획은 우리를 야만성으로 몰아넣는 처사며, 수평화를 추구하는 제도를 의식적으로 거부하면서 개인의 결정권을 타인에게 수직적으로 넘기는 엘리트주의 계획은 우리를 정치적·시민적으로 유아 취급하는 행위다. 그리고 이 둘은 충분히 양립할 수 있다.

기본소득을 둘러싼 논의는 계속되어야 한다. 왜냐하면 기본소득은 19세기의 닳아빠진 모자를 내세우던 늙은 자본주의 옹호자들처럼 우리를 모자**에 기대어** 살게 하지 않기 때문이다. 기본소득 **역시** 수많은 모자 중 하나로, 이러한 모자들이 모여 노동의 세계, 곧 우리의 삶이 펼쳐지는 세계 안에서 수평적 질서를 만드는 열린 가능성을 탐구하며 살 수 있도록 물질적·상징적으로 역량을 키워준다. 수평적 질서란 불확실하고 운영이 쉽지 않겠지만, 진정으로 선택한 진로와 자발성을 추구한다는 점은 분명하며 그것이 어떤 형태로 나타나든, 더 큰 자유를 가져다줄 것이다.

자유

얼마 전, 친구 하나를 만났다. 자주 보지는 않아도 이따금 만나 종일 이러쿵저러쿵 편안히 대화를 나누고 싶은 그런 친구다. 대화를 나누던 중 친구가 이런 말을 했다. "금융 위기를 겪고 나서 확실히 말할 수 있는 건, 지금까지 실업자였던 적이 한 번도 없으니 나는 행운아라는 거야." '행운'이라. 그래, 행운이 맞다. 상황이 이러하니, '탈출'의 계획이 검토되고 공유되지 않은 맥락에서 '취업노동의 세계에서의 탈출'을 밀어붙이는 일은 엄청나게 경솔한 짓일 테다. 그러니 오늘날 수입이 들어오는 주된 경로인 취업이라는 길이 막히지 않은 것만으로 기뻐하는 게 당연지사다. 나는 친구가 직장에서 잘리지 않았음에 기뻐하며 헤어졌다.

그런데 취업노동의 세계는 거대하고 캄캄한 검은 상자와 같아 어떤 원리로 작동하는지 열어서 그 속을 확인해보기 전까지는 가치를 매길 수 없다. 친구는 말수가 적어졌다. 그는 무엇을 할지, 왜 할지 선택할 수 있을까? 어떤 방식으로 할지, 어떤 속도로 할지 선택할 수 있을까? 누구와 일할지 어디서 일할지 선택할 수 있을까? 급여 여부를 떠나, **자기** 일이라고 할법한 다른 종류의 일이 있을까? 여기서 끝이 아니다. 여태 일자리를 지키는 동안 생활에 대한 간섭을 견뎌내야 했다면, 어떤 종류의 간섭이었으며 그 횡포는 어느 정도였을까? 사람들이 그에게 기대하거나 기대하리라고 짐작되는 것들이며 그 반대에 맞추기 위해 어떤 자기검열을 거쳤을까? 이런 질문들은 너무 많거니와 답할 수 없으므로, 결국 질문하기를 그만두기 마련이다. 한편, 사회 이론과 정치 이론은 연계되면서도 그 사이에 심연이 놓일 만큼 다른 두 가지 개념의 차이를 분명히 밝히는데, 바로 **복지**와 **자유**의 개념이다. 복지를 누린다는 것은 다양한 성질의 필요를 충족시키는 자원을 얻을 때인 한편, 자유롭다는 것은 그러한 자원을 사용해 개척할 경로를 선택하고 통제할 수 있을 때다. 앞의 질문들에 우리는 (노동) 생활의 방향키를 우리가 잡고 있다는 대답을 할 수 있을까? 나는 모르겠다. 친구는 여러 해 동안 자유롭게 일하는 **행운**을 누렸는지 아니면 취업에서 오는 복지에 만족해야 했는지는 말하지 않았으니까.

이 책은 자유에 있어 개인과 집단의 사회경제적 독립이 가장 중요한 역할을 한다는 입장을 명백히 밝힌다. 공화주의 전통에 단단히 뿌리내린 자유의 개념에 따르면, 내 친구는 생존을 위해 사회경제적으로 의존하는 처지이므로 자기 고용주(혹은 **어떤** 고용주)에게 고개를 숙여야 할 필요 없이, 계약을 맺은 상대방의 시선을 견딜 수 있어야 한다. 마르크스식으로 다시 말해 보자면, 친구는 과연 고용주의 '허락 없이' 살고 또 그렇게 산다고 느낄 수 있을까? 물론, 그가 개인적 독립을 누리며 원자적 개인으로 고립되어야 한다는 이야기가 아니다. 여기서 말하고자 하는 바는, 살아가는 동안 어느 순간이나 시점에서든 스스로 결정하는 본능과 자율성의 본능을 말살하지 않는, 진정 바라는 상부상조의 관계를 맺으며 살아갈 수 있어야 한다는 것이다.

시선을 견디는 것, 강하게 버티는 것은 협상할 수 있다는 것을 의미한다. 사회관계를 시작할지(계약서에 서명할지) 말지를 협상할 수 있다는 것, 사회관계를 시작할 경우에는 그 관계의, 그 계약의 조건을 협상할 수 있다는 것이다. 잘 보면, 지금 묘사하는 이 상황에는 이혼과 분명 비슷한 점들이 있다. 이혼할 권리는 이혼을 강제하는 게 아니라 관계가 망가졌을 때 이혼할 수 있게 하는 권리며, 더 중요하게는 양측이 자신의 목소리를 내고 탈출구가 있음을 확실히 경고하게 하는 가능성을 제공하는 권리로, 상대방이 내 목소리를 들을 가능성을 키운다. 내 친구는 과연 관계(친구의 경우에는 노동관계)를 맺고, 파기하고 다시 맺을 수 있었을까? 즉 관계에 들어서고, 떠나고, 욕망과 필요에 부합하는 새로운 관계를, 선택한 이들의 손을 잡고 다시 시작할 수 있었을까? 아니면 이제 아무도 기억하지 않는 객지에서 아무런 이유 없이 기계적으로 혹사당하는 일꾼이 되었을까?

그러나 개인적·집단적으로 무언가를 하고, 안 하고, 다시 하는 행위에는 자원이 꼭 필요하며, 그 자원에는 조건이 없어야 하거나 최소한의 조건만 붙어야 한다. 이러한 이유로 공화주의 전통의 대다수는 **재산을 중요시**하는 성격이 두드러진다. 실제로, 공화주의는 자유와 (비)물질 자원의 보장 사이에 강한 연결 고리가 있다고 보는데, 고대부터 18세기까지는 거의 부동산이던 자원이 오늘날에는 새로운 형태들로 나타난다. 노예 역시 주인이 허락하면 자유로운 결정을 내릴 수 있던 것처럼, 자원 없이도(기본소득 없이도) 자유로운 결정이란 게 있을 수도 있겠지만, 자원이 없다면 각자의 생애주기에 맞추어 자유로운 결정을 내릴 수 있는 진정 자유롭게 결정하는 주체로서 행동할 수 있도록 보장하는, 침해당할 수 없는 사회적 지위에 도달할 수 없다는 것은 분명하다. 따라서 공화주의적 자유가 실현되려면 자유로운 삶을 영위하고자 하는 이들이 자원을 통제할 수 있어야 한다. 그리고 적어도 이론상으로는 시민권의 조건이 보편화된(모두 자유롭게 살 권리가 있다고 국가법령에 명시되어 있기 마련인) 현대사회에서 누구나 조건 없이 자원을 누릴 수 있으려면 '재산을 보편화'하는 장치가 필요하다. 과연 기본소득이 그러한 역할을 맡음으로써 모든 사람의 침해당할 수 없는 사회적 지위를 고민하고 마련하는 데 도움이 될 수 있을까?

흔히들 이사야 벌린Isaiah Berlin이 '적극적 자유'(무언가를 **위한** 자유)와 '소극적 자유'(무언가**로부터**의 자유 또는 무언가**에 맞서는** 자유)라고 부른, 어쩐지 수상쩍은 구석이 있는 대조를 이야기한다. 이런 대조는 어떻게 보자면 뱅자맹 콩스탕의 대립하는 두 가지 자유 개념과 같은 맥락이다. 낭만화되고, 요구하는 게 많아 결국 실현될 수 없는 '고대인의 자유'와 개인을 사적인 영역으로 보내고, 공적인 영역에서 그들을 대표하는 이들에게 주권과 작인을 양도하게 하는, 편리하고 편안한 '근대인의 자유'가 그것이다. 세상은 권력관계로 가득하다는 공화주의의 사회 존재론과 권력관계를 무너뜨리고 민주적이고 자율적인 권력의 형태인 공권력의 도입을 고안해야 한다는 공화주의의 정치적 관점을 이해한다면, 벌린과 콩스탕이 주장하는 두 가지 자유의 대비가 무의미하다는 것을 알 수 있다. 이런 대비는 결국 공공연히 반민주주의적인 의지에서 생겨났기 때문이다. 자유는 소극적(무언가**로부터**의 자유, 무언가**에 맞서는** 자유)이지도 적극적(무언가를 **위한** 자유)이지도 않다. 자유는 언제나 행동을, 할 수 있다는 가능성을, 물질적·비물질적으로 세상을 창조할 수 있다는 가능성을 지향한다. 따라서 자유는 언제나 무언가를 **위한** 자유이다. 그런데 이렇듯 무언가를 **위한** 자유가 우리네 삶에 마음껏, 심지어는 우리의 뜻과 전혀 관련 없는(내 친구에게 어떤 일을 어떤 방식으로 하고 싶으냐고 물어본 사람이 있었겠는가?) 행위를 강요할 정도로 부당하게 개입할 수 있는 사회적 행위자들에 의해 제한되는 경우가 많다고, 공화주의 전통의 사회학적 인식이 우리에게 경고한다. 이런 상황에서, 무언가를 **위한** 자유에는 부당한 개입이 들어설 일말의 가능성**에 맞서는** 자유가 필요하다. 따라서 두 가지 '자유들'은 동전의 양면과 마찬가지다. 택할 수 있는 길이

제삼자의 개인 사냥터로 전락한 수렁뿐일 때, 그 길을 향해 나아갈 수는 없는 노릇이다.

그리하여 보편적이고 무조건적으로 보장되는 자원의 필요성이 대두된다. 가령 기본소득이 있지만, 어떤 의미에서는 같은 방식(자유로운 삶에 필요하다고 여겨지는 **모든 자원**을 보편성과 무조건성의 원칙에 따라 공적, 국가적 또는 자주 관리적으로 배치하는 방식)으로 지급되는 수당들도 있다. 우리 삶이 **이미** 망가졌을 때, 이혼할 수 있는 권리는 힘을 발휘할 수 없다. 빈곤과 불안정의 덫을 포함한 온갖 의존의 형태 속으로 **이미** 말려 들어갔을 때, 재시작할 수 있는 권리는 행사될 수 없다. 공화주의가 자원의 **사전**[ex ante]분배를 지지하는 것은 모든 시민이 진정 갈 수 있는 길로 (굳이 이 표현을 쓰자면, 적극적으로) 나아갈 가능성을 (소극적으로) 보호하기 위해서다. 한편 기본소득 같은 제안을 형성하는 무조건성의 원칙을 포용하지 않는다면 자원의 **사전**분배도 없다.

자유란 (재)분배 정의의 측면에서 고민될 수 있는 게 아니다. 자유는 그 자체로 목적이므로 **사후**[ex post]원조의 형태를 부르는 사회적 우연성에 의존할 수 없다. 자원을 사전에 분배하는 것이야말로 민주공화주의적 헌정주의의 핵심 전략이다. 자유란 파산에서 살아남는 데 필요한 자원을 사후에 구걸하려면 잃어버려야 하는 것, 그러다 운이 좋으면 부분적으로 되찾을 수 있는 것이 아니다. 자유란 거래할 수 없는 것이며. 잃을 수 없는 것이다.

이렇게 우리는 사회[문명(화된) 사회]의 (재)건설이라는 폭넓은 정치 계획의 일부를 기본소득에서 찾을 수 있다. 왜냐하면 대처리즘을 추구하는 신자유주의가 얼마나 부인한들, 우리가 **사회**라고 부를 수 있는 무언가가 분명 있기 때문이다. 그리고 그곳은 자유가 말살된 숨 막히는 지옥이라서 떠나려고 발버둥 칠 수밖에 없는 곳일 수도 있지만, 생존할 수 있고, 심지어 존엄하게 생존할 수 있는 호의적인 곳일 수도 있다. 그것이 어떤 공간이든, 의도적으로 **질서가 세워진**(자연발생적인 질서란 존재하지 않는다) 공간일 터, 우리는 그 구조를 논하고 다시 만들어가야 한다. 모든 사람의 자유(적어도 어느 정도)가 여기에 달려있다. 그래서 기본소득과 같은 도구가 필요한 것이다. 기본소득의 보편적이고 **사전**적인 성격이 우리의 목소리가 들리게 하고, 공동의 세계를 설계(물론 수평적으로 설계)할 능력을 부여할 것이다.

작인

구십 년대 중반에 유명했던 텔레비전 광고가 하나 있는데, 보드게임을 하는 한 무리의 사람들이 게임의 주인에게 가지 말라고 조르는 모습이었다. 어릴 때 응석받이였을 게 분명한 그는 게임이 자신에게 잘 안 풀리니까 변덕을 부리는 것이었다. 게임의 규칙은 종이에 적힌 풀이에 맞는, 특정 알파벳으로 시작하는 단어를 찾는 것이었다. 광고가 어찌나 성공을 거두었는지, 광고 속 등장한 두

가지 문장은 현재 스페인어의 언어적 자산이 되기에 이르렀다. 문장은 다음과 같다. **보트도 인정, 문어도 인정**. 앞에서 말했듯, 게임의 주인은 게임을 그만하고 싶지 않거나 그만둘 수 없는 친구들에게 “보트를 수생동물로 인정”하라거나 “문어를 반려동물로 인정”하라고 강요한다. 그러지 않으면 게임을 들고 가버리겠다는 것이다. 그는 “**내** 게임이니까 가지고 가버릴 거야.”라고 협박한다. 게임이 자기 것이었으므로 그는 제멋대로 규칙을 만들거나 수정한다. 이렇듯, 오늘날 누군가 “보트도 인정”이라거나 “문어도 인정”이라고 말할 때는, 어떤 문제를 해결하기 위한 방식이나 관점에 동의하지 않더라도 대안이 없으므로 그 방식과 그 관점과 그에 따른 결과를 받아들인다는 뜻이다.

노동의, **모든** 노동의 민주화라는 문제를 다시 생각해보자. **노동에서의 민주주의**란 어떤 노동을, 왜, 어떻게 실천할지 결정하게 하는 개인적·집단적 작인을 행사할 수 있다는 것을 의미한다. 그리고 이런 능력에는 어떤 게임을 하고 싶은지, 또 어떤 규칙을 정할지에 대한 결정과 비슷한 점이 있다. 광고에서처럼 어떤 게임을 할지 제멋대로 정하고, 변덕스레 규칙을 변경하고 그 독단적인 규칙에 동의하지 않는 사람들은 게임에서 제외시킬 수 있는 능력을 과시하는 누군가가 있는가? 그럴 경우, 노동의 영역에서 민주주의를 고민하고 실천하기 위해 우리는 다음과 같은 두 가지 중요한 결정을 내려야 한다. 첫째, 어떤 게임을 할 것인가? 둘째, 선택한 게임을 하는 데 어떤 규칙을 정할 것인가? 그리고 물론, 이 두 가지 질문에는 우리가 사는 환경의 (비)민주적 성질을 나타내는 세 번째 질문이 깔려있다. 질문은 다음과 같다. 그러한 결정을 어떤 이가 혹은 어떤 이들이 내리는가? 게임을 명백하게 **과두제적**으로 만들어 갈 **과두**, 즉 소수가 내리는가? 아니면 거래 비용으로 그어진 한계선 내에서 모두가 내리는가?

기본소득은 이러한 질문들이 말하는 결정의 영역에 모든 사람이 접근하게 하는 수단이 된다. 그리고 이미 보았다시피, 기본소득은 전통적으로 자본주의 세계와 연관된 제도 및 실천 즉, 시장, 사유재산, 사기업, 기업가 정신 등을 버리지 않는다. 여기에는 두 가지 이유가 있는데, 바로 전략적 이유와 실질적 이유이다. **전략적인 이유**는 다음과 같다. 앞에서 언급한 개념, 실천 및 제도를 해방의 열쇠로써 면밀히 검토해보지 않은 채 정치적으로 거리가 먼 사상의 전통에 '넘겨주는 것'은 반대 진영의 행동반경을 강화하고 우리 측 움직임의 폭을 침식하는 것에 지나지 않는다. 반면, 앞에서 보았듯, 무분별하게 거부당한 이전의 계획과 방식들을 (되)찾기 위한 트로이의 목마 전략이라면 정치적-규범적 면에서 가장 큰 성과를 낼 수 있다. 그리고 **실질적인 이유**는 더 중요하다. 면밀히 고려되고 그 자리가 결정된 시장, 사유재산, 사기업, 기업가 정신과 같은 개념, 실천 및 제도는 오늘날 모든 사람의 사회적 삶과 노동 생활의 민주화를 위한 정치 계획의 심장부에 새롭게 배치될 수 있을 것이며, **그래야만** 할 것이다. E.P. 톰슨에 따르면, 그 유명한 '군중의 도덕경제'란 근대유럽의 노동자 계급이 자본주의의 발전에 맞선 것으로, 자유로운 소**자본가들**이 배타적이지 않은 **상업적** 환경에서 자신들의 계획에 **착수할** 수 있도록 세상을 조정하는 데 목적을 둔 것이 아니던가?

이렇듯, 기본소득을 비롯하여 이 책에서 찾아볼 수 있는, 노동의 민주화를 위한 모든 과정은 어떤 제도나 특정한 사회적 실천의 원칙도 위협하지 않는다. 만일 그러하다면 그것은 눈먼 이상주의의 실천이자, 우리가 사는 사회적 무대의 변하기 쉬운 성질과 예측 불가능한 인간 행동의 결과에 주의를 기울이지 않았다는 점에서 무책임한 처사일 것이다. 사회적 실천과 제도의 효력이 나타나는 것은 완전히 우발적인 성격을 띠는 문제다. 그러나 이 책은 조건 없고, 전혀 우발적이지 않은, 민주화를 추구하는 두 가지 권한을 실천할 수 있기를 요구한다. 즉 원하는 게임을 결정할 수 있는 권한과 선택한 게임을 어떻게 끌고 나갈지 결정할 수 있는 권한이다. 노동의 민주화(칸트식으로 말하자면, 자신의 삶을 스스로 결정하는 과정)는 두 가지 권한이 노동과 삶의 영역에서 실질적으로 실현되는 것과 그리 다르지 않다. 이어서 더 자세히 살펴보자.

조금 전 협상력을 실질적 자유가 실현되기 위한 조건으로 설명한 바 있다. 그렇다면, 다음과 같은 질문이 따를 것이다. 정확히 무엇을 협상하는 힘인가? 임금노동의 영역에서 우리는 노동관계가 만족스러운지 아니면 이혼할 권리를 행사해야(아니면 적어도 떠날 수 있다고 경고를 주어야) 할지 스스로 질문해 볼 필요가 있다. 기본소득은 임금노동을 그만두라고 아무에게도 강요하지 않는다. 그러나 무조건적인 방식으로 삶을 보장하는 것은 우리로 하여금 과연 이런 규칙을 지켜야 하는 게임을 계속하고 싶은지 고민해보게 하며, 그렇지 않을 경우에는 규칙(더 나은 임금, 더 나은 근로 조건)에 변화를, 어쩌면 게임 자체의 변화를 강행하는 방향으로 나아가게 할 것이다. 어쩌면 우리는 "문어를 반려동물로 인정"하는 데 질렸을지도 모른다.

계속해보자. 정확히 무엇을 협상하는 힘인가? 임금노동의 대안으로는 자주 관리와 협동조합운동이 있다. 사회학자 에릭 올린 라이트 같은 저술가들이 오래전부터 강조해왔던 바에 따르면, 노동력의 탈상품화를 위해 우리가 선택할 수 있는 수단 중 하나로 협동적인 성격을 띠는 노동 기관을 수립하는 방안이 있는데, 이를 통해 노동 조건 즉, 게임의 규칙과 관계를 공동으로 결정하는 과정이 수월해질 수 있다는 것이다. 그러나 우리 앞에 놓인 것이 좁고 위험천만한 협곡일 때 새로운 생산 수단을 개척한다는 것은 누구에게나 힘든 과제며, 이러한 위험에는 우리가 늘 해오던 게임에서 도망가거나 **그들의** 게임에서 그들의 조건을 따르기를 그만두게 내버려 둘 의향이 없는 사회적 행위자들의 존재가 따라오기 마련이다. 광고 속 땅딸막한 사내는 "내 게임이니까 내가 가져간다."고 말했다. 어디에나 존재하는 강압적인 재화와 서비스 시장에는 언제나, 시장을 사적이고 박탈적인 공간으로 만드는 진입장벽이 있지 않던가? 따라서 협동적이든 아니든, 오늘날 새로운 시작의 가능성은 권리와는 거리가 멀다. 오늘날 새로운 시작이란 그 과정에 필요한 자원을 소유한 소수의 사회적 행위자에게 국한된 특권이다. 그렇다면 기본소득은 무조건적으로 우리 삶을 보장함으로써 진입장벽을 넘게 해줄까? 기본소득은 과연, 애덤 스미스가 말했던 "절박한 자의 광기" 없이 자신만의 계획을 시작하고 계발해나가는 게임에 접근하기를 수월하게 해줄까? 여기서 애덤 스미스가 말하는 광기란 우리의 능력을 물질적·비물질적 재화로 구현하여 진정 내 것이라 느끼고, 공동체에 기여할 수 있는 수많은 시도를 간섭하고 결국 막아버리는 불안으로 구체화된다. 그렇다면 기본소득은 이러한 의존관계를 깨고, 우리가 선택한 계획을 실행에 옮기는 데 필요한 안정을 보장하고, 자본주의로의 약탈로 인한 창의력과 재능의 거대한 손실을 막을 수 있을까?

더 나아가보자. 정확히 무엇을 협상하는 힘인가? 성별과 인종에 따른 노동 분배가 온갖 방식으로 자행되는 세상에서, 삶의 기본적 필요를 해결하기에 충분한 수입을 보장하기가 갈수록 어려운 임금노동의 세상에서, 노동 과정 자동화의 결과로 일자리가 부족해져 버린 세상에서, 정치 영역이 우리와는 멀고 손에 닿기 어려운 공간으로 묘사되는 세상에서 삶을 무조건적으로 보장하는 기본소득은 우리가 다른 방식의 노동 분배를 제안하고, 필요하다면 이를 강제하는 데 도움이 될 수 있다. 이때 노동은 유급노동일 수도, 무급노동일 수도 있으며, 다양한 활동으로 구성된 삶을, 앙드레 고르의 말을 빌리자면 다양한 게임을 수용하고 그 규칙을 우리가 직접, 우리의 욕망과 필요에 따라 변화시키며 나아갈 수 있는 삶을 향유하게 하는 노동이다. 그렇다면, 노동(모든 노동)을 분배하고 광기나 강요 없이 사회정치적 참여와 돌봄의 길로 향하기 위해, 우리의 시간 활용을 어떻게 제안하고, 필요하다면 강제해야 할까?

트로이의 목마 작전으로 구조하고 (재)정의해야 하는 또 다른 가치 중 하나는 바로 유연성이다. 청년 마르크스의 자기실현 탐구에서, 선택할 권리와 특히 우리 삶을 형성할 권리를 매순간 옹호하는《독일 이데올로기》의 유명한 구절에서 자기실현의 중심이 되는 유연성은 다시 논쟁적인 가치가 되었다. 2008년 세계 금융 위기 이후에 일어난 사회운동들은 최근, '살만한 삶'을 영위하는 것의 필요성을 화제로 올렸는데, 살만한 삶이란 그 안에서 매우 다양한 성질의 노동을 조화롭고 자주 관리적으로 배치하고, 유연하게 일할 수 있는 삶을 말한다. 그렇다면 유연성을 어떻게 해석해야 할까?

유연성이라는 가치는 경영자 측에서 으레 주장해왔는데, 그것이 다만 노동 인구의 삶과 노동 조건을 보호하기 위한 제도와 법적 장치를 무너뜨리며 비용을 절감하려는 차원에서라는 사실은 잘 알려져 있다. 따라서 유연성을 말할 때는 의심스러운 전략으로 비춰지는 경우가 많다. 그러나 인간에게는 분명 생애주기에 따라 변하는 필요에 따른 다양한 과제를 자치적으로 처리할 수 있는 유연한 삶이 필요하다. 생산적인 노동은 언제 어떻게 하고 돌봄노동은 언제 하는가? 임금노동의 영역에는 언제, 어떻게 들어가고(혹은 그곳에서 나오고), 자신만의 생산적인 계획에는 언제, 어떻게 착수하는가? 예술적인 일로 향하는 문은 언제 어떻게 여는가? 그리고 정치적인 일은? 그리고 우리는 이런 종류의 노동을 언제, 얼마나 하기를 원하는가? 이런 문제를 우리는 자발적으로 결정할 수 있는가? 평생 단 하나의 직장이라는 낡은 상상 속 포드주의는 문제 삼을 필요가 있는데, 실제로 오늘날 사회운동의 흐름이 이를 문제 삼고 있다. 포드주의적 삶의 (실현 가능성은 적은) 귀환을 경제적 주권의 커다란 부재를 알리는 틀림없는 신호라고 보는 것이다. 우리는 게임을 시작하기를, 여러 종류의 게임을 시작하기를 (할 수 있기를) 원한다. 그리고 그 게임들을 정하기를 원한다.

따라서, 포드주의의 전봇대와 같은 경직성(**하나의** 직업 위주로 구성된 삶)과 불안정성(그리고 불안정성에 수반되는 비자발적인 유연성)이라는 대패에 갈려 수천의 대팻밥이 되어버린 삶과는 거리가 먼, 대나무 줄기처럼 유연하여 우리의 다양하고 변화하는 필요에 맞추면서도 절대 부러지지 않으며 본질을 잃지 않는, 다양한 활동이 이루어지는 유연한 삶을 어떻게 고민하고 실천할 수 있을까? 달리 말하자면, 우리의 (재)생산적인 삶을 개인적·집단적으로 어떻게 운영할 수 있을까? 삶을 어떻게 공동으로 결정하고 그 안에서 어떻게 스스로 결정할 수 있을까? 다시금, 기본소득에 대한 권리 같은 사회적·경제적 권리의 무조건적인 성격은 개인과 집단이 효과적이고 안전한 방식으로 각자의 유연성을 획득할 수 있게 한다. 그렇다면 **우리의** 유연성이란 우리의 자유를 실현하게 하는 조건인가?

삶

기본소득이라는 제안이 대세다. 그런데 왜 지금일까? 금융 위기가 촉발한 지 몇 년 후, 사학자이자 사회학자 마르코 레벨리Marco Revelli는 이탈리아 투린 공업 고등학교의 벽에 그려진 그래피티를 발견하는데, 이 문구는 이후 전 세계로 퍼져나갈 터였다. "*Ci avete tolto troppo, adesso rivogliamo tutto*(당신들은 우리에게서 너무 많이 빼앗아갔어. 이제 우리는 다시 전부를 원한다)" 레벨리에 따르면, 자본주의가 신자유주의로 방향을 튼 데 '분노한 첫 세대'인 그들은 자신들이 오래전부터 **무언가**(말하자면, **전부**)를 원하기를 그만둔 계급에 속한다고 느꼈고, 이제 '다시 전부를 원한다'는 결심을 정치적 목적으로 삼은 것이다. 그런데 여기서 **전부**란 무얼 의미하는가?

제2차 세계 대전에서 연합국을 승리로 이끈 권력의 상호 관계로 강화된 사회적 합의는 미국 디트로이트 자동차 산업계에 먼저 자리 잡았고, 이후 유럽으로 넘어가 다음과 같은 조건을 규정했다. 우선, 노동인구는 어느 정도의 사회경제적 안정을 보장받는다는 조건이었는데, 이는 존엄하게 살 수 있는 최소한의 임금을 받는 고용(처음에는 남자들만 해당)이라는 형태와 **사후** 원조라는 몇 가지 공공정책의 형태로 나타났다. 동시에 '1945년의 시대정신'이 혁명적으로 고조되며 집단 협상의 제도화, 사회적 권리의 보호 및 하층 계급과 그들의 단체를 제도와 법률에 포함하는, 강조할 만한 반환점들을 끌어냈다. 여기까지가 사회적 합의로 쟁취한 노동자 계급의 승리다.

그런데 모든 합의에는 포기가 따라온다. 보다시피, 이 사회적 합의는 오로지 **고용중심적**이다. 게임은 임금노동의 영역에서만 전개되며, 그곳에서 빠져나올 길이란 전혀 없다. 이것이 전부가 아니다. 현재에도 존재하며, 특히 노인 인구에게 환상을 심어주는 이런 **고용중심주의**는 노동 인구를 대변하는 좌파 정당과 노동조합이 처음부터 지금까지 노동운동이 지녔던 주된 목적을 포기한 것이 분명하다는 사실을 보여준다. 즉 생산 영역에서 어떤 게임을 어떤 규칙하에 할지 결정함으로써 이전의 메커니즘 공격, 생산 통제라는 목적을 포기한 것이다. 생산 시설의 구성과 민주화에 대한 문제는 좌파 조직의 의제에서 사라졌다.

그러나 오늘날 이런 사회적 합의는 깨졌을 뿐만 아니라, 잘 들여다보면 아주 으스러졌다. 1970년대 중반부터 신자유주의로 방향을 틀면서 맹렬하게 작동하는 자본주의가 금융 위기에 대응한 방식은 노골적으로 권위주의적이었고, 적어도 북반구에서(남반구의 사회적 합의란 보통 망망대해 같은 희망에 불과한 데 반해) 노동 인구의 안정을 작게나마 보장하던 개혁된 자본주의의 기본 요소를 해체하기에 이르렀다.

“당신들은 우리에게서 너무 많이 빼앗아갔어. 이제 우리는 다시 전부를 원한다” 이 말을 어떻게 해석해야 할까? 의심할 여지 없이, 이 ‘분노한 첫 세대’는 합의의 조건을 들여다보고 분노할 만큼, 나아가 분노를 행동으로 옮길 만큼 용감했다. 합의가 깨지면 무얼 해야 하는가? 어떤 합의든 승리와 포기가 뒤따른다는 점을 기억하자. 그리고 만일 일방적인 처사로 합의가 결렬된 것이라면, 배신당한 쪽이 분노를 느끼고, 합의의 결과로 포기했던 것을 되찾고자 사회정치적으로 들고 일어나는 것은 지극히 정당하다. 이 경우 노동 인구가 포기했던 것은 생산의 통제와 무엇을 어떻게 생산할지, 즉 어떤 게임을 어떤 규칙으로 할지 정하는 실질적이고 결정적인 참여였다.

그런데 생산의 통제(더 고전적인 용어로 말하자면, 물질적·비물질적 재화를 생산하고 삶을 재생산하는 수단의 집단 통제)라는 문제를 오늘날 어떻게 도마에 올릴 수 있을까? 이러한 **전부**를 어떻게 하면, 정치적 목적으로라도 되찾을 수 있을까? 이 질문에 대한 유일한 해답으로 기본소득을 이야기하는 것은 분명 의미가 없다. 그러나 "우리에게서 너무 많이 빼앗아"간 역사적인 시점에 "다시 전부를 원하"도록 돕는 데 기본소득이 의미가 있으리라고 할 수는 있다. 이미 살펴보았듯, 무조건적으로 삶을 보장하는 소득의 유입은 다른 형태의 노동, 다른 형태의 생산 및 재생산 구성, 다른 형태의 시간 활용, 다른 사회관계, 어쩌면 진정한 공동의 세계를 꿈꾸게 해주는 협상력을 제공한다.

'전부를 원하는 것', '다시 전부를 원하는 것'은 폴라니식으로 말하자면, 경제가 정치에 **(다시) 뿌리 내리기**를 원하는 것과 마찬가지이다. 자유주의 신화가 얼마나 그 반대를 말하든, 경제는 늘 정치에 뿌리를 내리고 있었다. 모든 중대한 경제적 결정은 과거나 지금이나 누군가의 정치적 선택에 응답해 왔다(가령, 시장은 특정 재화와 서비스를 어떻게 교환할지에 관한 정치적 결정의 결과로 생겨나는 법이다). 그런데 폴라니에 따르면, 자본주의적 사회관계의 확장으로 인해 어떤 형태의 경제적 삶을 영위할지 결정하는 정치적 과정에서 대중의 참여가 심각하게 감소했다. 따라서 '전부를 원하는 것', '다시 전부를 원하는 것'은 대중이 결정을 내리는 공간을 되찾고, 그 공간을 민주적으로 채워 대중의 힘이 미치는 곳에 두는 것을 의미한다.

경제의 사회적 착근이라는 폴라니식 계획은 우리가 경제적 삶을 계획할 때 시장의 도움을 구할지 말지 결정하는 권리를 되찾게 해준다. 우리는 노동, 토지, 화폐(폴라니가 절대 상품화해서는 안 된다고 주장했던 '허구 상품' 세 가지)를 시장에 팔고 싶은가? 인간의 장기를 팔고 싶은가? 우리의 투표권을 팔고 싶은가? 내 배나무에서 나는 배를 팔고 싶은가? 물리치료사나 타투 아티스트로서 제공할 수 있는 서비스를 팔고 싶은가? 길모퉁이에 친환경 먹거리 점포를 열고 채식 버거를 팔고 싶은가? 이 책에서 말하고자 하는 바는, 상품화를 생각도 해서는 안 되는 재화와 서비스(이를테면, 투표권)와 관련하여 '금지 구역'을 정하는 게 필요하긴 해도, 재화와 서비스와 능력을 언제, 어떤 방식으로 상품화할지 결정하는 과제는 역사적-우발적 환경에 속한 개인과 집단의 몫이라는 점이다. 시장은 결국 없어져서는 안 되는, 또 다른 제도이다. 시장을 없애는 것은 다시금 (신)자유주의 세상을 위한 선물이 될 것이며, 현대사회에서 우리가 품을 수 있는 해방적 계획에 매우 성가신 걸림돌이 될 것이다. 그러나 시장이 없어져서는 안 된다는 말은 우리가 시장**에** 기댄 사회에 살아야 한다는 말이 아니다. 다시 한번, 토씨가 중요하다. 그것도 무척 중요하다. 여기서 말하고자 하는 바는 조정 장치로서의 시장을 포기하지 않으면서, 어떤 사회에서 살기 원하는지 고민하는 것이다. 그리고 그 사회는 시장**에 기댄** 사회가 아니라 시장**을 가진** 사회일 것이다. '전부를 원하는 것', '다시 전부를 원하는 것'은 또한, 시장이 언제, 어디서, 어떻게 존재하기를 원하는지 우리가 결정할 수 있는 것을 의미한다. 따라서 '전부를 원하는 것', '다시 전부를 원하는 것'은 어떤 게임을 할지 게임에 어떤 규칙을 적용할지 결정하는 능력을 갖추는 것을 의미하며, 이는 시장에도 똑같이 적용된다.

이렇듯, 무조건적으로 우리 삶을 보장하는 기본소득은 우리가 재화, 자원, 활동을 영위하는 것과 관련된 사회제도를 결정하는 과정에 실질적으로 참여할 수 있게 한다. 그러나 기본소득 제안의 해방적 잠재력이라는 면에는 매우 신중하게 접근해야 한다. 우리는 너무 많은 것을 당연하게 여겨서는 안 된다. 따라서 기본소득으로 형성해야 할 **민중의 정치경제**(프랑스 혁명의 왼쪽 날개에서 사용된 표현이다)의 지침을 생각해볼 필요가 있다. 기본소득으로 이루는 민중의 정치경제는 기본소득 제안을 포함할 뿐만 아니라 초월하되, 기본소득의 전환적 의의는 잃지 않는다. 왜 그런지 살펴보자.

'기본소득으로 이루는 민중의 정치경제'라면 다음과 같은 세 가지 측면을 확실히 해야 한다. **첫째**, 기본소득은 자유로운 노동, 자유롭게 협력하는 노동을 집단적으로 조직하기 위한 진정한 정치문화를 살찌우는 데 도움이 되어야 한다. 기본소득이 있는 사회라면 사회적으로 연결되지 않은 공간에서 사람들이 개인적인(개인화된) 방식으로 살아갈 길을 찾는 분열된 사회여서는 안 된다. 여기서 말하고자 하는 바는 개인적 선택을 도덕적으로 비난하려는 게 아니라, 다양한 투쟁과 프로젝트가 사회정치적으로 연결되어야만 우리 삶을 존엄하게 하려는 개인적·집단적 노력에 효력을 불어넣을 수 있다는 사실을 가장 열린 실용주의의 차원에서 인식해야 한다는 것이다. **둘째**, 마찬가지로 무조건적이고 보편적인 형태의 혜택이 수반되지 않는다면 사회적 해방도 없다. 이는 실로 간단한 문제다. 진정한 사회적·경제적 권리 대신, 기본소득만 주머니에 찔러 넣은 채 의료, 교육, 주거, 돌봄, 활력 등 존엄한 삶을 위해 필요한 다른 자원들을 조달하러 초조하고 광적으로 시장에 뛰어들어야만 한다면, 게임을 선택하고 규칙을 정하는 자유는 증발한다. 다르게 말하자면, 기본소득은 국가에서 사회적 보호 장치를 몰아내려는 신자유주의 측의 트로이의 목마로 작용해서는 안 되고, 사회적 보호 장치에 너무나도 자주 부족했던 보편성과 무조건성이라는 논리를 더하며 제도의 골조를 이루는 축으로 작용해야 한다. **마지막으로**, 기본소득에 관한 고민은 사적 경제력의 축적 규제와 함께 가야 한다. 기본소득이 기본을 보장해줄지언정, 앞에 펼쳐진 길이 소수 금리생활자의 탐욕으로 인해 쑥대밭이 되었거나 막혔다면 나아갈 가능성이 사라지기 때문이다.

“당신들은 우리에게서 너무 많이 빼앗아갔어. 이제 우리는 다시 전부를 원한다.” 이 세 가지 측면을 확실히 하며 민중의 정치경제가 수립된다면, 기본소득의 해방적 잠재력이 빛을 발하여 우리를 자본주의의 경계로 이끌 것이다. 기본소득은 사유재산과 시장과 완벽히 양립할 수 있으면서도, 우리로 하여금 철저히 자본주의적인 논리에서 벗어나 재산과 시장을 재고해볼 수 있게 하기 때문이다. 대체 어떤 자본주의 체제하에서 배제적이지 않은 공동의 재산이라는 형태로 향하는 문을 열어주기까지 하는, 노동력의 탈상품화를 생각해볼 수 있단 말인가?

기본소득은 우리가 삶을 (다시) 소유하게 하기 위해 고안된 계획으로, 자주 공공정책 세계와 관리 세계 사이의 교차점에 자리한다. 기본소득은 한편으로는 우리가 상상할 수 있는 모든 삶을 실현할 지렛대로 작용하는 사회적·경제적 권리의 집합에 속하고 그 집합을 지탱하며, 또 한편으로는 우리가 자주 관리적인 공간에서 상상한 것을 실천으로 구체화하고자 할 때 구제의 손길을 건넴으로써 너무나도 자주 통제적이고 가르치려 들며 낙인을 찍는 국가의 지침에서 벗어나게 도와준다.

그런데 무조건적인 자원이 있다는 것이, 맨더빌의 벌집에서처럼 집단의 번영에 종지부를 찍는 노동 의욕 문제를 일으키진 않을까? 맨더빌의 악덕한 꿀벌들이 벌집의 번영을 일구었던 것은 바로 자원을 빼앗겼기 때문이라는 것을 기억하자. 자원을 빼앗겼기에 강제로 노동해야만 사치스러운 기질에서 나오는 각자의 욕망을 충족할 수 있었기 때문이라는 것을 기억하자. 그리고 또 하나, 번영하던 맨더빌의 벌집은 꿀벌들이 신들에게 덕을 달라고 빌었던 날 쇠락했다는 것을 기억하자. 덕을 갖춘 꿀벌들은 더 행복하고 욕심이 없어졌지만, 동시에 벌집은 결핍이 지배하는 황폐하고 거친 세계로 전락했다. 그렇다면 기본소득은 인간 행동의 기본적인 동기를 없앰으로써 스스로 멸망할 수밖에 없는 비극적인 계획이 될 것인가?

18세기에 이미 애덤 스미스는 인간에게 동기를 부여하는 요소가 얼마나 다채로운지 무시했다는 이유로 '부도덕'하다고 지적하며, 맨더빌의 우화에 반박한 바 있다. 실제로, 고전 고대부터 다수의 연구를 통해 밝혀진 바에 따르면 인간이 행동하는 이유에는 물론 개인의 이익도 있지만, 나아가 사회규범을 준수하는 것, 내가 속한 환경의 일부라고 느끼고 공감할 필요성, 그리고 무엇보다 자기목적적인 활동에서 오는 즐거움과 같은 메커니즘이 포함된다. 자기목적적인 활동이란 행위를 수단으로 삼아 물질적 이익을 취하는 게 아닌, 자기 본성에 가깝게 느껴지는 일이라 그 자체가 목적(텔로스*telos*)이 되는 활동을 말한다. 실제로, 경제학이나 경험적 심리학 연구를 비롯하여 전 세계에서 시행된 기본소득 실험들이 이와 같은 방향을 가리킨다.

이미 언급한 적 있는 사회학자 에릭 올린 라이트는 기본소득이 어떤 세상(빈곤과 불안정이 덜한 세상)을 만들지 논하는 '온건한 정당화'를 넘어, 기본소득이 '작동하는' 세상 안에 주목하는 '강경한 정당화'를 논하라고 고무한다. 빈곤과 불안정이 덜한 세상을 바란다는 것은 두말할 필요가 없지만, 우리는 지금, 새로운 세상을 꿈꿀 필요성이 다만 버티려는 바람을 넘어서는 역사적인 순간에 살고 있다. 버티기도 끝이 보인다. 그렇기에 기본소득의 강경한 정당화로 눈을 돌려야 한다. 첫째, 기본소득은 오늘날 우리에게 생존을 위한 수단으로 '제공되는'(강요되는) 노동들을 그저 받아들이고 구걸해야 하는 필요성에서부터 우리를 해방한다. 둘째, 기본소득은 자기목적적인 활동, 즉 급여 여부와 무관하게 실현하는 노동을 실현할 수 있게 한다. 우리는 과연, 꿀벌들이 행복한 이유란 무엇보다 자신이 선택한 노동의 세계에서 근면히 움직이기 때문이라는 가능성을 생각해볼 수 있을까? 이제는 기본소득이 가져올 열린 가능성의 세계를 꿈꿀 때가 왔다.

기본소득은 우리가 모자**에 기대어** 살 수 있도록 하려는 게 아니라고 도입부에서 이야기했다. 기본소득 **역시** 하나의 모자로, 이를 비롯한 모자들**을 가지고** 극빈에 대한 두려움을 조장하는 협박에서 멀어진 삶의 형태들을 상상하고 실천할 수 있다. 우리는 머릿속에 그런 가능성을 품어볼 수 있을까, 아니면 임금노동이 우리의 유일한 선택지일 때를 두고 아리스토텔레스가 말한 '시간제 노예제'라는 체제에서 제삼자를 위해 끊임없이 일할 수 있어 행운이고 심지어 감사하다고 느끼기를 계속해야 할까? 우리는 권태나 나태함에 빠지기 위해서가 아니라, 어떻게 살지 결정하는 자유로운 노동자가 되기 위해 프롤레타리아에서 벗어날 수 있는(꼭 임금노동을 완전히 저버리는 것은 아닌) 방안을 고민할 수 있을까?

오늘날, 동물원과 동물원 동물들을 두고 어떻게 해야 할지에 관한 논쟁이 열띠다. 전통적인 동물원은 이제 받아들일 수 없다. 동물들을 지금 그들이 처한 상황에 그대로 내버려 두어서는 안 된다. 그렇다면 무엇이 가장 좋은 해답일까? 동물학자들은 다양한 선택지를 면밀히 탐구했고, 그 결과 분명한 의견을 공표했다. 동물원 동물을 자연에 방생하는 것은 답이 아니라는 것이다. 우리에서 태어난 동물은 본래의 자연환경에서 생존하는 데 필요한 능력이 없고, 포획된 동물은 생존 능력을 서서히 잃어갔기 때문이다. 따라서 동물들에게는 다른 공간, 다른 동물원이 필요하다. 물론 21세기에 걸맞은 동물원이어야 한다. 우리 인간도 비슷한 상황에 처해 있는가, 아니면 우리 본래의 환경, 즉 우리가 원하고 만들어 낼 수 있는 환경에서 생존할 능력을 아직 간직하고 있는가?

제1부

사회(무)질서의 지도 그리기:

왜 기본소득인가?

1891년 5월 15일, 교황 레오 13세는 근대사회가 형성되는 데 있어 의심할 여지 없이 가장 큰 영향력을 끼친 문헌 중 하나인 회칙 《새로운 사태*Rerum novarum*》를 공포했다. '노동조건에 관하여'라는 부제를 달고, "오래전부터 민중을 혼란스럽게 하는 혁명의 움찔거림"을 두려워하고 "변화를 꾀하고자 하는 지나친 욕망이 정치의 영역에서 인접한 경제의 영역까지 옮겨갈까"[1] 걱정하는 이들의 반감으로 쓰인 이 회칙에서 교황청은 다음과 같이 주장한다.

> 부자와 빈자는 그 본성상 서로 싸우며 영원한 투쟁을 이어가기 마련이라는 듯, 한 사회 계급이 자연히 다른 계급의 적이 되리라는 가정은 치명적인 악이다. 이런 주장은 이성과 진리에 상반되는 것으로, 우리 몸에서 여러 지체가 서로 맞아 들며 조화라고 부를 만한 상태를

1 *Rerum novarum*, 제1항.

> 자아내듯, 인간 사회는 본래 부자와 빈자라는 쌍둥이 계급이 조화를 이루며 화합하여 균형을 이룬다. 두 계급에게는 서로가 절대적으로 필요하다. 자본은 노동 없이 존속할 수 없고 노동은 자본 없이 존속할 수 없다. 합의로 말미암아 아름다움과 질서가 생겨나는 반면, 끝없는 투쟁은 혼란과 야만성을 초래할 따름이다.[2]

터무니없다거나 낡게 들릴지도 모르지만, 사회유기체설이라는 테두리 속 세상의 묘사와 정치적 관점을 내포하는 주장이다. 사회유기체설은 이전에도 지금도 각기 다른 사회적 영역에서 무척 다양한 성질의 정치 계획이며 제도 입안에 입김을 불어넣는데, 그 목표는 늘 같다. 병들 수도 있지만, 치유할 수도 있는 사회적 '몸들'의 '조화'와 '균형'을 유지하는 것이다. 이는 곧 인간 사회는 권력관계, 즉 각기 다른 사회 계급의 분열이 내재하는 유기적 구조와 몸으로 구성된다는 말이다. 그러나 이 몸들은 갈등의 방향을 조절하고 '합의'에 의한 '아름다움'을 발견할 수 있으며, 필요하다면 강압적으로라도 각 사회 집단을 본래 있어야 할 자리에 밀어 넣는 능력을 갖추었다. 따라서 사회유기체설에 입각한 정치적 행위는 모두 어떻게 처신하고 어디에 복종해야 하는지 알며, 효력이 영원히 지속하고 한시도 소홀히 해서는 안 되는, 수직적이고 계급주의적인 질서를

2 앞의 글, 제14항.

고수하거나 재확립하기를 추구한다.

이러한 주장과는 달리(나중에 흥미로운 교차점을 살펴보긴 하겠지만), 자유주의는 사회유기체설의 대전제를 부정한다. 사회에는 어떤 분열도 없다는 것이다. 자유주의에 따르면 세상에는 정해진 사회적 구조가 없다. 다만 개인들이 자신의 개별적이고 양도 불가능한 가치 판단이나 선호를 합의(계약) 안에서 구체화할 뿐이며, 이 합의에는 갈등이 실리지 않는다. 따라서 세상은 엄격히 심리적인 성질을 지닌다. 취향은 정해진 것이 아닐뿐더러, 그것이 잘 맞을만한 적합한 사회적 공간(시장)에서 자연스레 결합하는 경향이 있다. 오스트리아경제학파의 아버지 루트비히 폰 미제스Von Mises가 1949년에 출간된《인간행동론》에서 어떤 주장을 펼치는지 살펴보자.

> 시장은 장소도, 물건도, 집단적 결합체도 아니다. 시장은 노동 분업 체제 안에서 협업하는 각기 다른 개인의 다양한 행위가 상호작용하는 것으로 기능하는 과정이다. 이 같은 개인의 가치 판단과 그에 따른 행위가 바로 끊임없이 변화하는 시장의 상태를 결정짓는 힘이다, 시장은 언제나 가격 구조의 상태를 유지하는데, 이는 곧 구매자와 판매자의 상호작용으로 이루어지는 교환 관계의 총합이다. […] 시장의 모든 현상은 시장 사회의 구성원들에 의해 구체화된 선택들에 기인한다(미제스Mises, 2007:258).

세상이 기능하는 방식에 대한 폰 미제스의 설명은 교황 레오 13세의 주장과는 달리, 노골적으로 **무제도적**이다. 폰 미제스에 따르면 호전적이고 분쟁이 잦은 사회적 배경과 관계에 숨어 있는 갈등을 인정하고 납득하여 정치적으로 운영해야 하는 사회제도란 없다. 갈등이 존재하지 않기 때문이다. 그러니 문제가 아닌 것을 문제 삼을 필요가 없다. 사회적 삶(두말할 것 없이, 시장)은 개인의 선택으로 운영되며, 선택을 강요받는 게 아니라면 아무에게도 피해가 가지 않는다. 모두가 평화롭다.

거의 한 세기 전, 세상을 이해하는 공화주의적 관점을 계승한 카를 마르크스는(도메네크[Domènech], 2004) 자유주의의 주장과는 대조적인 사회적 삶을 주장한 바 있다. 사회주의 사상가 마르크스는 당연히 갈등이 있다고 주장한다. 그리고 덧붙이길, 당연히 권력관계가 있고, 당연히 사회제도가 있다. 마지막으로, 갈등과 권력관계와 사회제도는 사회적 삶 외부에서 이루어지는 선호와 선택으로 결정되는 게 아니라 전적으로 사회적 삶의 내부에 존재하며, 크고 작은 협상력을 지닌 행위자와 행위자 집단의 상호작용에 따라 형성되는 사회적-관계적 재산으로 결정된다.

> 사회는 개인들로 구성되는 게 아니라, 이 개인들이 서로 맞닥뜨리는 관계와 조건의 총합으로 구성된다. 누군가는 이렇게 말하고 싶을지도 모른다. 사회의 관점에서 보자면, 노예와 시민은 존재하지 않는다. 노예건 시민이건 다 인간일 뿐이다. 맞는 말이긴 하지만, 이는 사회 바깥에서의

이야기다. 노예가 되고 시민이 되는 것은 사회적 재산과 인간 사이의 관계가 결정한다(마르크스, 1953:176).

따라서 이해가 상충하고 자원이 부족하여 갈등이 비일비재한 곳에 사회제도를 마련하는 것이야말로 우리를 조금이라도 자유롭게 해주는 것이다.

어쨌든, 우리 앞에는 신기하고도 흥미로운 삼각형이 놓여있다. 지금까지 세 가지 꼭짓점을 더 잘 이해하도록 각 주장이 명백히 드러나는 인용문 셋을 살펴보았는데, 각 꼭짓점에는 사회 존재론과 그와 관련된 규범적 관점이 담겨 있다. 여기서 **사회 존재론**이란 인간이 사회를 구성하는 메커니즘과 관계를 바라보는 시각을 의미한다. 따라서 사회 존재론을 논할 때는 우리의 사회적 삶의 실태를 논하는 것이다. 이 세상에서 무엇이 보이는가? 세상의 기본 구성 요소와 원동력이 되는 장치는 무엇인가? 이 세상 밖에는 무엇이 있는가?

이러한 질문에 대한 교황 레오 13세, 폰 미제스, 마르크스의 대답은 의심할 여지 없이 각기 다른 세 가지 세계관을 그린다. 교차점이 전혀 없지는 않은 세 가지 사회 존재론은 각각 이론과 실천에 따라 현대사회의 정치적-규범적 선택이 이루어지고 사회정치적 갈등이 해소되는 공간이 형성되는 모습을 보여준다.[3]

3 현대 사회의 규범적 계획과 사상의 레퍼토리는 여기 소개하는 세 가지보다 훨씬 더 다양하며, 각 주장이 제안하는 것보다 훨씬 더 복잡하고 혼성적인 정치적 실천을

폰 미제스의 **첫 번째 세계관**에서 우리는 자유주의 특유의 고립된 원자적 개인을 볼 수 있다. 존재론적이고 기술적인 측면에서 볼 때, 자유주의 전통은 각기 다른 소립자들이 불필요한 절차에 의해 방해받거나 조종당하지 않고, 다른 소립자들과 함께 눈에 띄는 궤도를 그리지 않으며 변덕스레 돌아다니는 기체 같은 세계를 제시한다(이러한 묘사가 현실과 비슷한 점이 있는지는 나중에 살펴보겠다). 세상에 구조란 없다. 만일 있더라도 최소한으로, 증기 상태로 존재한다. 잘 보면, 이 같은 입장은 자유방임주의*laissez-faire* 이론을 따른다. 이것이 존재론적으로 불가능한 관점이라는 것은 나중에 다루고, 우선 정치적·규범적 측면을 살펴보자면 자유방임주의는 원자적 개인들이 정해진 목적 없이 돌아다니고, 그러다가 다른 개인들과 부딪히면 '가치 판단'이나 추가적인 선호에 따라 양측이 바라는 합의(계약)를 맺도록 내버려 두어야 할 필요성을 지향하는 이론이다.

두 번째 세계관은 교황 레오 13세의 가톨릭 사회 존재론으로, 원자가 세포를 형성하고, 세포가 조직과 장기를, 장기가 몸을 형성하는 세상을 제시한다. 이렇게 형성된 몸은 건강할 수도 있지만, 가볍고 견딜 수 있는 정도부터 심각하고 위협적인 수준의 불안이나 질병에 시달릴 수도 있다. 여기까지가 계급주의적

끌어냈다는 것은 분명하다. 그러나 으레 손을 맞잡고 반복되는 정치적 지평을 일구어 나가는 원동력이 되는 사상들이 담겨 있다는 점에서, 이 세 가지 주장을 잘 이해해 두면 유용하다.

세상의 기술, 즉 사회 존재론이다. 계급주의에 따르면 사회적 삶이란 다양한 기능의 장기가 들어찬 몸과 같아, 장기가 제 기능을 하려면 각 부위가 전체 안에 조화롭게 배치되어 있어야 한다. 정치적·규범적 측면에서 볼 때 계급주의적 세상은 거대한 피라미드 안에서 고요를 꾀하며, 필요한 수단을 모두 동원해서라도 수직적 균형을 지켜야 한다.

이러한 수직적 구조는 온전히 피라미드적이라는 점을 지적할 필요가 있다. 계급주의적 사회에는 몇몇 **소수의** 지도자로 이루어진 척추(**과두제**)가 있고, 그 주위에 다수의 지배받는 자(압도적 다수인 빈자)가 있다. 피라미드는 이렇게 생겨난다. 물론 이 피라미드의 아래쪽에 자리할수록 견뎌야 할 압력이 더 높을 것이다. 그런데도 터무니없는 사회유기체설적 제안은 인간 **모두**에게, 즉 피라미드 위에 있는 자들과 아래에 있는 자들 모두에게, 집을 파괴하고자 하는 이들의 '야만성'을 멀리하는 능력이, 교황 레오 13세가 말하던 '합의로 말미암아 아름다움과 질서가 생겨나는' 데서 오는 영혼의 평안과 엄숙한 기쁨을 공유하는 능력이 있다는 믿음에 근거를 둔다. 이대로라면 피라미드는 아주 이상적이고 숭고한 것이 될 수 있다. 그리고 혹시라도 능력이 부족하다면, 행동을 교정하고 구조를 강화하는 처벌의 장치가 있을 것이다.

삼각형을 이루는 **세 번째 꼭짓점**은 마르크스가 주장하는 민주공화주의의 사회 존재론과 정치적 관점이다. 공화주의의 사회 존재론과 교황 레오 13세의 사회유기체설은 세상이 계급과 사회 집단으로 분열되어 있고, 그 구별이 자원과 기회를 누리는 데 대한 접근성이 다름에 기인한다는 인식을 공유한다. 그러나 그런 인식에서 계급주의적 사회유기체설은 세상의 수직적 배열을 유지하기 위한 장치를 규정하고, 민주공화주의는 사회관계를 수평화하려는 방안을 모색한다. 이렇듯, 공화주의적 동지애는 사회관계가 기체처럼 흩어져 있는 '무질서'를 주장하는 자유주의 사상과 계급주의적인 거대한 피라미드의 무게를 우리 어깨에 짊어지자는 사회유기체설적 제안에 모두 반대한다. 공화주의적 동지애는 사회유기체설의 피라미드를 무너뜨림으로써 우리가 우리 자신일 수 있고, 하고 싶은 것과 되고 싶은 것을 과감히 찾아갈 수 있는 환경에서 유연하게 관리되는 삶, 다양한 활동과 넓은 관계성에 열려 있는 삶을 자유롭게 영위할 가능성을 손에 넣고자 한다.

그런데 이 세 가지 주요 전통에 기인한 사회적 삶에서는 어떤 제도적 합의를 도출할 수 있을까? 특히, 각 전통을 비롯하여 전통들 사이에서 종종 보이는 교차점에는 어떤 소득정책을 연결 지어볼 수 있을까? 마지막으로, 이른바 '사회 문제'라는 현상을 다루고 해결 방안을 모색하려면, 각 관점의 정치적·윤리적 배경을 어떤 식으로 비교해야 할까? 이러한 질문들에 대해 이어지는 장들에서 대답해보고자 한다.

제1장

엘리트주의의 수직적 정책과 사회심리학

"노동자들의 크디큰 자기 신뢰와 저들끼리의 긴밀한 응집력, 도덕적 해이가 갈등에 불을 지핀다."라고 교황 레오 13세는 주장한다. 따라서 갈등은 당연히 존재하며, 재산권의 형성과 그 범위를 둘러싸고 벌어지기 마련이다. 여기서 갈등은 "극소수의 탐욕스러운 부자들"과 그들로부터 "노예의 속박과 다를 것이 없는 멍에를" 강요받는 "압도적 다수의 프롤레타리아" 사이의 명백한 정치적 갈등이다.[1] 세상에 적의란 없다고 주장하는 자유주의 사회 존재론의 무균법과는 달리, 가톨릭 사회교리를 따르는 계급주의는 사회적 삶에 권력관계가 만연하다는 것을 인정할 뿐만 아니라, 그런 권력관계가 압도적 다수에게 영향을 끼칠까 우려를 내비친다. 그런데 이를 위한 해결책으로 재산을 분배하는 일은 결코 일어나지 않는다. 재산을 분배하는 것은 "정당한 소유자에게 폭력을 가하는 행위"[2]라는 것이다. 영국의 철학자 존 로크와

1 *Rerum novarum*, 제1항.

2 앞의 글, 제2항. 성서에 이미 그렇게 쓰여 있다: "네 이웃의 아내를 탐내지 말지니라

마찬가지로, 가톨릭 사회교리는 "하느님께서 인간에게 공공의 토지를 주셨다"고 주장한다. 그러나 외부 자원의 사적 소유와 그로 인해 압도적 다수가 빈곤에 빠지는 것을 막으려는 목적으로 중요한 금지 규정들을 제정했던 로크와는 달리,[3] 적어도 여기서 우리가 분석하고 있는 회칙에서 전개되는 교회의 사회교리는 다음과 같이 주장한다. "하느님께서 인간에게 공공의 토지를 주신 것은 그것을 모두가 구분 없이 소유할 수 있게 함이 아니라, [...] 개인의 노력과 각 민족의 제도에 따라 사적 소유의 범위가 한정되기 위함이라."[4] 세상은 넛지로 움직이고, 뛰는 놈 위에는 나는 놈이 있는 법이다.

따라서 사회적 문제에 대한 계급주의의 해결책(우리 교황님에 따르면 "시급한 해결책")은 침해당할 수 없는 것(사유재산 불가침 원칙)을 침해하는 게 아니라, 주인과 노예로 구분된 사회를 야기할 수 있는 울퉁불퉁한 면을 다듬음으로써 세상을 더 견딜만한 것으로 만드는 데 기반을 둔다. 이렇듯 계급주의는 "최하층 계급에 일정량의 의무를 부과하고" 국가의 권한과 "법의 권력과 통치"로써, 재산권을 존중하지 않는 노동자 계급이 단체 및 노동조합을 체결하는 것을, 필요하다면 금지함으로써 "사유

네 이웃의 집이나 그의 밭이나 그의 남종이나 그의 여종이나 그의 소나 그의 나귀나 네 이웃의 모든 소유를 탐내지 말지니라." (신명기, 5, 21)

3 공화주의에 영감을 받은 다른 작가들과 같은 관점으로 재산과 관련한 문제를 다루는 로크의 방식을 살피려면, 문도Mundó(2015, 2017)를 보라.

4 *Rerum novarum*, 제6항.

재산을 지키는 것"[5]으로 사회 문제를 해결하고자 한다. 그리고 자본가 계급에는 사회적 불운에 휘말려 그들의 지붕 아래 사는 이들이 시달리는 가혹한 결핍을 완화해주라는 중요한 과제를 맡긴다. 여기서 '지붕'이란 무얼 의미할까? 자본주의적 기업뿐만 아니라 학교, 병원, 여가 및 노동 기구, 지역, 도시 그리고 땅 전체가 가부장제와 순종이라는 사회유기체설의 위대한 2인조 곡예로 운영될 때, 이 모두가 지붕이 될 수 있다. 어디서 들어본 소리 같지 않은가?

이러한 해결책에는 존엄한 아버지들이 필요하다. 자식들에게 어질고, 그들이 필요한 돌봄을 제공할 준비가 되어 있는 동시에 순종을 가르치고 사회 집단의 안정을 위협하지 않는 무해한 존재가 될 때까지 엄격하고 완고하게 감독할 수 있는 아버지들이 필요하다. 자식들은 늘 자식들로 남아야 한다. 자식들이 독립해야 하는 나이란 없다. 오르테가 이 가세트에 따르면, 근대사회의 '골조'(물론, 수직적인 골조)를 이루고, 그토록 두려운 '대중의 봉기'를 예방하거나 약화하기 위해서는 이런 모범적인 아버지상[모범이 없다면 순종도 없다(도메네크, 2006)]을 사회적 삶 곳곳에 배치해야 한다.

세상에 수직적인 질서를 세우고자 하는 목적에서, 이런 **아버지들**은 자식이 집을 휘청거리게 하고 동요시킬 때면 매우 뻔뻔한 주장을 펼치며 심각한 훈계를 두곤 한다. "저들은 시민이

5 앞의 글.

아니라 그저 히피다.” 에스페란사 아기레 전 스페인 마드리드 시장이 **자신들의** 광장을 점거한 **분노한** 시민들을 두고 한 소리다. “저들은 시민이 아니라 다만 *racaille*(인간쓰레기)일 뿐이다.” 니콜라스 사르코지 전 프랑스 대통령이 내무장관이던 시절, 시민의 권리를 충분히 누리지 못한다고 여긴 프랑스 교외 시민들의 분노가 폭발한 데 대해 시비조로 던진 말이다. 자식들의 관점에서 볼 때 아버지들이란 모든 사람에게 속한 것을 빼앗아 자기들만의 것으로 가져가는 존재로 보이기도 한다. 아주 잘못된 생각이다. 아버지들이 희생과 관대함으로 꾸려나가는 자기 소유 집의 자원에 손을 댄다는데, 자식들에게 설명해야 할 필요라도 있단 말인가? “계급투쟁에서 우리가 이기고 있다.”라고 슈퍼리치 워런 버핏이 2006년 11월 말한 바 있다. 그리고 그의 말은 사실이다. 상황 묘사가 더 정확할 수 없고, 조금도 모호한 태도를 취하지 않는다는 데 감사할 만하다. 그러나 그 역시 계급투쟁에서 부자들이 이기고 있는 사태에 용의주도함과 동정심으로 접근하며 사회유기체설 입장을 드러낸다.

자식이 부적절한 행동을 했을 때 부모가 다음과 같은 경고의 말을 던지는 모습을 자주 볼 수 있다. “생각하는 의자로 갈 줄 알아!” 잘 보면, 사회유기체설의 정치적 관점은 순종적인 시민들-자식들을 안전한(물론, 거대한 피라미드를 유지하기에 안전한) 장소에 가두기 위한 작은 구석들을 필요한 만큼 얼마든지 만들어내고자 한다. 그러나 그곳은 ‘생각하는 의자’가 아니라 우리를 감금하고, 우리가 스스로 생각하고 결정할 권리를 소위

'아버지'에게 넘기게 만드는, 실제로는 '생각하지 **않을** 의자'가 놓인 곳이다(여기서 아버지는 회사 고용주, 각종 건물 소유주뿐만 아니라, 결코 책임질 생각이 없기에 '우리를 대표하지 않는' 전문가며 정치인, 유력자 등 다양한 형태로 나타난다).

좋다. 사회유기체설의 사회 존재론에 따르면 파시즘에도 제 역할이 있고, 개인은 사회를 구성하는 피라미드형 몸체의 계층 또는 장기와 기관에 어떤 방식으로든 지정된 요소이기 마련이다. 그리고 이런 지정에 문제를 제기해서는 안 된다. 문제를 제기하는 것은 곧 사회 조직이 무질서, 병폐, 기형에 시달리게 될 것을 의미하기 때문이다. 이렇듯 사회유기체는 부자든 프롤레타리아든, 자본가든 공장 노동자든, 모든 개인을 크고 작은 자리에 가두는 정해진 방식과 교정 수단에 따라 활력 징후가 안정되어야 한다. 사도 바울은 다음과 같은 글을 남겼다. "각 사람은 위에 있는 권세들에게 복종하라 권세는 하나님으로부터 나지 않음이 없나니 모든 부세는 다 하나님께서 정하신 바라."[6] 여기에 교황 레오 13세는 가장 자비로운 방식으로 천민을 교화하는 **아버지 같은** 권세들의 엄격하면서도 상냥한 보호의 손길로 부드럽게 복종을 끌어내야 한다고 덧붙일 것이다. 그래야만 "끊임없는 고통"에 종지부를 찍을 수 있으리라. 그래야만 "(사실은) 쌍둥이인 두 계급이 조화를 이루며 화합하여 균형을" 이룰 수 있으리라. 그래야만 "각 계급의 뜻이 사이좋게 손을 맞잡고, 어려움 없이

6 로마서, 13, 1.

결합할 수 있으리라."[7]

20세기 초 독일의 철학자 막스 셸러 역시 같은 길을 걸었다. 가톨릭 사회교리를 따르던 그는 '노동자 계급이 결국 하나의 신분이 되는 것'은 필요불가결하다고 말한 바 있으며, 수세기 후 E.P. 톰슨(2012)이 말했듯, 각 계급이 '스스로 형성'할 수 있는 존재라고 보았다. 그리고 노동자 계급이 '스스로 형성'하도록 두는 것은 곧 계급 없고 수평적이며 동지애로 결속된 인간 집단이 있어, 모두가 상호 자유로운 사회관계를 맺고 모두가 스스로 결정하는 세상을 구성하기 위해 노동자 계급을 사회 집단으로 융합할 수 있는 적극적이고 강한 권력의 존재를 허용하는 것이다. 한편 신분이란 "정해진 것으로, 인간이 순응해야 하는 것이고 '직업'처럼 자유롭게 선택할 수 있는 게 아니라 그 안에 '정착해야' 하는 것이다. […] 신분과 그 안에 정해진 위계질서(각 신분에 걸맞은 임무와 재산에 따른 위계질서)에 대한 개념은 기독교 사상과 뗄 수 없다."[8]

결국, 교황 레오 13세, 오르테가, 셸러의 계급주의는 오늘날 신계급주의가 그들이 마련해둔 가지각색의 '생각하지 않을 의자'로 우리를 보내고자 하듯, 세상을 융합시킴으로써 자본주의적 경제와 사회질서를 강화하고자 했으며 상당 부분 성공을 거두었다. 왜냐하면 유대 없이, 연고 없이 사회는 해체되기 때문이다.

7 *Rerum novarum*, 제19항.

8 도메네크의 인용, 2004:268-269.

이렇듯, 19세기 말에서 20세기와 21세기를 아우르는 시대 속 근대 계급주의의 기여는 각 개인을 각각 걸맞은 자리에 배정하는 결합 과정이 자본주의 시장 관계를 만들어 낸다는 사상에서 두드러진다. 이렇게 만들어진 자본주의 시장 관계는 재산권을 보호하는 임무를 띤 국가의 제제 장치를 수반하며, 노동 계약을 비롯하여 모든 계약으로 구체화되는 사회의 조화를 구원의 길로 제시하는 사회유기체설의 주장을 지원군으로 삼는다. 즉 존엄한 아버지가 자식들에게 그러하듯, 자본가가 벌하고 보상하는 자본주의 기업이야말로 진정 가족적으로 갈등을 해결하는 장치인 것이다.

레오 13세는 주장하길, 가난한 자가 거만하지 않고 반란을 일으킬 목적이 없으며, 자기에게 걸맞은 고통과 고난의 무게를 자각하고 있다면, 자본주의 기업이 벌과 보상을 통하여 그를 평화의 길로 인도한다고 한다. 이 주장에 관한 단서는《새로운 사태》에서 찾아볼 수 있다. 이 회칙은 기업주가 노동자에게 위안을 주어야 함을 논하며, 부자와 고용주에게는 그들의 고용인, 즉 살기 위해 그들에게 물질적으로 의지해야 하는 이들에게 아버지로서의 의무가 있다는 점을 시사한다. 그런데 어떤 의무란 말인가? 기본적으로 노동자들이 일할 수 있는 역량을 키워주고 그런 역량이 훼손되지 않도록 도와줄 의무를 말한다. 조금 더 자세히 살펴보자.

노동자 계급이 사용자의 법적 권리(재산권)에 대항하는 음모를 꾸미고 자본을 손상하거나 사용자를 공격하는 등 모든 종류의 폭력을 삼가야 하는 것과 마찬가지로, 레오 13세는 고용주 계급 역시 고용인에게 품위 있는 일을 제공하고, 폭력을 행사하지 않으며, 노동자의 체력이 허락하는 것 이상은 넘지 않는 노동 시간을 정하고, 소모된 에너지를 재충전할 휴식 시간을 줌으로써 모두가 일터로 돌아오게 하고, 검소한 노동자의 기본적 생필품을 충당할 수 있는 임금을 지급하고, 몸과 지능과 영혼이 충분히 성장하기 전까지 어린이를 노동시장에 끌어들이지 않고, 여성들에게 적절하고 적합한 일을 제공하고, 고용주 단체와 노동자 연합의 목적이 공공 보건과 정의(이는 곧 재산권을 의미한다)를 손상하지 않는 한, 두 집단이 서로 돕는 사회를 장려할 의무가 있다는 것을 주장한다. 그러나 무엇보다 교황이 정말로 우려했던 점을 요약하는 문장이 있다. "단 한시도 노동자들에게 일자리가 부족하지 않기를."[9]

"단 한시도 노동자들에게 일자리가 부족하지 않기를." 교황의 회칙을 당시에는 어떻게 준수했고 오늘날에는 또 어떠한가? 고용주가 일할 준비가 되고 숙련된 노동자를 고용하는 데서 오는 보장성을 좋아한다는 사실은 새롭지 않다. 그리고 자본주의의 주요 훈육 기제는 물질적·상징적 약탈을 당한 다수가 취업노동에 매달리게 하는 데 근거를 둔다는 사실을 우리 모두 알고 있다. 시작이 나쁘지 않다. 모두 훈육에 다스려질 준비가 되어 있으니까. 그런데 만일 자본주의가 추구하는 것이

9 앞의 책, 40. 정치적-윤리적 관점에서 볼 때 **노동과 취업노동** 사이의 중대한 개념적 차이에 관해서는 아직 체계적으로 분석하지 않는다. 여기 제1부에서 누군가 **노동**을 이야기한다면 사실 **취업노동**을 이야기하는 것, 즉 유급노동, 주로 임금노동을 의미한다. 우선은 이 정도에서 그치기로 하자.

계급별로 할당된 의무와 기능을 모두 저항하지 않고 받아들이는 계급질서를 세우는 것이라면, 더 큰 노력을 들여야 할 것이다. 19세기 영국에서 생계를 유지하지 못하는 이들에게 집과 일을 제공하던 워크하우스*workhouses*의 논리를 생각해보자. 그리고 워크하우스에 입소하기를 거부하는 이들, 즉 타인을 위해 일하기를 거부할 가능성을 고려하는 이들, 자본주의 질서에 따른 역할 지정에 반대하는 이들[10]에게는 사회적 원조를 제공하지 말 것을 법제화하는 1834년의 신빈민법*new poor law*을 떠올려보자. 과거나 지금이나 속셈은 꽤 분명하다. 가난한 자 대다수는 서둘러 노동시장에 뛰어들어 취업해야 하고, 그러지 못했을 경우, 직업소개소가 대안(물론, 다른 취업노동)을 제시해주기를 바라야 한다. 자본주의의 계략을 전체적으로 잘 들여다보면, 선택의 자유와 내 것이라 여기는 활동을 할 자유의 결핍이 확연히 보인다.[11]

10 《자본론》 제1권 제24장에서 '자본의 원시 축적'을 다루며 마르크스는 자본주의가 자행한 약탈의 긴 과정이 특히나 억압적이고 "피를 뚝뚝 흘리는" 과정이었다고 이미 경고한 바 있다. 여기에는 자본주의가 간결하고 분명하게 전하고자 한 메시지가 있었기 때문이다. 궁핍한 자 대다수는 신생하는 자본주의 기업의 품에서 일해야 하며 여기에 토를 달아서는 안 된다는 것이다. 이러한 입장에서 걸인과 부랑자를 배척하는 근대 영국의 법률이 생겨났고, 마르크스는 이에 대해 다음과 같이 상세한 진술을 내놓는다. 구걸은 신생 프롤레타리아 계급에 여지없이 부과되는 운명에서부터 탈피하는 하나의 방식으로 보인다.

11 레오 13세의 회칙이 오늘날 바티칸에서도 온전한 효력을 지닌다는 것은 2016년 11월 5일, 그리스도의 레지오 수도회 로마 본부 대강당에서 열린 제3회 대중운동세계회의를 닫은 교황 프란치스코의 '마무리 연설'에서 드러난다. 이 회의에는 '지구상에서 가장 가난한 이백여 명의 활동가들(폐지 줍는 사람, 분리수거반 청소노동자,

최근, 이러한 전략은 워크페어workfare 또는 복지에서 노동으로welfare-to-work 정책으로 도입되고 있다. 이런 체제에서 국가는 조건부 보조금을 비롯한 공공정책으로 이루어진 계획을 도입하지만, 이는 현재의 노동시장, 즉 결코 그 성질을 논해서는 안 되는 노동시장에서 취업노동을 찾고, 제삼자를 위한 도구로서의 기능을 강화하는 노동 역량 및 학습 프로그램을 이수할 준비가 되었다는 것을 증명하는 사람들에게만 해당한다. 이는 가이 스탠딩Guy Standing(2002, 2009)에 따르면 가부장적 권력에 대한 완전한 복종이다. 이렇듯, 공공정책에서 조건성은 공공연하게 사회유기체설의 색을 입는 경향이 있다. '신분의 위계질서', 즉 막스 셸러가 말했듯, "각 신분에 걸맞은 임무와 재산에 따른" 위계질서를 받아들일 준비가 된 사람들만 원조와 구조를 받을 수 있다는 것이다.

행상인, 토지를 잃은 농민, 아메리카 원주민, 실업자, 슬럼 주민, 판자촌 주민 등)'이 참석했다. 연설 중 '돈의 횡포'가 도달한 야만성의 정도에 정말로 충격받은 듯 보이는 교황은 '배제당한 사람들'에게 '자신을 조연으로, 더 심하게는 현존하는 극빈의 대변인으로 가두는 유혹에 빠지지 말 것'을 권고했다. 이 정도면 괜찮지 않은가! 그런데 그 극빈은 어떻게 피할 수 있단 말이고 피할 수 있기나 하단 말인가? 교황의 제안은 레오 13세의 회칙과 조금도 다르지 않다. '노동시장에서 배제당한 이들을 위한 존엄 있는 일자리를, 농민과 원주민에게 땅을, 지붕 없는 가족들에게 집을.' 다시 말해 노동, 토지, 주택이라는 필수적인 세 가지 권리를 강조한다. 가난한 자들은 계속 가난할 테지만, **우리의** 가난한 자들이므로, 거대한 계급 피라미드를 구성하는 주요 메커니즘에서 벗어나서는 안 된다. 즉 피라미드의 정해진 자리에 순종하는 이들에게 타인을 위한 (존엄한) 노동과 계급에 따른 의무를 부과해야 한다는 것이다. 행사 참여자들과 교황 프란치스코의 말은 라모넷Ramonet(2016:1, 12)에서 가져왔다.

이러한 점을 볼 때, 해방 전통에 뿌리를 두는 공공정책 제안들이 아직도 사회를 구성하는 과정에서 임금노동이 **필수불가결한** 주축이라고 여긴다는 점이 놀랍다. 알베르토 가르손과 아도라시온 구아만Garzón y Guamán(2015), 필립 하비Philip Harvey(1989), 마이클 J.머레이와 매튜 포스테이터Murray y Forstater(2013), L. 랜달 레이Randall Wray(1989) 등이 전개한 흥미로운 일자리 보장 제안을 생각해보자. 일자리 보장 제안은 마지막으로 국가에 고용주의 역할을 부여하는 것이다. 그런데 왜 **마지막**인가? 왜냐하면 **처음**에 고용주 역할을 하는 것은 자본주의 노동시장이기 때문이다. 이렇듯, 빈곤 계급, 아니 어쩌면 다시금 빈곤층이라는 **신분**이 되어버린 이들은 그 성격을 논의할 여지조차 없는 노동시장에 들어가야만 하는데, 마치 이것이 그들의 운명, 자본주의의 약탈적 성격에 의해 불로 낙인찍힌 운명과도 같아 보인다. "단 한시도 노동자들에게 일자리가 부족하지 않기를."이라는 레오 13세의 말처럼 일자리를 찾았다면, 모두가 행복하다. 일자리를 찾지 못했다면, 빈곤 계급, 즉 '제삼자의 편의를 위한 노동의 도구'라는 신분을 지닌 이들은 취업을 위해 직업소개소의 창구를 두드려야 한다. 이렇게 우리는 다시금 선택의 자유와 내 것이라 느끼는 활동을 할 자유가 사라지는 사회유기체설의 게임판에 놓인다. 이렇듯 아무리 좌익 이데올로기에 몸을 담고 있는 정책 입안자와 정치적 행위자라고 한들 조건성을 고려하는 것을 보면, 가톨릭 사회교리를 따르는 계급주의와 조건성 사이에는 절대 끊어지지 않는 연결고리가 있는

듯 보인다.

일자리 보장 제안은 이런 '창구'가 완전히 국가 재량으로 운영되는 것이 아니라(국가란 본래 독단적이지 않다), 시민들에 의해 민주적으로 운영되어야 할 것을 강조한다는 점을 짚고 넘어갈 필요가 있겠다. 국가가 어떤 종류의 일자리를 제공할지 시민들이, 아래부터 결정하는 것이다. 이렇듯, 일자리 보장 정책을 옹호하는 이들은 노동자들이 먼저 일자리를 찾을 의무를 다하지 않고 바로 국가의 도움을 구할 가능성(여기서 이 가능성의 기술적 실현이 얼마나 어려운지는 다루지 않겠다)을 가로막는다. 그러나 자본주의 노동시장이 '제공하는' 일자리란 공공연히 착취적인 경우가 대부분이다. 분명, 직접 국가를 통한다면 일자리 보장 제안은 여기 소개하는 것보다 더 수평적이고 덜 계급주의적이 될 수 있을 테지만, 그 또한 이론적이거나 규범적인 차원에 머무를 뿐이라는 점 역시 언급하는 게 공평하리라. 사실 일자리 보장 정책에 대한 논의는 결국 레오 13세의 계급주의적 게임의 출발점으로 우리를 되돌려 놓는다. 이 땅의 가난한 자들이여, 모두 알다시피 착취적인 자본주의 노동시장으로, 그대들 먼저 뛰어드시게나. 그래도 착취자를 만나지 못했다면, 차례대로 우리를 보러 오시오. 그러면 **마지막으로** 우리가 그대들에게 '무언가' 주도록 힘을 써 볼 테니.

이제 끝을 맺겠다. 계급주의적 계획이 꼭 문제이기만 할까? 도덕적 가치와는 거리를 두고 기술적 분석의 측면에서 보자면, 우리가 사회유기체설의 사회 존재론(세상을 기술하는 방식)을 받아들이고, 사회적 삶이란 하나의 몸이요, 필요에 의해 형성된 메커니즘이기에 모든 구성원 각각은 매끈하고 수직적인 구조를 지닌 건강한 인체 내 신경계와 면역체계와 호흡기 사이의 상호관계가 이루어지듯, 정해진 조건하에 맡은 기능을 수행해야 한다는 결론에 이른다면 계급주의적 계획은 문제 될 게 없다. 그런데 다시 기술적 측면을 살펴보면, 사태는 그렇게만 돌아가지 않는다. 인간의 관계성이 지니는 가능성은 무궁무진한 것이지, 선천적이고 불변의 층위며 계급으로 다져진 엄격한 신분 질서에 한정되지 않기 때문이다. 또한, 여전히 기술적 분석 측면에서 볼 때, 이런 다양한 관계성에는 피라미드에 문제를 제기하고, 수평적이고 동지애로 묶인 유대를 형성하기 위한 사회 조정 장치를 마련할 여지가 있다. 이는 역사적으로나 존재론적으로 불가능한 것이 아니며, 이뤄낼 수 있는 것이다. 그리고 마지막으로, 어쩌면 더 중요할지 모를 정치적-규범적 분석 측면에서 볼 때, 모든 사람의 존엄한 삶의 가능성이 바로 사회 조정 장치를 마련하는 데 있음을 암시하는 수많은 이유를 찾을 수 있다. 이에 관해서는 더 나중에 살펴볼 것이다.

제2장

자연 발생적인 사회질서라는 속임수

“지금 벌어지는 계급투쟁에서 우리가 이기고 있다.”라는 워런 버핏의 발언을 앞에서 보았다. 그런데 이 계급투쟁이라는 개념은 왜 생겨났을까? 개인적이고 양도할 수 없는 심리와 선호의 집합 외에도 우리의 관계를 구성하는 사회제도가 있다고 지적하는 사회 존재론 앞에서 자유주의 세계관은 불편에 몸서리친다. 폰 미제스에 따르면, 세상은 각자의 성향과 믿음에서 기인한 열망과 욕구와 ‘가치 판단’이 뒤섞이는 기나긴 과정의 결과로 생겨난 것이다. 따라서 자유주의의 사회 존재론은 자연 발생적인 사회질서의 출현을 주장하는데, 이때 사회질서는 권력관계(이를테면, 계급간의 관계)나 의존관계와는 전혀 상관없이, 상보적인 욕망과 계획을 지닌 개인들의 파란만장한 교류로 생겨난다. 워런 버핏의 ‘제도주의적 실언’은 아리스토텔레스에서 마르크스에 이르는 공화주의 전통에서 반겼을 법 한데, 오늘날 세상에는 대립하는 사회 집단이 있고, 그 대립이야말로 사회 속 우리네 삶을 구성하는 요소라는 사실을 이해하는 사람이라면 그의 발언을 회자하기 마련이기 때문이다. 그러나 자유주의의 관점에서 이 제도주의적 실언은 다만 실언, 세상에는 승리도 패배도, 정복도 탈취도, 전투도 저항도, 공격도 방어도, 전략도 대응도 없으며 다만 세상에 사는 사람들의 욕망과 열망 사이의 조화만 있을 뿐이라는 사실을 이해하지 못했거나 잊은 사람의 실언이자 부적절한 언행에 불과하다(폰 미제스, 2007).

자유주의의 사회 존재론은 앞에서도 언급한 적 있는 맨더빌의 유명한 저서, **개인의 악덕, 공공의 이익**이라는 부제가 붙는《꿀벌의 우화》가 펼치는 주장으로 거슬러 올라가곤 한다. 18세기 초반에 영국에서 출간된 맨더빌의 우화는 질서가 잡히고 번영하는 벌집의 이야기를 들려주는데, 벌집이 번영하는 이유는 꿀벌들이 주위에 미칠 영향에 대해서는 완전한 무관심으로 일관하며, 자기들의 즉각적인 선호와 욕망을 충족하는 데만 전념하기 때문이다. 그리고 바로 이런 근면하고 이기적인 정신[1], '개인의 악덕'(미시경제학적 용어로 말하자면 개인의 선호 또는 개인의 욕망)의 가차 없는 조장이야말로 무수한 '공공의 이익'을 가져다주는 요소다. 자발적이고 무작위적이며 **(비)조직적**으로 행동하는, 사치스러운 꿀벌들의 근면하고 온전히 무의식적인 행위는 결국 모두를 만족시킬 만큼의 재산으로 가득 찬, 번영하는 세상을 만든다.

그런데 꿀벌들은 지나치게 오만하다. 근본적으로, 그들의

1　여기서 **이기주의**는 악의나 시기 따위가 아니라, 다만 온전한 무관심으로 이해되어야 한다. 그러니까 다른 꿀벌들이 각각 어떻게 이익을 내는지와 철저히 무관한 태도로 이해되어야 할 것이다.

죄는 감히 덕을 열망한 데 있다. 꿀벌들은 제우스에게 방탕하고 사치스러운 삶을 버리고, 주위 환경을 존중하며 절제하는 삶의 방식을 꾸려나갈 의지의 힘을 달라고 간청한다. 엄청난 실수였다. 제우스가 꿀벌들의 소원을 들어주자, 벌집은 점차 결핍이 지배하는 음산하고 쇠락하는 공간으로 변하고 만 것이다.

여기서 우화의 비유를 볼 수 있다. 그리고 자유주의 세계는 이 같은 비유를 자유주의의 학문적·정치적 강령으로 삼고자 단 한 순간도 망설이지 않고 달려든다. 버나드 맨더빌은 자유방임주의를 공공연하게 옹호하는 것이리라고, 자유주의는 현대 해석학이 그러하듯 양 끝을 조급히 묶어버리고 낙인을 찍는다. 자유주의 세계는 맨더빌이 조너선 스위프트와 함께 영국 최고의 풍자 작가라는 사실을, 관념적 이성이나 계시 따위가 우리를 절대 진리로 이끄리라고 믿던 당대 사람들을 놀리고자 냉소적인 논객 맨더빌이 거나한 잔치판을 벌인 것이라는 사실을 잊은 것이다. 자유주의는 맨더빌이 르네상스 사상에서는 흔했던(조르다노 브루노의 대담함을 떠올려보자) '급진적인 철학적 무정부주의'를 지지하며 추상적 이상이 사회에서 삶을 구성하는 능력에 문제를 제기했다는 사실을 잊는다. 맨더빌은 더듬더듬 길을 찾아 나가는 것 외에는 방법이 없다고 말한다. 당대 프랑스 문학과 철학 전통이며 네덜란드 철학과 정치적 견해에 능통했던 맨더빌은 몽테뉴와 스피노자의 계승자로서 쾌락주의와 아베로에스주의에 뿌리를 둔, 인간은 결국 죽는 존재라는 이교도적 사상을 회복하며 끝이 있기에 우리는 절대 불변의 규칙을 발견할 수 없다고 주장한다. 나아가, 쾌락주의를 17세기로 옮겨온 맨더빌은 인간은 자기에게 이익이 되고 즐거운 것을 추구하며 살 수밖에 없다는 확신을 드러내며, 초합리주의를 신봉하는 자들을 비웃음 거리로 매도한다.[2] 그런데 맨더빌의 사상과 자유주의의 자유방임주의라는 반사회적인(타인의 운명에 무관심으로 일관하는 사상이기에 반사회적인) 이기주의 찬양 사이에는 심연이 놓여 있다. 이에 관하여 마르크스는 《잉여가치론*Theorien über den Mehrwert*》에서 다음과 같이 말한 바 있다. "부르주아 사회를 옹호하는 속물들보다 맨더빌이 이루 말할 수 없을 만큼 더 현명하고 정직하다."(마르크스, 1977:407).

그런데 서문에서 이미 보았듯, 자유주의 전통은 농담을 진짜로 받아들인다. 자유주의는 맨더빌의 우화에서 세상에는 질서가 없으며, 세상을 이끄는 것은 다만 모든 개인이 가슴에 품은, 변덕스러울지언정 언제나 정당하게 자유로운 욕망이라는 이치를 온 천하에 선언하기에 완벽한 구실을 찾아낸다. 세상은 엄격하게 심리적인 성질을 지닌다. 세상에는 권력관계가 들어설 자리가 없다.

자유주의의 이러한 성질을 자명하게 드러내는, 스페인 만화가 로토의 만평이 있다. 그림 속 타이어에 매달린 조난자는 공포에 질린 채 상어가 다가오는 모습을 지켜본다. 만평 속 글은 다음과

2 《꿀벌의 우화》에 내재된 사상을 흥미롭게 재구성한 작품을 보려면 케이Kaye(1997)를 보라.

같다. “조난자가 상어보다 더 배가 고프다면, 시장의 법칙에 따라 그가 상어를 잡아먹을 것이다.” 이는 선호의 문제, 아니 어쩌면 그 강도의 문제라고 할 수 있으며, 조난자의 고갈된 체력이나 상어의 무시무시한 턱 근육이며 이빨 따위는 별로 중요하지 않다. ‘조난자가 더 배가 고프다면, 그가 상어를 잡아먹을 것이다.’

사실 로토가 말하는 ‘시장의 법칙’은 신고전파 경제학의 심리학적 이론에 따른 시장의 법칙이다. 19세기 말 경제학에서 일어난 한계혁명과 함께 태동한 신고전파 경제학은 의심할 여지 없이 자유주의의 사회 존재론과 정치적 관점을 따른다. 반면, 아리스토텔레스부터 1870년까지 인문학과 사회학을 길러내던 방식이자 오늘날까지도 많은 이가 고수하는 ‘정치경제학’의 방법론은 ‘제도주의적’ 성질을 띤다. 실제로 정치경제학은 사회**제도**(시장, 가정, 직업소개소, 법적·정치적 명령 등)의 집합을 관통하는 의존관계와 물질적·상징적 권력관계에 주목했기 때문에 **정치**경제학이라 불린 것이다. 이렇듯 사회제도 중심에 자리한 권력관계에 관심을 두는 것은 곧 구분하지 않게 하고, 현상의 상호관계와 설명적 전략의 상호관계를 연구하게 하므로 아리스토텔레스와 애덤 스미스와 카를 마르크스 같은 인물들에게서 철학자, 법률가, 경제학자, 사회학자, 사학자, 인류학자 같은 면모가 보이는 것이다. 때는 아직 사회과학의 붕괴가 일어나지 않은 때였다.

그런데 1870년대부터 **경제학자**(경제학자라는 단어는 신조어로, 이전에는 몇몇 프랑스 중농주의자들만 사용하던 단어였다) 집단이 등장했다. **한계주의자** 또는 **신고전주의자**라고 불리던 이들은 얇은 유리를 쾅 내려치듯, 사회과학 전체를 산산이 부수게 될 걸음을 내디딘다. 오늘날 정통 한계주의적 경제학은 사회제도에 깃든 권력관계에 대한 연구는 제쳐두고, 사회학이라든가 인류학 같은 낯선 신생 학문을 통해 사회며 인류 같은 색다른 주제를 탐구함으로써 세상을 이해하고자 한다. 한계주의가 이해하는 세상은 다시금, 취향과 선호를 가지고 살아가는 개인의 집합이다. 따라서 한계주의적 또는 신고전파 경제학의 사회 존재론은 더할 나위 없이 심리적이다. 가령, 두 사람이 노동 계약을 체결할 때 고용주가 되는 사람은 사업을 끌고 가는 데서 나오는 아드레날린을 **선호**하는 것이며, 임금노동자가 되는 사람은 하루 몇 시간을 타인을 위해 일하면서 안정의 대가로 받는 적은 수입을 받고 경영 일로 골머리를 썩이지 않기를 **선호**하는 것이다.[3] 두 주체의 행동은 각자의 선호도를 '분명히 밝혔다.' 폰 미제스가 '가치 판단'이라 부르는 과정의 결과, 서로 부딪치고 훌륭하게도 조화를 이룬 상보적인 두 집단이 생겨난다. 모두가 행복하다.

모두? 소스타인 베블런부터 엘리너 오스트롬까지, 나아가 더 최근의 제도주의적 경제학자들은 이런 식의 사회적 현실 분석법에

3 20세기에 들어서면, 이렇듯 행위자 사이의 권력관계와 상충하는 이해를 완전히 무시하는 신고전주의적 경제 분석의 계승자 폴 새뮤얼슨이 다음과 같이 말할 것이다. "철저히 경쟁적인 시장에서 누가 누구를 계약하는지는 중요하지 않다는 점을 기억하자. 그러니 노동이 자본을 계약하는 것이라 볼 수 있다."(새뮤얼슨Samuelson, 1957:894).

대해 반박했고, 물론 심리적 관계나 선호가 작용하겠지만, 그것이 얼마나 작용하는지와 무관하게 이런 종류의 노동 계약은 우리가 경험하는 사회제도 내 권력관계의 존재와 상당히 관련 있다는 것을 상기시켰다. 계급, 젠더, 에스니시티 사이의 관계, 출신지에 따른 구별, 우리가 태어나 자라며 우리에게 걸맞은 것이라 여겨지는 생활양식을 형성한 곳과 관련이 큰 상징적 자본에 따른 구별 등을 예로 들 수 있겠다. 그렇다면 누군가는 노동 계약을 어쩔 수 없이 체결해야 할 입장에 놓였다고 할 수 있을까? 우리는 이 같은 질문에 무관심해서는 안 된다.[4]

시장사회주의론가인 미국의 경제학자 아바 러너(1972:259)는 "경제적 거래에는 정치적 문제가 없다. 경제학은 이미 해결된 정치적 문제를 [연구 대상으로] 선택함으로써 사회과학의 여왕이라는 지위에 올랐다."고 주장한다. 그야말로 순전한 부인이다. "해결된" 정치적 문제라는 것은 사실 그것들이 마치 존재하지 않았다는 듯 부인되고 무시되고 방기되었던 문제이기 때문이다. 신고전주의의 사회 존재론에 따르면 세상에는 취향만이 있을 뿐이며, 신고전주의의 경제학 이론에 따르면 *de gustibus non est disputandum*(개인의 취향은 왈가왈부할 수 없는 것)이므로, 취향을 마음껏 발산하게 해야 한다.[5] 게다가 취향은

4 경제학이 한계주의로 방향을 튼 정치적·인식론적 원인에 대한 더 자세한 분석으로는 카사사스Casassas(2010)를 보라.

5 욕망을 규정하고 만족시킬 형태를 모색할 때, 소비자 주권이라는 전제는 인간 본성이라는 개념이나 욕구에 관한 객관적인 이론의 부재를 암시한다. 또한, 신고전파

서로 조화롭게 짝을 이루는 경향이 있지 않던가.

프리드리히 하이에크와 폰 미제스의 오스트리아학파 역시 맨더빌의 농담을 진지하게 받아들이고, 권력관계의 징후라면 대놓고 부인하는 태도를 보인다. 폰 미제스의 말을 다시 한번 들어보자.

> 자기 위치에 **만족하며** 변화를 바라지 않는 노예가 많다고 주장하던 노예 제도 옹호자들이 어쩌면 완전히 틀린 게 아닐지도 모른다. 어쩌면, 개인이며 개인들로 이루어진 집단이며 민중과 인류 전체 중에서도 속박에서 오는 안정과 보호를 **즐기는** 이들이 있는지도 모른다. 그들은 부유한 집의 편리함을 공유한다는 특권을 적절한 양의 노동으로 지불하며, 모욕적이라거나 치욕적이라고 **느끼는** 법 없이 **만족스레** 순응한다. 이때 주인의 변덕이나 기분

경제학의 중심에서 볼 수 있는 이런 전제는 스미스나 마르크스 같은 '고전파' 저술가들이 기술한 인간 행동에는 없던 것이라는 점을 짚고 넘어갈 필요가 있겠다. 스미스는 《국부론》(I, viii, 33)에서 다음과 같이 말한 바 있다. "한 사람은 자동차를 타고 한 사람은 걷는다고 해서 부자와 가난한 자로 나뉘는 게 아니다[여기서 선호 이론이 요약된다고 할 수 있는데, 즉 부자는 부자가 되기를 **선호**하기에 부자이고, 자동차가 있기에 부자이기를 선호하는 것을 알 수 있다. 이때 가난한 자 역시 가난하기를 **선호**하기에 가난하고, 걷기 때문에 가난하기를 선호하는 것을 알 수 있다]. 사실은 정반대로, 부자는 부자이기 때문에 자동차를 타고 가난한 자는 가난하기 때문에 걷는다[기진맥진하게 걷는 것보다 자동차로 이동하는 게 더 편하거니와 객관적인 필요를 더 잘 충족한다]."

변화에 복종해야 하는 것은 차악에 불과하다(폰 미제스, 2007:629).[6]

이 같은 관점에 따르면 노예가 존재하는 것은 그들이 노예이기를 **선호**하기 때문이고, 그들 각각의 **기질**이 그렇게 이끌기 때문이다. 앞서 인용한《정치경제학 비판 요강》의 구절에서 마르크스는 "노예가 되고 시민이 되는 것은 사회적 재산"과 사회적 삶 내부의 현상들이 결정한다고 주장한 바 있다. 반면, 폰 미제스는 노예나 시민이 되는 조건이 사회적 삶 이전에, 외부에서, 사회적 삶 **밖에서**, 구체적으로 말하자면 인간의 심리에서 결정된다고 주장한다. 이렇듯 우리는 각각의 취향과 선호로 세상을 구성하고 각자에 걸맞은 위치를 차지한다.

폰 미제스에게 계약이란 대칭을 의미한다. 뚜렷한 제도주의적 색채를 띠고 사회적 삶을 분석하는 공화주의 전통은 자유주의 사회를 지배하는 이소노미아*isonomia*, 즉 법 앞에 모두가 평등하다는 원칙을 의심하는 경향이 있다. 공화주의의 관점에서 이소노미아는 사회적 삶 곳곳에 퍼져 있는 수많은 권력관계와 문제없이 양립할 수 있기 때문이다. 반면, 자유주의자 폰 미제스는 세상을 다른 시각에서 바라본다. "협력이 계약에 기초를 둔다면, 협력하는 개인 사이의 논리적 관계는 대칭적이다. 존이 톰과 맺는 관계는 톰이 존과 맺는 관계와 같다."(폰 미제스, 2007:195). 실제로, "어떤

6 돋움체 표시는 다비드 카사사스의 것이다.

물리적 폭력이나 강압도 인간으로 하여금 제 의지에 반하여 패권적 질서 안에 예속된 상태로 머물게 할 수는 없다."(앞의 책:196). 혹여 불평등이 있다면, 그것은 단순히 각 개인이 타고나는 자질과 그들 삶의 우여곡절이 다르기 때문이다.

세상에는 세상을 특정 방식으로 구조화함으로써 개인의 행위를 억압하기에 이르는 힘이랄 게 없다. 마르크스와 몇 광년은 떨어진 지점에서, 동시에 레오 13세와 막스 셸러의 계급주의와도 멀찍이 떨어진 지점에서 폰 미제스는 근대 시장사회를 울타리라고는 전혀 없이 탁 트인 들판에서 이루어지는 무한한 개인 선택의 향연 따위의 것으로 제시한다.

> 마르크스식 계급도 신분도 사회질서도 시장의 선택에 의해 수립되는 게 아니다. 기업가나 진취적인 사람들이 통합된 사회계급을 형성하는 것도 아니다. 다른 이들보다 시장을 더 잘 예측하는 능력이 있고, 소비자를 만족시키고자 위험을 감당하는 책임감이 있다면 각 개인은 얼마든지 진취적인 사람이 될 수 있다(앞의 책: 312-313).

무언가를 하고자 하는 바람이 곧 이루는 힘이 된다. 여기에는 의심할 여지가 없다.

제2차 세계 대전 후에 생겨나 오늘날까지 영향을 끼치는 다원주의 정치학과 사회과학에서도 맨더빌의 농담을 찾아볼 수 있다. 미국의 정치학자 로버트 달(1971)이 말한

폴리아키*Polyarchy*라는 개념을 떠올려보자. 달에 따르면, 폴리아키란 다양한 정치 행위가 공존하도록 참여의 자유에 기반을 둔 법적·정치적 체제이다. 다원적 민주주의라고 집약되는 로버트 달의 사회 존재론은 따라서 빌프레도 파레토, 가에타노 모스카, 로베르트 미헬스 같은 고전주의 이론가들의 엘리트 전제 정치라는 사회 기술에 반대하는 데서 태동한다. 로버트 달에 따르면, 우리가 사회적 삶에서 발견하는 것은 특정 소수가 위에서부터 행사하는 권력의 불균형이 아니라 이해 집단의 다원성과 유사성으로, 이런 성질이 이해 집단의 동등한 지위를 유지시키고 법적으로 평등한 관계를 구성하게 한다. "존이 톰과 맺는 관계는 톰이 존과 맺는 관계와 같다." 폰 미제스는 개별적 분석 차원에서 말했다. 반면, 달은 사회 집단 간의 상호작용에 관하여 다음과 같이 말한다. "X라는 조직 또는 사회집단이 Y라는 조직 또는 사회집단과 맺는 관계는 Y라는 조직 또는 사회집단이 X라는 조직 또는 사회집단과 맺는 관계와 같다." 여기서 X, Y 또는 Z가 무엇이든, 그것이 마이크로소프트든, 브라질의 무토지 농민 운동이든, 가톨릭교회든, FC바르셀로나 구단이든, 보안업체 블랙워터에 고용된 경호원들이든, 스페인의 주택 담보 대출 피해자 결사체든, 몬산토든, 스페인 알라바의 행복한 감자의 친구들 조합이든 마찬가지다. 그들은 다만 각자의 욕망과 이익과 계획(폰 미제스의 그 유명한 '가치 판단')에 따라 움직이며 열린 공간에서 교류하는 개인들로 이루어진 집단일 뿐이다. 그리고 그 공간에는 정해진 사회적 구조를 인정하는 권력관계가 없다. 완벽한 경쟁 시장이 그렇듯 모두를 환영하고 모두에게 각자의 **선호**를 실현할 기회를 똑같이 제공하는 벌집 속에서 폴리아키 세상의 꿀벌들은 훨훨 날아다닌다. 다원주의의 사회 존재론은 따라서 더할 나위 없이 신고전주의적이다.[7]

보다시피, 맨더빌의 농담은 그 그림자가 매우 길게 드리워져 있다. 냉소의 정도에는 차이가 있을지 몰라도, 이 오랜 농담을 재해석하여 사회적 삶의 순환이 자동 현상이라는, 즉 사회적 의도가 없는 심리의 집합에 기초를 두는 자동 현상이라는 주장을 지지하는 이들이 많다.[8] 그렇다면, (신)자유주의의 관점에서는 어떤 종류의 공공정책, 그중에서도 어떤 소득정책을 추진할 수 있을까?

이론과 신화가 그려내는 것보다 훨씬 더 개입하고 통제하는 실재 (신)자유주의는(하비Harvey, 2007) 조건부 보조금을

7 다원주의의 사회 존재론이 오늘날까지도 존재하며 우리 사회에 얼마나 스며들어 있는지 보여주는 사례로, 모이제스 나임의 최근작 《권력의 종말》이 대성공을 거두었다는 점을 들 수 있다. 책에는 다음과 같은 부제가 달려 있다. **침몰하는 기업, 힘없는 군인, 체념하여 무력하게 다스리는 교황: 권력은 이제 이전과 같지 않다.** 역설적이게도, 아니 어쩌면 그리 역설적이지 않을지는 모르겠는데, 지구상에서 가장 큰 영향력과 권력을 자랑하는 사람 중 하나인 마크 주커버그가 이 책을 자신이 운영하는 독서 클럽 '책의 해A Year of Books'의 최고의 책으로 선정하고, 삼천백만의 '친구들'에게 독서를 장려한 바 있다.

8 로버트 달식의 다원주의 정치학이 롤스식의 정치철학 방법론(가령, **중첩적 합의**라고 불리는 순진한 개념)에 어떻게 수용되는지에 관한 훌륭한 분석으로는 베르토메우와 도메네크Bertomeu y Domènech(2005)를 보라.

도입하고, 노동자 계급이 정말로 '일하게 하도록' 조건을 강화하는 경향을 드러냈다(이전 장에 언급한 워크페어가 어떻게 작동하는지 떠올려보자). 다른 곳도 마찬가지지만, 유럽과 라틴아메리카에서는 최근 수십 년 동안 이런 종류의 공공정책이 확대됐고, 세계은행과 국제통화기금 같은 국제기구의 후원을 받은 사례가 많다(로 부올로Lo Vuolo, 2013; 스탠딩Standing, 2009, 2017).

그렇다고 한들 이러한 처사는 여전히 정통 자유주의 강령에 대한 배신이다. 세상에 구조가 없다면, 사회적 삶이란 각자의 심리에 따른 계획을 실현하는 데 필요한 능력이 같은 행위자들끼리 손을 맞잡고 모인 거대한 집합으로 한정된다면, 결국 무언가를 하고자 하는 바람이 곧 이루는 힘이라면, 공공정책이 왜 필요하단 말인가? 공공정책은 그것이 얼마나 신중하고 선별적이든 간에, 개인들이 실현하는 계획들로 사회가 자연히 조화를 이루는 과정에 해를 끼칠 수 있지 않던가. 이런 방향에서 봤을 때, 어쩌면 빅 소사이어티*big society*를 주장한 데이비드 캐머런 영국 전 총리(캐머런Cameron, 2009)는 전임자들의 노력이며 워크페어 제도를 도입한 노동당원들보다 맨더빌의 농담을 더 충실히 따른 것일지도 모른다.

그런데 이 빅 소사이어티란 무엇인가? 1990년대 초에 이론으로 수립된 캐머런의 '큰 사회'(데이비드 윌레츠Willetts, 1994)는 지역사회와 지역사회의 평범한 주민들이 이전에는 정치인과 국가 기관에 집중되었던 권력을 양도받고 각자 삶의 계획을 실천할 수 있는, 의지적이고 진취적인 환경이 조성된 공간을 말하며, 여기에는 '전통적인' 자본주의 기업에서부터 '사회적으로 혁신적인'[9] 자주 관리적 공간까지 포함된다. 캐머런의 주장에 따르면, 계획을 실행에 옮길 가능성은 전적으로 정치인과 국가 기관(그 유명한 '아버지 국가')이 제2차 세계 대전 이후부터 과도한 보살핌으로 유럽과 영국 인구를 무기력한 기면 상태에 빠뜨린 공공정책이라는 장치들을 철폐하는 데 달려 있다. 캐머런이 말하는 빅 소사이어티는 따라서 맨더빌의 벌집이다. 벌집 안에서 꿀벌들은 다른 꿀벌들에게는 무관심하게 일관하는 동시에 개인적인 계획과 욕망에 근면하게 헌신하며 의도적이지 않은 방식으로 세상을 만든다. 그러므로 국가는 아무것도 하지 않는 편이 낫다. 무언가를 '하는' 사람들의 이익이 결코 갈등에 휘말리는 법 없이 평행하게 뻗어 나가며, 가끔 부족함이 있을 때면 서로 채워 넣을 때 사회는 빅 소사이어티가 된다.

기본소득 제안을 변호하는 우리는 이 모든 것이 우리에게는 통하지 않는 허장성세에 지나지 않는다고 외치는 일에 머물러서는 안 된다. 이런 주장들은 허세라기에는 힘이 있어서 우리에게 구정물을 튀길 수 있기 때문이다. 실제로 기본소득을 빅 소사이어티 활성을 위한 지렛대로 보는 이들이 적지 않다. 미국의 저술가 찰스 머레이Charles Murray(2006) 같은 급진적

9 신자유주의의 궤변에 사용될 정도로 달콤하게 들리는 '사회 혁신'이라는 개념의 사용과 남용 및 실천에 대한 논의로는 프라델과 가르시아Pradel y García(2018)와 리우토르트Riutort(2016)를 보라.

자유주의자들은 복지국가가 해체되고 '최소한의' 임무만을 유지하는 물러난 국가가 최후의 안전망으로써 기본적인 화폐 자원을 보편적이고 무조건적으로 지급하는 수당을 도입하는 것을 진정 자유주의적인 '큰 사회'의 실현을 위한 발걸음으로 본다. 이런 가능성이 얼마나 디스토피아적인지는 4부 3장에서 검토하겠다. 기본소득이 해방적 의미를 지니려면 그것이 다양하고 누구나 접근할 수 있는 장치로 이루어진 진정한 민중의 정치경제의 골조를 이루는 데 기여하고 그 일부가 되어야 한다.

자유주의-사회유기체설의 결합

정통 자유주의 강령이 곧잘 배신당한다는 점을 앞에서 살펴본 바 있다. 이런 현상은 이상할 게 없는데, 자유주의자들 말마따나 질서가 없는 세상에서 질서를 유지하기란 어렵기 때문이다. 질서를 유지하려면 우선 (무)질서란 게 어느 정도는 존재하고, 따라서 무언가 조치를 취해야 한다고 가정해야 할 것이다. 만일 벌집 이야기가 신화에 불과하다는 게 사실이라면(더 나쁘게는, 끝없이 지속하는 농담이라면), 벌집에 개입하여 질서를 세워야 할 것이다. 실제로, 현대사회에서 수평화를 추구하는 정치 계획의 위협 앞에 겁먹고, '자연 질서'를 유지하고자 한 치의 망설임도 없이, 필요하다면 권력을 휘두르면서 계급주의적 위치로 달아난 자유주의 사상가나 정치 행위자가 한둘이 아니다. 맨더빌의 벌집같이 자연 발생적인 사회질서의 존재를 부정하는 사회 존재론을 수용하기로 했으니, 이제 개입하여 수직적 질서를 세우고 유지해야 한다. "파시스트란 결국 겁먹은 자유주의자에 불과하다."라는, 레닌, 그람시, 처칠의 사상을 드러내는 이 문장보다 사태를 더 잘 요약할 수는 없다.

그게 아니라면 자유주의자 마거릿 대처의 강철 손에 으스러진 영국 노동조합원들에게 물어보라. 스페인 법무부 장관의 "국정 운영이란 때로는 고통을 분배하는 것이기도 하다."라는 발언으로 고통받은 사람들에게 물어보라. 잘 보면, 역사적으로 자유주의는 민주주의에 별 흥미가 없었을뿐더러, 공공연히 적대감을 내비쳤다. 노동운동이야말로 근대 사회에서 민주주의적 요소를 강화하는 진정한 주역이었다는 것은 잘 알려진 사실이다(도메네크, 2004). 자유주의 전통은 민주주의를 불편한 기정사실로써 흡수해야 했다. 그도 그럴 것이, 당장 한 치 앞만 내다볼 줄 아는 군중에게 목소리와 발언권을 주는 게 무슨 의미가 있단 말인가?

자유주의-사회유기체설의 결합이라는 흥미로운 표현은 앙시앵 레짐*Ancien Régime* 후반에는 프랑스의 정치경제를 다스렸고, 프랑스 혁명 이후에는 상퀼로트*sans culottes* 운동으로 촉진된 '과잉 민주화'를 진압하려 했던 프랑스 중농주의의 가장 보수적인 진영의 정치적 관점에서 처음 관찰된다. 중농주의자 르 메르시에 드 라 리비에르를 떠올려 보자. 한때 노예제가 성행했던 프랑스 식민지 마리티니크섬의 지사였던 그는 1767년, 대표 저서 《정치사회의 자연적·본질적 질서*L'ordre naturel et essentiel des sociétés politiques*》를 출간하여 재산에 대한 접근성의 불평등에 의문을 제기할 여지부터 봉쇄해야 한다는 주장을 펼친다. 이후 플로렌스 고티에Florence Gauthier(2002)가 분석하길, 르 메르시에 드 라 리비에르는 사회적 조건의 불평등이란 신의 섭리에 속하는 것으로, 재산의 불평등한 분배로 나타난 결과인데, 이 역시 신법에 따른 것이라고 이해해야 한다고 주장한다. 고티에는 또한 다음과 같이 말한다(앞의 책: 53). "르 메르시에 드 라 리비에르는 특정 자연법칙들이 정치사회를 규정하며, 정치적인 것은 신의 영역에 속한다고 고백한다." 이렇듯, 정치사회를 만드는 법칙은 곧 물리법칙, 신의 법칙 또는 자연법칙이다.

르 메르시에 드 라 리비에르는 예언자적이고 신학적이기까지 한 어조를 사용하여(이 프랑스 중농주의자가 말하는 것이라고는 오직 자연 질서에 관한 것인데, 이 자연 질서란 곧 신의 작품이란 게 그의 주장이다.), '사회물리학'의 존재를 주장하기도 하는데, 그 목적이 꽤 구체적이다. 사회적 삶의 자연 질서를 수립하고 유지해야 한다는 것이다. 따라서 외부 자원의 할당이며 재산의 분배와 관련한 문제를 두고 논의하거나 논쟁하려는 시도라면 일체 싹을 잘라내야 할 것이다. 왜냐하면 자연 질서를 세우는 법칙들은 "물리법칙이므로, 한번 증명되고 나면 논쟁의 여지가 없기 때문이다."(앞의 책: 53). 그런데 이러한 법칙들은 누가 증명하는가?

여기서 중농주의 정치 계획의 가장 반민주주의적이고 사회유기체설적인 면이 드러난다. 중농주의자들에 따르면 진정한 '전문가들', 즉 진정한 지도자 집단이 존재하는데, 그들이야말로 자연 질서를 세우는 법칙들을 설명할 수 있는 자들이며, 결정을 내려야 하는 이들의 눈에 그 법칙들이 보이게 할 수 있는 자들이다. 반면, 우매한 민중은 아무것도 이해하지 못한다. 그리고 이러한 점이 '전제 정치'를 전혀 부당하지 않은 것으로 정당화한다. 전제 정치란 곧 신의 은총을 입은 소수의 사람이 신이 세운 자연 질서를 증명하는 것이기 때문이다. 실제로, "전제 정치는 필연적으로 물리법칙에 반박의 여지가 없는 증거를 부여한다. 이 관점에 따르면 물리법칙을 따르지 않는 정치사회는 자연적·본질적 질서 안에 있지 않다. 이렇듯, 정치권력의 기능은 사회가 법칙들을 따르게 하는 데 있다."(앞의 책: 59). 고티에를 다시 인용하자면(앞의 책: 69), 르 메르시에 드 라 리비에르가 《정치사회의 자연적·본질적 질서》에서 드러낸 정치적 관점은 "추상적인 관념이 아니라 그가 경험한 노예 식민지 사회와 인종 격리주의의 가장 구체적인 실천에서 비롯한다."

이후, 19세기 프랑스의 교조적 자유주의자들, 20세기 자유주의와 신자유주의 이론가들은 사도 바울의 지배권 옹호 사상("권세는 하나님으로부터 나지 않음이 없나니 모든 권세는 다 하나님께서 정하신 바라.")을 다시 이용하게 될 터였다. 이 같은 사상은 중농주의의 사회신학과 마찬가지로 시장에 내재하는 능력을 가정하는 보험주의에 기인하는데, 시장이 사회적 행위자 모두에게 경제 질서 내 정해진 자리와 역할을 배정하려면 언제나 소수의 전문가 집단의 고매한 지성이 수반되어야 한다. 전부 잃고 싶지 않다면, 경제 질서를 그대로 받아들이고 건드리지 않는 편이 낫다.[1] 1970년대 초부터 자본주의가 신자유주의로 방향을 틀고

1 자크 보쉬에를 비롯하여 절대주의를 옹호하던 호교론자들은 사태를 있는 그대로 놔두기를, 즉 군주의 손에 맡기기를 고무했다.

난 이후, 최근 들어 이 같은 논리는 기술관료제에 편재하게 됐다. 신중농주의라고도 할 수 있을 기술관료제는 시장의 자연 질서에 '변형'을 도입하는 것이 가져올 위험을 끊임없이 경고한다(1891년, 레오 13세는 '사회질서의 혼란'을 언급한 바 있다). 가령, 1992년 2월, 마스트리흐트 조약이 체결되면서 밀턴 프리드먼의 핵심 주장인 통화 정책을 억압하고 이를 공중의제에서 근절시키고자 한 기술관료제의 고집을 떠올려볼 수 있겠다.

요컨대, 기술관료제의 논리는 곧 계급주의적인 피라미드라는 사회 조직 내에서 개인이 실천할 수 있거나 실천하고 싶어 하는 모든 행동은 임무와 기능의 명확한 분배 과정과 제대로 확립된 재산권이라는 틀이 부여하는 안전망 안에서 이루어져야 한다는 것이다. 그리고 이러한 분배 과정은 노동 계약부터 시작된다. 가령, 19세기 교조적 자유주의의 아버지라고 불리는 프랑수아 기조는 1828년에 출간된 그의 저서 《유럽문명의 역사》에서 다음과 같이 레오 13세식의 주장을 펼친다. "자연적인 흐름에 세상을 온전히 맡기면, 인간의 자연적인 불평등이 자유로이 퍼지고 각 개인은 저가 차지할 수 있는 자리를 차지하게 된다."[2] 이러한 현상은 도메네크(1989:239)가 "신의 나라가 지상의 나라로 내려와 최고 심판관은 인간이, 질서를 떠받치는 기둥은 재산권과 시장과 법규가 되는 **자연 질서**를 수립하기를 바라는, 자본주의를 옹호하는

2 도메네크(2006:349) 인용.

자유주의의 정치신학적 메시지"라고 명명한 것과 다르지 않다.[3]

여기서 잠시 노동 계약의 영역을 들여다보자. 《인간행동론》의 한 구절을 보면 자유주의자 폰 미제스 역시 자유주의-사회유기체설로 달아난다. 폰 미제스는 다음과 같이 말한다.

> 노동의 즐거움은 [⋯] 어느 정도는 이념적 요소에 달려있다. 노동자는 사회에서 자신의 지위를 차지했다는 데 즐거워하고 자신의 생산력을 통해 사회에 활발하게 참여할 수 있다는 데 즐거워한다. 이러한 이념이 힘을 잃고 임금노동자를 무자비한 착취자들에게 시달리는 희생양으로 보는 이념으로 대체하면, 노동의 즐거움은 역겨움과 싫증의 감정으로 변한다(폰 미제스, 2007:590-591).[4]

자본주의 경제의 틀 안에는 '공동의 계획'이 있어, 우리로 하여금 '양립할 수 없는 이해관계'에서 비롯한 '적대적인 충돌'로 규정될 수 있는 단순한 반감을 넘어서게 한다. 자본주의 경쟁의 기능은 '사회 체계'의 구성원 각자에게 우리가 '사회'라고 부르는 '총체'에 최상의 서비스를 제공할 수 있는 '지위'와 임무를 분배하는 것이다. '사회질서'란 피라미드 구성원들이 실천하는 계획 간의

3 돋움체 표시는 다비드 카사사스의 것이다.

4 돋움체 표시는 다비드 카사사스의 것이다.

'화합'을 의미한다. 실제로, '감독을 받는 사람'은 '복종'을 선호하고 '패권적 관계', 즉 '패권적 사회 조직'에 통합된다(폰 미제스, 2007). 사회유기체설적 용어와 사상의 울림이 더 명백할 수 없다.

'보이지 않는 손'이라는 스미스의 은유가 보험주의적으로 왜곡된 것 역시 자유주의-사회유기체설 결합을 보여주는 명백한 증거이다. 19세기를 지나는 동안 교조적 자유주의 강령과 기독교 계급주의적 사회유기체설이 합쳐지면서 보이지 않는 손을 신의 섭리에 따라 사람들을 각자에게 걸맞은 자리에 **가두는** 근대의 도구로 보는 사람이 많았다. 한편 애덤 스미스는 그러한 시각에서 매우 동떨어진 견해를 밝혔는데, 스미스는 그것이 후기 봉건사회든 초기 산업사회든, 특권이 없는 사회를 정치적으로(즉 사회적 삶 **내부에서부터**, 내생적 형태로) 구성해야 한다고 늘 주장했다. 그래야 평범한 사람들(아무런 속박 관계가 없는 수공업자, 농민, 제조업자, 상인들)이 매이거나 방해받지 않고, 사회적 삶 외부에서 '자연적·근본적 질서'라는 부동의 법칙을 제정하는 소위 입안자들의 견해에 억압받지 않고, 사회 안에서 각자 삶의 계획을 발전시킬 수 있기 때문이다(카사사스, 2010, 2013).

그러나 애덤 스미스의 주장은 자유주의-사회유기체설의 결합에 붙들리고 말았다. 스미스가 자유와 인간 운명의 기원과 사회적 비용에 중대성을 부여했다 한들, 중요하지 않다. 스미스에 따르면 자유란 자유를 쟁취하려는 다양한 집단의 노력으로 지상에 구축되는 것이었다. 스미스의 도덕 심리학이 루크레티우스와 데모크리토스까지 거슬러 올라가는 유물론 전통의 정수를 마셨다 한들, 중요하지 않다. 이 모든 건 아무렴 상관없다. 아르헤미Argemí(2006)의 설명에 따르면 19세기 중반, 성행하고 발전하던 자본주의를 공공연히 옹호하는 태도를 보였던 사회과학자들과 기독교 신학자들 및 몇몇 사상가들에게 '보이지 않는 손'이라는 현상은 의중을 알 수 없는 신의 섭리가 개입하는 것으로 이해되어야 했다. 이렇듯 개인들이 각자에게 걸맞은 사회적 지위에서 맡은 일에 헌신하도록, 신의 섭리가 개입하여 세상에 질서를 세우는 것이 문답식의 '선한 실천과 관습'이라고 평가 절하된 '도덕 감정'을 즐기기 위한 필요충분조건이 된다. 모든 사람의 안녕과 사회적 평화는 개인들이 도덕 감정을 즐기는 데 달려 있다.

그렇다면, 정치제도의 역할은 무엇인가? 구체적으로, 이러한 사상에서는 어떤 소득정책이 나오는가? 자유주의-사회유기체설의 결합은 다시금, 우리를 자본주의 노동시장의 훈육 체제로, 조건부 보조금의 논리로 이끈다. 앞에서 살펴봤듯, 자유주의-사회유기체설의 결합은 거대한 두려움에서 나온 반응이다. 대체 어떤 두려움인가? 노동과 생산 영역을 통제하는 이들이 느끼는 공포는 오늘날 그들을 위해 생산하고 노동하는 우리가 그러기를 멈출 가능성에서 비롯한다. 실은 그러한 가능성이야말로 현대의 해방 전통이 추구하는 핵심이라고 할 수 있다. 즉 모두가 강요를 거부하고 진정 내 것이라고 느껴지는 여러 종류의 노동에 접근할 수 있게 하는 도구를 갖출 가능성이다. 그렇기에 자유주의-사회유기체설의 정치적 관점은 첫째, 우리를 자본주의 노동시장으로 몰아넣는 데 방향을 맞춘다. 그리고 여성에게는 노동력을 재생산하기 위해 필요한 온갖 종류의 노동이 추가로 부과된다. 자유주의-사회유기체설 진영이 무산자 다수의 노동력 활용을 촉진하고자 노동 계약을 위한 장치(가령, 비정규직 형태의 고용을 추구하는 기업 같은 장치)며 재산권을 구성한 데는 다 이유가 있다. 둘째, 자유주의-사회유기체설의 정치적 관점은 노동 인구를 '활성화하고' 그들의 '고용가능성'을 강화하는 공공정책의 도입을 지향하기도 한다(예컨대, 그 유명한 워크페어 정책을 떠올려보자). 이런 정책은 노동 인구가 노동시장에서 떨어져 나왔을 경우, 다시 들어갈 수 있게 역량을 키워준다. 자본주의 사회 구조는 이 모든 장치가 적확히 기능하는 데 달려 있다.

말할 필요도 없이, 과거나 지금이나 자유주의-사회유기체설의 정책이 사용하는 장치들은 중농주의 엘리트 정부의 정책이 보여줬던 군중 혐오적인 색채를 입는다. 실제로, '노동 활성화 및 역량 강화'를 외치는 정책은 전부 몇몇 소수 지도자가 휘두르는 심각한 수준의 자유재량을 드러내며, 18세기 프랑스의 르 메르시에 드 라 리비에르가 예찬했던 '전제 정치'가 그러했듯, 우리 사회의 노동을(**노동들을**) 그 누구의 의사도 묻지 않고 수직적으로 분배한다. 무지하고 게으른, 우매한 민중이 자기들에게 좋은 것과 모두에게 이익이 되는 것에 관하여 무얼 알겠는가? 따라서 질서를 회복하고 유지하며, 물결을 잠재우기 위해서는 다시금 가부장제를 주입하는 것이 필요하다.

제4장

감독에 저항하기: 갈등으로 대립하는 사회를 문명사회로 이끄는 동지애

교황 레오 13세가 말하길, 인간 사회에는 자본가 계급과 노동자 계급이 있는데, 이 둘은 "쌍둥이 계급"으로, "조화를 이루며 화합하여 균형을 이룬다." 두 계급에는 서로가 필요하다. 즉 "자본은 노동 없이 존속할 수 없고, 노동은 자본 없이 존속할 수 없다." 그뿐이 아니다. "합의로 말미암아 아름다움과 질서가 생겨난다."[1] 그런데 그로부터 한 세기 전, 실재 노동 계약과 급여의 고착을 연구하려는 결의로 가득 찼던 애덤 스미스는 다음과 같이 확언한 바 있다. "장기적으로 보면, 노동자와 사용자는 서로를 필요로 하는 게 맞지만, **그 긴박함에 차이가 있다**." 실제로, "**이해관계가 일치하기 어려운** 이 두 집단의 싸움에서 […] 사용자들은 훨씬 더 오래 저항할 수 있다. 그들은 생산하지 않고도 일 년 혹은 이 년을 살 수 있는 반면, 노동자들은 일주일을 간신히 살아남을 것이다. 한 달을 버티는 이들은 매우 적을 테고, 일 년을 버티는 이들은 한 사람이 있을까 말까 할 것이다." 노동자들은 "생존

1 *Rerum novarum*, 제14항.

수단의 부족을 겪지 않으려면 **복종할** […] **필요**가 있다."[2] 바로 여기에서 노동자 계급의 종속성이 두드러진다. 이렇듯, 사회 계급의 존재는 의심하지 않으면서도 그들 간의 갈등은 부정했던 사회유기체설의 사회 존재론과 세상이 계급으로 구분된다는 것이며 사회 구조 자체를 부인했던 자유주의의 사회 존재론에 반대하며, 애덤 스미스는 아리스토텔레스부터 마르크스까지 이어지는 공화주의 전통에 서서, 우리를 극렬히 구분 짓는 사회 구조란 게 존재한다고 주장한다. 스미스에 따르면, 사회적 삶은 대립 관계에 있는 계급으로, 계층으로 또는 지위로 분열되며, 이런 분열은 물질적·상징적 외부 자원의 사적 취득 과정이 뼛속 깊이 불평등한(나중에 마르크스의 표현에 따르면 "피를 뚝뚝 흘리는") 과정이라는 데 뿌리를 둔다(카사사스, 2010, 2013).

이후 사회주의로 이어질, 공화주의 전통의 이런 제도주의적 사회 존재론에 따르면 갈등은 사회적 삶 내부에서 나타나는 것이다. 그리고 이 같은 사회적 삶에서 사회적 상호작용(가령, 노동 영역에서의 사회적 상호작용)이 시민 평등의 측면에서 이루어지도록, 즉 사회적 행위자들이 서로를 주권을 지닌 독립적인 주체로 인정하도록, 필요한 제도적 장치가 도입되지 않는 이상, 갈등은 언제나 있을 것이다. 잘 보면, 이런 조건이 뒷받침되어야만 **계약**이라는 단어의 의미를 최소한이나마 살릴 수 있다. 실제로

2 애덤 스미스, 《국부론》, I, viii, 11-13. 돋움체 표시는 다비드 카사사스의 것이다.

계약이 계약이려면, 진정한 **약속**이 되어야 한다. 다시 말해, **공통**의 무언가(이를테면, 노동관계)를 시작할 목적으로[3] 민법상 비슷한 사회적 행위자인, 정직한 두 사람 사이에 체결되는 합의 또는 약속이 되어야 한다. 반면, 약탈로 인해 착취당하는 하층계급이 "절박한 자 특유의 괴이함과 광기로"[4] 서류에 맹목적으로 서명해야 할 때, 계약은 **약속**이 아니라 특권 집단의 강압일 뿐이다.

그러나 이처럼 **약속**이 아닌 계약들은 결국 체결된다. 아무렴 체결되고야 말고! 현대 사회에서 이런 계약이 사회적으로 확산하는 데 제동이 걸리지 않은 결과, 노동시장은 거대한 감옥이 되었다. 그런데 어째서 감옥이란 말인가? 근본적인 이유라면, 대다수 인간은 감옥에 가고 싶어서(감옥을 **선호**하기 때문에) 가는 게 아니기 때문이다. 자본주의의 약탈은 우리를 노동시장이라는 감옥에 들어가도록 강요하고, **약속이 아닌** 계약을 '광적으로' 체결하게 하는 경우가 많으며, 이를 통해 스미스가 말한 '생계 수단'을 조달하게 한다. 그리고 한번 들어갔다 하면, 창살에 매달린 복역수가 되어 감방 안이 아닌 대약탈이 자행되는 외부의 황량한 사막을, 결코 돌아가고 싶지 않은 험난한 돌밭을 공포에 질린 채 바라본다. 강조하건대, 자본주의하의 노동시장이 사회적 다수가

3 공통*común*이라는 스페인어 단어는 라틴어 단어 코뮤니스*communis*에서 유래한다. 여기에 포함되는 접두사 *con-*의 어원은 그리스어 단어 코이네*koiné*('공통의')와 코이노니아 폴리티케*koinonía politiké*('정치적 공동체' 또는 '문명사회')를 만드는 인도유럽어족의 접두사 **kom-*('함께', '옆에')과 관련 있다.

4 애덤 스미스, 《국부론》, I, viii, 13.

급여나 일당의 형태로 생계를 꾸려나가는 유일한 공간이 된 데는 이유가 있다. 교도관 없는 진정한 감옥(제정신인 사람이라면 아무도 탈출하려 들지 않기에 진정한 감옥)인 자본주의 노동시장은 외부를 향한 우리의 두려움과 그 안에 갇힌 채 머무르고자 하는 갈망을 이용하여 노동력이 노동하게끔 하는 데 필요한 훈육 기제[여기에는 관리인과 작업반장이 포함된다(아르준 자야데브와 새뮤얼 보울스Jayadev y Bowles, 2006)]를 적용한다.

가끔은 노동시장이 그 품에서 우리를 밀어내는 것도 사실이다. 그도 그럴 것이 이토록 많은 사람을 고용하기란 쉽지 않은 일이며, 묻지도 따지지도 않고 취업을 구걸하면서 감방 내부에서 제시하는 노동 조건보다 더 낮은 조건을 제시할 실업자들이 광범위하게 퍼져있다는 것이 시장으로서는 나쁘지 않은 일이기 때문이다(미샤우 칼레츠키Kalecki, 1943; 만하린 에드가와 마치에이 슐린데르Manjarín y Szlinder, 2016). 중병에는 극약 처방이 필요하기 마련이라, 무슨 수를 써서라도, 필요하다면 '광적으로'라도 취업노동이나 그와 비슷한 것, 그마저 없다면 우리를 미래의 취업으로 이끌 조건부 수당이나 그와 비슷한 것을 움켜쥘 틈을 찾아 들어갈 수밖에 없다. 가이 스탠딩(2011, 2014)에 따르면 자본주의의 불안정성이 우리를 물불 가릴 것 없이 바라고 보는, 성실하고도 숙련된 '구걸하는 사람들'로 만든다.

기원전 4세기에 이미, 아리스토텔레스는 임금노동자의 종속적 조건이 노예의 그것과 별반 다르지 않다고 지적한 바 있다. 아리스토텔레스에 따르면 육체노동자는 일종의 '제한적 노예제', 즉 '시간제 노예제'라는 상황에 직면한다.[5] 왜일까? '육체' 노동자들이 '몸으로' 일하는 사람들이라서 그렇다는 건가? 전혀 아니다. 아리스토텔레스의 견해는 경험주의적 증거에 뿌리를 둔다. 기원전 4세기의 아테나에서 역시 임금노동자들은 타인의 의사에 종속되는 경향이 있었다. 이들은 자원이 없거나 부족한 인구로, 노동 계약, 즉 노동력을 팔아 임금과 맞바꾸는 '고용' 계약을 체결하면서 노동력의 구매자에게 온전히 헌신해야 했다(도메네크, 2004). 이렇듯 임금노동자는 노예와 마찬가지로, 무엇을 생산할지, 어떻게, 왜, 어떤 속도로, 누구와 어떤 환경에서 생산할지 결정하는 권한을 자본가에게 넘긴다. 물론 이 같은 권한의 위임이 하루에 정해진 시간 동안 이루어지므로 '시간제' 노예가 되는 것이다.[6] 19세기 중반에 프리드리히 엥겔스Engels(1973:118-119)는 이를 두고 다음과 같이 표현했다.

> 노예와 비교했을 때 유일한 차이점이라면 오늘날의 노동자는 한 번에 완전히 팔리는 게 아니라, 조금씩, 하루, 일주일, 일 년 동안 팔리는 것이기에 자유로워 보인다는

5 아리스토텔레스, 《정치학》, 1260b.

6 제3장에서는 로마법에도 명시되어 있는 '도급 계약'과 '고용 계약'의 차이를 살펴볼 것이다. 공화주의에 따르면 전자는 자유와 양립할 수 있는 형태의 계약이고, 후자는 한 개인이 다른 개인의 손아귀에 들어가게 되는 형태의 계약으로, 아리스토텔레스가 노예에 비유한 노동 계약을 떠올려 볼 수 있겠다. 이런 형태는 공화주의 측면에서 볼 때 노동자의 자유를 해치는 것으로 간주된다.

> 점이다. 그리고 어떤 주인도 자기 노예를 타인에게 팔려고 하지 않으므로, 노동자는 스스로 자신을 팔아야 한다. 그들은 특정인에게 속하는 노예가 아니라 자본가 계급 전체의 노예가 된다.

이 책에서 제시하는 기본소득에 대한 접근은 자본주의의 훈육 기제를 전복할 여지를 주고자 하는 것이다. 노동시장이라는 감옥의 '외부'에는 '험난한 돌밭'만 있는 것이 아니기 때문이다. 사실 제정신인 사람이라면 '대약탈'에 맞서기 위한 장치를 모색하고 탁 트인 영역을 탐험하기를 멈춰서는 안 된다. 결코 황량하지 않은 그곳은 사회질서가 수평화되고, 배제되는 이 없이 모두 자유롭게 삶의 방식을 선택할 수 있도록 자원이 배치될 때 윤곽이 드러난다. 그런데 우리가 말하는 자원이란 무엇인가? 그리고 어떤 '배치'를 말하는가? 이어서 간략히 살펴보자.

아리스토텔레스부터 20세기의 사회적 헌정주의에까지 이르는 공화주의 전통은 네덜란드 혁명, 영국 혁명, 북미 혁명, 프랑스 혁명을 지나, 마지막으로 마르크스와 사회주의를 거치면서 다음과 같이 분명한 견해를 고수해왔다. 우리를 침해당할 수 없는 사회적 행위자가 되게 하는 자원 없이는, 삶을 자유롭게 선택할 수 없고, 어떤 일을 하고 안 할지 결정할 수도 없다. 자유에는 재산이 필요하다. 그러나 여기서 재산이란 단순히 법률에 따라 체결되어 개인의 주머니로 들어가는 증서 따위의 것으로 이해되어서는 안 되며(물론 그런 재산을 무시해서는 안 되지만),

어느 사회고 공간에서나 존엄하고 의미 있는 삶을 살아가는 데 결정적인 물질적·비물질적 재산에 대한 접근과 통제의 보장으로 이해되어야 한다. 대규모 토지 개혁을 통한 부의 분배가 근대 공화주의 혁명의 중심 정치 의제였던 것처럼 현대의 공화주의 역시 시민 집단에 자원을 분배하는 다양한 형태를 찾아, 모두 강요된 삶을 거부하고(와이더키스트Widerquist, 2013) 진정 원하는 삶을 개인적·집단적으로 쟁취할 수 있게 해야 한다. 자유에 재산이 필요한 것은, 재산이 협상력을 부여하기 때문이다(카사사스, 2016a, 2016b; 카사사스와 라벤토스Casassas y Raventós, 2007).[7]

공화주의의 이 오랜 주장은 이후, 노동과 생산부터 우리를 둘러싼 환경을 우리가 (공동으로) 결정하도록 산업사회에서 비롯한 자원을 분배하는 장치를 모색하는 사회주의 전통에 의해 재개된다. 사회주의는 프랑스 혁명 왼쪽 날개의 열망을(도메네크, 2005), 또 조금 더 위로 거슬러 올라가 보자면 1520년 독일의 혁명가들이며 1640년 가난한 농민 집단과 소자본가 계급을 일으켜 문명사회, 즉 노예 또는 종*bondsmen*이 아닌 자유로운 사람 또는 자유인*freemen*에 의한, 자유인을 위한 사회(해링턴Harrington, 1992)를 이루고자 했던 영국 혁명가들의 열망을 계승한다. 한편, 1866년 스위스 제네바에서 열린 국제노동자협회 대회에서 마르크스는 협동조합운동과 관련하여 다음과 같은 말을 남겼다.

7 기본소득 제안에 대한 공화주의적 해석은 이 책의 제2부에서 면밀히 살펴볼 것이다.

> [협동조합운동의] [큰] 공적은 노동이 자본의 굴레에 종속되는 **전제적이고 착취적인 현재 체제**가 자유롭고 평등한 생산자 연합이라는 공화주의 체제로 이동할 수 있다는 점을 보여준다는 데 있다.[8]

자유에 재산이 필요한 것은 재산이 협상력을 부여하기 때문이다. 이렇듯 우리에게 협상력을 부여하고, 원하지 않는 것을 거부하며, 바라는 것을 성취하게 해 주는 자원을 손에 넣는 가장 효과적이고 실현 가능한 방법은 마르크스에 따르면, 오늘날 우리가 상상할 수 있는 '자유롭고 평등한 생산자 연합이라는 공화주의 체제'의 형태들을 실천에 옮기는 것이다.

그리고 오늘날 '자유롭고 평등한 생산자 연합이라는 공화주의 체제'를 상상한다는 것은 재생산노동의 영역도 반드시 포함해야 하며, 이는 우리가 선택한 일상에 뿌리내린 물질적 실천과 상징적 표상의 집합을 통하여 모두가 목소리와 발언권을 지니는 수평적인 사회질서를 세우는 새로운 '군중의 도덕경제'를 직조하는 것과 다르지 않다. 따라서 해방 전통의 관점에서 노동(**노동들**)의 자유를 고민한다는 것은 자유주의-사회유기체설과 계급주의적 질서의 가부장적 감독에 저항하는 것, 사회적 삶의 틈과 공간 하나하나에서부터 우리가 직접 사회에 형태를 부여할 수 있도록 피라미드를 무너뜨리고 그 결과물을 다시 배치하는 것과 같다.

8 도메네크의 인용, 2004: 125.

그렇다면 왜 기본소득인가? 동지애를 바탕으로 한 사회적 삶의 수평화를 이루는 데 있어 기본소득은 어떤 역할을 하는가? 앞에서 보았듯, 공화주의적 자유에는 재산이 필요하며, 이때 재산이란 우리에게 협상력을 부여하는 자원에 대한 접근과 통제로 이해되어야 한다. 그리고 모두 만족할 수 있는 상호의존관계를 (공동으로) 실현하기 위해서는 협상력이 필요하다. 따라서 자원에는 가능한 한 최소한의 조건이 붙어야 한다. 사실 조건 자체가 있어서는 안 된다. 따라서 무조건적인 기본소득, 즉 적어도 빈곤선에 상응하는 액수의 현금을 개별적이고 보편적이며 무엇보다 무조건적으로 모든 시민에게 지급하는 현금수당은 소득정책의 해방적 성격을 강화한다. 예컨대, 보건정책에 무조건성이 있다면 그와 같은 맥락일 것이다. 왜냐하면, 조건이 없는 자원은 우리가 **사전**에, 사회적 상호작용의 '출발점'에서부터 지니는 자원이기 때문이다. 이런 자원은 결국, 우리가 사회적 삶(일자리 지원 센터에서, 가정 영역에서, 공공행정기구의 창구에서, 사회정치적 참여 영역 등에서의 사회적 삶)을 헤쳐 나가도록 자율권을 부여한다. 그럴 때 우리의 욕망과 자유는 우리에게 맞지 않는 생활양식을 강요하는 특정 사회적 행위자들의 탐욕에서부터 안전하다.

전통적인 복지 체제나 **워크페어** 사회 체제의 조건부 보조금과는 달리, **일자리 보장** 정책을 지지하는 이들이 우리를 위해 마련해둔 취업노동 일자리와는 달리, 피할 수 없는 현상*statu quo*에 맞춰 살다가 뜻밖의 사고로 시장에서 떨어져 나갔을 때야 비로소 조난자의 특성(가난한지, 질병이 있는지, 장애가 있는지, 불운의 희생양인지)에 따라 **사후**적이고 가부장적이고 계급주의적으로 도움의 손길을 내미는 보조금과 취업노동과는 달리, 이 모든 것과는 달리, 기본소득은 무조건적인 일련의 조치 일부로써 조난의 순간 내내 우리를 안전하게 지키면서 자본주의 노동시장이라는 **현상**까지 도달하게 해주고, 이후에는 동지애적인 사회관계, 즉 민주적이고 민주화를 추구하는 관계를 통해 앞날을 개척하도록 역량을 키워준다. 개인적·집단적 자기 결정의 가능성이 여기에 전적으로 달려 있다.

제2부

시선 견디기:

공화주의와 민주주의

"무슨 재단에서 나온 사람이 가난한 아이들을 위한 프로젝트를 추진하고 싶다며 찾아왔습니다. 그러고는 우리더러 가난한 아이들이 어디 있냐고 묻더군요." 이 일화는 실화다. 그것도 이름을 기억하고 싶지 않은 남유럽 어딘가의 공공행정기구 지부들에서 빈번히 일어나는 실제 이야기다. 신원을 드러내지 않은 채 이 이야기를 들려준 사람은 다음과 같이 말을 이어나갔다. "체육관 체인과 포장 음식점 체인의 조인트 벤처*joint venture*라고 할 수 있는데, 행사를 지지하는 러너들*runners*이 팀을 이뤄 조깅*jogging*을 하면서 가난한 사람들에게 식량을 배급하는 겁니다. 그러고는 우리더러 가난한 사람들이 어디 있는지 정보를 달라고 하는 거지요."

이 책은 **조깅**이나 **러닝**에 반대하지 않으며, **조인트 벤처**나 포장 음식에 반대하지도 않는다. 구태여 말하자면, 가난을 마케팅 소재로 삼는 것에 무조건적으로 반대하는 것도 아니다. 그러나 어쨌든, 각자 가난의 형태가 다르고 수렁에서 빠져나올 대안이 없다는 점을 고려하여 이 상황에 어떻게 대처하고 싶은지는

'가난한 사람들'에게 물어봐야 할 것이다. 무슨 말을 할 수 있겠는가? 생존의 방식은 다양하다. 매일 아침, 인자한 미소를 머금은 **착한 러너들**이 작은 형광 배낭을 메고 도착하는 광경을 보는 것도 손톱만큼은 재미있을지도 모른다. 그러나 우리에게도 그들을 조롱할 권리가 약간은 있다. 가난하다고 괴상한 광경을 못 알아보는 건 아니니까. 게다가 그들이 가져오는 렌틸콩 스튜가 맛있을지 누가 아는가.

이 책은 가난에는 무조건적으로 반대한다. **러너들** 이야기를 해준 사람 역시 마찬가지로, 그는 자기가 겪은 상황을 믿지 못한 듯 보였다. 왜냐하면, 깊은 곳에서 공명하는 칸트의 도덕적 직관이라는 게 존재하기 때문이다. 도덕적 직관에 따르면 가난한 사람들을 향한 선의는 그 이전에 불공정함, 즉 세대를 거듭하는 동안 타인의 자유를 몰수했다는 불공정함이 있기에 유발되는 것이다. 불공정함이 아니었더라면 선의도 생겨나지 않았으리라. 따라서 **착한 러너들**로 팀을 꾸린다는 계획은 지나치게 감상적인 아이디어라는 점에서 수치스러울뿐더러, 뼛속 깊이 불평등한 재산권의 분배에서 기인한 특권을 강화한다는 점에서 눈살을 찌푸리게 한다. 공유 자원의 약탈과 몰수가 먼저 자행되지 않았더라면 자선도 없기에, 모든 사람의 존엄한 삶을 위한 몇몇 자원을 무조건적으로 보장하는 공공정책들과 조세 체계를 통해 '몰수자들에게서 몰수'해야 한다고, 마르크스 이전에 칸트가 이미 주장한 바 있다. 폰 미제스와 하이에크를 비롯한 오스트리아학파 구성원들과 그 추종자들은 수긍할지 몰라도, 조세란 자발적 기부처럼 임의적이고 자선적인 적선이 아니다. 최선의 경우 자선은 자비의 속성을 지니지만 그것이 얼마나 심오하고 매혹적이건 간에 우발적인 사건 앞에서 속수무책으로 흩어지고 사라질 수 있다. 따라서 좋은 삶은 **자비로** 보장되는 게 아니라, 칸트에 따르면 정치적으로 보장된다. 즉 침해당할 수 없는 사회적 지위로 무장시켜 강요에 따른 제한이나 속박 없이 앞으로 나아갈 수 있게 하는 제도적 장치들을 통해 좋은 삶이 보장된다.[1]

기본소득과 같은 제안이 의미가 있다면 그건 기본소득이 우리를 선의가 듬뿍 담긴 음식을 민첩하고 즐겁게 배달하겠다는, 우리가 알지 못하고 어쩌면 알고 싶지도 않은 **러너들**의 기발한 결심을 칭찬하고 그런 결정에 감사할 의무와 렌틸콩 스튜를 구걸할 의무에서 벗어나게 해 주기 때문이다. 왜냐하면, 기본소득은 우리가 위기에 처하기 **이전에** 자원을 손에 쥐여주는 것이지, 공공의

1 빈곤과 자유가 양립할 수 없다는 상세한 분석에서 출발하여, 조세 문제에 대한 칸트식 접근을 훌륭하게 재구성한 연구로는 베르토메우Bertomeu(2017)를 보라. 같은 맥락에서, 헌정주의 옹호자 스티븐 홈즈와 캐스 선스타인Stephen Holmes y Cass Sunstein(2000)은 어째서 조세가 자유를 억압하는 방해물이 아니라 자유에 필요한 조건인지 상세히 기술했다. 한편, 다니엘 라벤토스와 줄리 와크Raventós y Wark(2018)는 자선이 아무리 포스트모더니즘적인 방식으로 나타난들, 이해가 얽히지 않은 선물과는 거리가 멀다고 강조한 바 있다. **선물** 또는 **제공하는** 행위는 호혜성을 내포하는데, 즉 주는 게 있으면 오는 게 있는 쌍방의 사회관계가 존재한다는 것을 의미한다. 만약 호혜성이 성립되지 못할 경우, **기부**라는 행위는 각 개인의 자율성을 존중하는 상호의존의 논리에서 벗어나게 되고, 따라서 우리 사회에 내재한 계급 구조를 드러내는 행위에 지나지 않는다. 즉 신자유주의 질서의 **현상**을 유지할 뿐인 일방적이며 쓸모없는 행위일 뿐이다.

소유일 수 있었으나 사적이고 배타적인, 즉 배제적인 재산이 되어버린 몇몇 자원의 불평등하고 약탈적이며 몰수적인 분배로 인해 문제가 생긴 **이후**에 자원을 분배하는 게 아니기 때문이다. 왜냐하면, 기본소득은 현존하는 자원에 대한 접근 배제와 빈곤이 다만 결핍에 지나는 게 아니라 타인의 의사에 대한 의존이며, 따라서 실질적 자유에 대한 치명적인 위협이라는 인식에서 태동한 제안이기 때문이다. 기본소득은 결국 사회적 삶의 모든 영역에서 우리가 스스로 결정할 수 있으려면, 진정한 공공자원으로 이해되고 조정되어야 할 공권력이 우리에게 필요한 물질적·상징적 자원을 무조건적으로 배치해야 한다는 민주공화주의의 요구에 따른 제안이기 때문이다.

제1장

사회경제적 독립과 공동의 세계

앞에서 1부를 맺으며 "강요된 삶을 거부하고 진정 원하는 삶을 개인적·집단적으로 쟁취할 수 있게 해야 한다."라고 말한 바 있다. 바로 이 문장에서 이 책이 말하고자 하는 공화주의의 정치적·윤리적 관점이 구체화된다. 즉 진정 원하는 삶을 실현하기 위해서는 우리를 사회경제적으로 독립시켜줄 (비)물질적 자원을 소유하고 통제할 수 있어야 한다. 이에 관해서는 《고타 강령 비판*Kritik des Gothaer Programms*》의 유명한 구절에서 마르크스가 밝힌 것보다 더 예리하게 설명할 수 없다.

> 재산이 노동력뿐인 인간은 어떤 사회 상태며 문명 상태에서든 타인, 즉 노동의 물질적 조건을 소유한 자들의 노예가 될 수밖에 없다. 노동자는 그들의 허락이 없으면 노동할 수 없고, 따라서 생활할 수 없을 것이다(마르크스와 엥겔스Marx y Engels, 2004:23).

그러나 '허락 없이' 살기 위해서는 과감히 행동할 필요가 있다. 실제로, 타인의 감독 없이 살겠다는 모험을 감행할 때 대담함이야말로 필수적인 비물질적 자산이 된다. 하지만 물질적·상징적인 측면에서 타인에게 의존하고, 지나친 복종과 지나친 노예근성을 지나치게 오랜 시간 동안 강요하는 형태로 나타나는 타인의 감독에 시달린다면 '뻔뻔해지기'가 어렵다. 이렇듯 '노동의 물질적 조건을 소유한 자들'에게 날마다 허락을 구하지 않고 살기 위해서는 무엇보다 '대담함'과 여태 잊고 있던 반항적인 태도가 손을 맞잡아야 한다. 이때 반항이란 칸트와 마르크스가 [그리고 그들 이전에는 존 로크(문도, 2015, 2017)와 애덤 스미스(카사사스, 2010, 2013)가] 말했듯, 약탈적이고 몰수적으로 자행된 외부 자원의 소유에서 유래한 재산권에 반박하는 것이자 모든 종류의 노동을 수행할 수 있는 공간의 공동 통제를 쟁취하고 장악하기 위한 길을 모색하는 새로운 반항이다. 자원을 실질적으로 통제할 수 있어야만 온전히 '뻔뻔해'질 수 있고 진정 원하는 삶을 펼칠 수 있다. 기본소득과 같이 무조건적이고 보편적인 성격의 공공정책은 과연, 노동자가 다양하고 무수한 노동과 삶의 공간을 되찾게 하는 지렛대로 기능할 수 있을까? 앞으로 확인하겠지만, 긍정의 답변을 뒷받침하는 강력한 근거가 무수하다.

한편, 좀 더 최근에는 아일랜드의 철학자 필립 페팃Philip Pettit(2002, 2014)이 한 가지 은유를 고안해냈다. 개인과 집단이 자유롭게 선택한 삶을 누릴 수 있는지 알아보기 위한 아이볼 테스트*eyeball test* 또는 '시선 테스트'라는 방법이다. 우리는 우리와 상호작용하는 사람들의 시선을 견딜 수 있는 조건에 놓여 있는가? 사회관계를 맺을 때 우리는 꾸중이나 벌에 대한 두려움 없이 상대의 눈을 마주 볼 수 있는가? 아니면 그들에게 물질적·상징적으로 의존하는 처지라서 고개를 숙일 수밖에 없는가? 페팃에 따르면, 공화주의적 의미에서 자유로운 삶, 즉 민주적으로 맺어진 사회관계(노동관계)라면 고개를 들 수 있어야 하고, 위협이나 강요 없이 우리를 둘러싼 세상을 (공동으로) 결정할 수 있어야 한다.

스키너와 포콕을 비롯한 케임브리지학파 구성원들의 기념비적인 역사학 연구에 등장하는 철학자들이 검토한 공화주의 전통의 개념적 정수 중에는 비지배로서의 자유라는, 공화주의 이론의 골조를 이루는 개념이 두드러진다. 그렇다면 이 같은 공화주의적 자유의 정의를 살펴보자. 페팃Pettit(1997, 2001)에 따르면, 우리는 부당한 개입의 대상이 아닐 때**뿐만 아니라** 간섭의 대상이 될 일말의 가능성도 없도록 보장하는 사회적·제도적 공간에 살 때야만 비로소 자유롭다. 주인이 착해서든 노예가 아부를 잘해서든, 노예 스스로 자기가 좋은 대우를 받고 있다고 느끼는 것으로는 부족하다. 생산시설을 통제하는 이들이 임금노동자의 노동 방향을 결정할 때 임금노동자, 즉 진정한 '시간제 노예'들이 고려되기만 하는 것으로는 부족하다. 여성의 욕망과 열망이 그가 의존하는 동반자에 의해 충족되는 것으로는 부족하다. 마지막으로, (부당하게) **간섭받지** 않는 것으로는 부족하다. 공화주의적으로 자유로운 존재란 **간섭할 수** 없는 존재여야 한다.

노예나 임금노동자나 앞에 언급한 처지의 여성 모두 누군가에게 사회경제적으로 의존하므로, 결국 시민으로서도 의존하게 되는 처지라 몹시 취약하다. 그렇기에 그들은 그들이 의존하는 사람들의 변덕스러운 결정에 따라 전혀 자기 것이 아닌 이익과 가치와 절차에 따라 행동하고 살도록 강요받는다. 간단히 말해, 그들은 판단이 명확히 서지 않을 때일지라도 타인의 기대에 맞추어 행동하게 되는데, 자기검열을 거친다고 해도 결국 지배자들이 요구하는 (혹은 그렇다고 여겨지는) 행동이 자동적이고 관성적인 형태로 나타난다.

반면, 19세기 초 성립된 고전적 자유주의 혹은 교조적 자유주의 전통(도메네크, 2004)은 자유의 개념을 법 앞에 평등함 또는 이소노미아라고 규정하며, 개인들의 사적인 삶의 영역에는 개입하지 않는 것으로 한정한다. 따라서 '자유주의적으로' 자유로운 때는 인간이 명백한 노예나 피보호자가 아닐 때(우리 모두 '법 앞에 평등'해야 하므로), 타인에게 지나치게 휘둘리지 않는 삶을 누리는 **행운**이 주어졌을 때다. 중요한 것은 간섭당하지 않는 것이다. 따라서 임금노동자든 생활을 의존해야 하는 여성이든 심지어 노예든, 그들이 그러한 처지에 있다는 점은 별로 중요하지 않다. 왜냐하면, 그들은 온전히 간섭당할 수 있고 타인의 의사에 복종해야 하는 사회적·제도적 영역에 속한 사회적 행위자들이기 때문이다. 자유주의 전통에 있어 자유의 물질적 조건이란 그저 망상이자, 정치적·규범적 가치라고는 조금도 없는 쓸데없는 지적 허영에 불과하다. 반면, 공화주의 전통은 개인이 물질적으로 독립하지 않으면 자유도 없다고 본다.

그런데 잠깐. 자유에 대한 공화주의적 접근이 의미를 지니려면 다음 두 가지 뉘앙스가 빠져서는 안 된다. 첫째, 사회경제적 독립을 공화주의적 자유의 필요조건이라고 할 때 그것이 공화주의적 자유의 충분조건이기도 하다는 말은 아니다. 침해당할 수 없는 사회적 지위를 물질적으로 강화하려는 모든 노력을 위태롭게 할 수 있는 문화적·상징적 요인들이 있기 때문이다. 예컨대, 여성이 물질적 자원을 손에 넣는다 한들 우리가 사는 세상에 가부장제의 문화적 영향력이 깊게 뿌리박힌 이상, 막상 여성이 자원을 다루게 될 여지는 적다. 따라서 우리의 싸움은 물질적 기반의 보장만큼이나 필요한 문화적·상징적 패권을 쟁취하기 위한 싸움이기도 해야 한다.

두 번째는 뉘앙스라기보다 공화주의 정치 계획의 진정한 핵심이라고 할 수 있다. 여기서 말하는 사회경제적 독립은 결코 우리를 고립되고 부주의한 원자적 개인들의 덩어리로 형성된 세상으로 인도해서는 안 된다. 공화주의적 계획이란 사회적 삶이 공유되는 사회를 구성하기를 지향하는 계획이므로, 여기서 논하는 사회경제적 독립이란 모두가 진정 원하는 상호의존관계를 실현하는 도구로 이해되어야 한다. 세상은 **이미** 상호의존적이며 오지에 틀어박힌 로빈슨 크루소를 말하는 픽션은 말 그대로 허구일 뿐이다. 따라서 불가분의 상호의존관계를 형성하는 과정에 누가 어떻게 참여하는지 알아야 한다.

여기서 '부당한 개입'과 '부당하지 않은 개입'을

분석적이고 경험적으로 구별하는 것의 중요성이 대두된다. 페팃Pettit(1997:55)의 말에 귀를 기울여보자.

> 개입 행위가 **부당하게** 일어났다고 할 때, 이는 모든 부당한 행위가 그러하듯, 행위자의 변덕에 따라서 선택되고 거부된 행위를 말한다. 특히 […] 영향을 받는 자들의 이해나 의견이라곤 조금도 고려하지 않고 선택되거나 거부된 행위를 말한다. 행위자는 영향을 받는 자들의 판단에 따른 이해가 무엇인지 고려하여 선택할 의무가 없다.[1]

이렇듯 문제는 **부당한** 개입이다. 사실, 부당하지 않은 방식으로 우리 인생의 행로를 교차시키며 서로의 이해와 욕망이 존중되는 사회관계를 구축하는 개입 행위는 문제가 아닐뿐더러 사회 안에서 의미 있는 삶을 향한 출발점이 된다. 다시 말해, 공화주의가 증진하는 개인의 물질적·상징적 독립은 가령, 오늘날 무산자인 우리가 노동시장이 '제공하는' 지푸라기를 잡아야 하므로 포기할 수밖에 없는, 진정 바라는 각종 사회관계에 "예"라고 답하기 위해 "아니요"라고 외칠 수 있는 수단이 된다. 따라서 물질적·상징적 독립이란 제삼자의 의사에 손발이 묶인 우리를 길 위에 풀어줌으로써 노동시장에서 '구출'하는 게 아니라 고개를

1 돋움체 표시는 다비드 카사사스의 것이다.

들 수 있게 하는 것이자 (부당하지 않게) 개입함으로써 진정한 공동의 세계를 재구성하고 그 안에서 삶을 영위하는 데 필요한 모든 것을 실천할 수 있도록 자원을 부여하는 것을 의미한다. 우리는 과연, 마리나 가르세스Marina Garcés(2013)의 말처럼, "이 삶은 내 것이다."라고 외칠 수 있는 독자적이면서 동시에 집단적인 목소리를 양성할 수 있을까? 우리는 과연, 17세기 중반 격동의 영국에서 '묶인 사람들'(종)로서의 삶이 아닌 '자유로운 사람들', 즉 자유인으로서의 삶을 살기를, 모두 자기만의 삶(해링턴, 1992)을 살기를 고무했던 해링턴의 혁명적 움직임을 되찾을 수 있을까?

그러나 페팃과 스키너의 **신공화주의적** 분석은 그 이상으로 발전할 수 있으며, 그래야만 한다. 왜냐하면, 제안의 분석적인 정교함이 훌륭할지언정 페팃도 스키너도 공화주의 규범에서 중심이 되는 재산과 재산권을 둘러싼 사회적 제도에 중요성을 부여하지 않았기 때문이다. 개념이 분석되고 적용되며 형성되는 사회역사적 맥락을 연구하는 과제의 중요성은 논의할 여지가 없다. 그러나 사회역사적 맥락을 연구한다는 것은 연구 대상이 되는 글을 동시대 다른 글들의 문맥에만 대입[**텍스트를 콘텍스트 안에**text in context 대입할 것을 강조했던 스키너Skinner(1969)의 방식]하는 것에 그치지 않고, 사회적·경제적 구조의 맥락과 더불어 사회계급에 갇힌 개인들이 생존을 위한 물질적 기반을 장악하기 위해 벌였던 역사적 투쟁의 맥락에도 대입해야 하는 것을 의미한다. 페팃이 속한 케임브리지학파의 신공화주의는 이러한 부분에 소홀했다. 이와 관련하여 미국의 역사가이자 철학자이며 마르크스주의자이자 페미니스트인 엘렌 메익신스 우드보다 예리하게 관찰하고 밝혀낸 사람은 없다.

> 그들[케임브리지 역사학파의 창시자이자 아버지들]에게 있어 역사적 맥락이란 언어이자 표현이자 단어다. 그들에 따르면 특정 단어들에 주의를 기울이는 것만이 가치 있을 뿐이다. [그래서] 그 단어들이 사용되는 사회적·물질적 조건은 고의로 비껴간다. 1300년대부터 1600년대까지의 정치사상에 관하여 두 권에 걸쳐 집필한 스키너의 대작 《근대 정치사상의 토대 *The Foundations of Modern Political Thought*》는 정치 이론과 정책에 막대한 영향을 끼친, 사회적·경제적으로 큰 발전이 있던 시기를 다루는 작품으로, 그로부터 무언가를 배울 수 있긴 하다. 예컨대 귀족 계급과 소농 계급의 관계에 관하여, 농업이라든가 토지의 분배와 소유에 관하여, 도시화, 교역, 상업과 부르주아지에 관하여, 사회적 집회와 갈등에 관하여 조금은 배울 수 있다(메익신스 우드 Meiksins Wood, 2010).

공화주의의 정치적 근거가 형성되는 과정을 둘러싼 사회역사적 맥락에 주의를 기울여 보면, 공화주의의 '이론과 정책'이 외부 자원에 대한 소유권과 밀접한 관련이 있다는 것을 알 수 있다. 다시 말해, 글을 다른 글들의 문맥뿐만 아니라, 역사적으로 주어진 사회를 구성하는 사회관계에까지 대입해

보면, 페팃의 '시선 테스트'를 통과하기에 충분한 협상력을 부여하는 자원의 소유나 통제의 문제가 공화주의의 정치적 근거 마련의 중심적인 역할을 한다는 것을 알 수 있다. 정작 페팃은 이 문제에 소홀했지만 말이다.[2] 공화주의적 자유의 사회학적 측면을 볼 때, 우리가 (부당하게) **간섭받는** 존재가 되지 않을 뿐만 아니라 자유로운 인간의 조건인 **간섭할 수** 없는 존재가 되도록 보장하는 사회적·제도적 무대는 재산에 의해 마련된다. 여기서 재산이란 앞에서도 보았듯 단순히 법률에 따라 체결되어 개인의 주머니로 들어가는 증서 따위의 것으로 이해되어서는 안 되며(물론 그런 재산을 제외해서도 안 되지만), 더 넓은 의미로 이해되어야 한다. 가령, 모든 사람의 사회경제적 독립을 보장할 수 있는 자원에 대한 접근과 통제를 예로 들 수 있겠다.[3] 이러한 점에서 자유에 대한 공화주의적 접근은 본질적으로 **재산을**

2 '자유와 통치 이론'으로서의 공화주의를 기술한 필립 페팃의 중요한 저서에서 자유의 물질적 기반에 관한 주제는 단 한 번 등장할 뿐이며, 그마저도 두루뭉술하게 언급된다. "시민 사이에 비지배로서의 자유를 증진하는 데 앞장서는 공화주의 국가라면, 사회경제적 독립을 장려하는 정책을 펼쳐야 한다."(페팃Pettit, 1997:158-159).

3 모든 사람의? 이쯤에서 확실히 해두고 넘어갈 점이 있는데, 공화주의가 자유를 정의하는 방식은 여기서 언급한 것과 같을지라도 자유를 소수의 사람에게만 제한하는 방향을 택했던 공화주의의 형태가 역사적으로 적지 않다. 이런 형태를 우리는 **과두적 공화주의**라고 부른다. 아리스토텔레스, 키케로, 제퍼슨, 칸트를 떠올릴 수 있겠다. 반면, 비지배로서의 공화주의적 자유가 어떤 배제도 없이 모든 인구에게 도달할 때, 우리는 이것을 공화주의의 민주적 형태 또는 **민주공화주의**라고 부른다. 페리클레스, 아스파시아, 로베스피에르, 토머스 페인을 떠올릴 수 있겠다.

중요시한다(베르토메우Bertomeu, 2005; 카사사스와 라벤토스, 2007; 도메네크, 2004; 라벤토스Raventós, 2007).

세상에는 갈등이 있다. 심각하게 불평등한 외부자원의 취득 과정으로 인해 사회 계급이 분열되었기 때문에 세상에는 갈등이 있다. **러너들**이 **러너들**이고 그들이 나눠주는 렌틸콩 스튜를 받는 가난한 자들이 도움을 받는 가난한 자들인 것은 사회 외부의 진공 상태에서 형성된 각자의 선호가 작용해서가 아니다. 이런 선호는 차라리 사회적 삶 내부의 것으로, 특권과 종속의 지위를 규정하는 사회 구조화의 방대한 과정을 토대로 생겨난다. 이러한 관점이 바로 공화주의 전통의 사회 존재론이다. 이제 각 역사적 시간과 공간(더 정확히 말하자면, 그 시공간에 사는 사람들)에게 중대한 질문에 대답해야 할 임무가 주어진다. 자유에 대한 공화주의적 접근이 늘 던지는, 다음과 같은 질문이다. 어떤 재산을 의미하는가?

앞의 질문에 대한 고대 사회와 미국 독립 전쟁 시기를 포함한 초기 근대 사회의 대답은 간단했다. 토지를 소유한(때로는 노예와 가축을 소유한) 남자는 자유롭다. 한편, 근대 사회에서 부동산, 즉 움직여 옮길 수 없는 재산은 생산 수단 또는 생산 시설 및 장비의 소유나 집단 통제 따위로 대체되기 시작했고(카사사스, 2010, 2013; 도메네크, 2004), 20세기에 들어서 그것이 정치적으로 가능했던 사회에서는 사회 정책으로 부여된 자원이라는 공적 재산으로 대체됐다. 기본소득에 대한 접근은 잊혔던 공화주의적 자유와 **재산**(그리고 사회경제적 독립)의 관계를 회복하고,

복지 체제에 붙는 수많은 조건을 비판하며(조건에 묶여 있다면 자유가 보장될 수 없다), 나아가 공화주의 전통이 실질적 자유의 필요조건으로 제시해왔던 사회경제적 독립과 재산의 개념을 해석하는 현대의 장치로서의 공공정책에서 무조건성과 보편성의 원칙을 고민하게 한다(카사사스와 라벤토스, 2007; 도메네크와 라벤토스Domènech y Raventós, 2007). 이것이 바로 기본소득이 지니는 공화주의적 의의다.[4]

그런데 이런 기본소득 정책의 도입 역시 끔찍이도 부당한 개입 행위가 될 수 있을까? 여기서 짚고 넘어가야 할 점이 있는데, 자유주의 전통과 달리 공화주의는 공권력이 개인과 집단의 사회적 삶의 영역에 부당하지 않은 방식으로 개입할 가능성을 인정한다는 점이다. 다시금 페팃Pettit(1997, 2001)의 말을 빌리자면, 문제의 핵심은 국가의 개입이 당파적인 성질을 지니는지 아닌지에 있다. 국가가 사회 내 특정 당파의 이익을 증진하고자 하는가? 공권력이

4 소위 '충분주의'를 비판하는 사람들은 기본소득에 '충분주의적'인 제도들이 지니는 문제가 있다고 주장할 수 있다. 공화주의적 자유가 확장되는 기준점의 중요성을 지적할 때, 기준점을 초월하여 발생하는 수많은 형태의 불평등을 간과하게 될 수 있다는 것이다. 제4부에서 살펴보겠지만, 이 책은 공화주의적 자유에 대한 접근이라는 견해를 분명히 밝힌다. 그러므로 자원이 똑같이 분배될 필요는 없더라도, '기준점을 초월하여' 축적되는 사적인 부를 통제하는 것은 필수적이다. 심각한 불평등은 힘이 덜한 사회적 행위자들이 계획한 삶을 실천하는 데 심각한 위험을 초래하기 마련이다. 그럼에도 '기본적인' 기준점을 마련하는 것은 중요하다. 그로부터 우리의 개인적 독립이 사회경제적인 독립으로 확립되기 시작하고, 결국 협상력이 커지기 때문이다. 충분주의의 한계를 상세히 분석한 연구로는 카살Casal (2007)을 보라.

배제 없이 모든 시민에게 비지배로서의 자유를 보장하는 정치 행위를 이끌어 갈 수 있는 한, 법의 강제력(예를 들어, 기본소득 재원 마련을 위해 조세를 거두어들이는 세법)을 동원한다 한들 그것은 부당한 개입이 아니리라.

물론, 이는 정부가 추진하는 제도들이 전제적인 성격으로 변질될 가능성을 공화주의 전통이 무시한다는 뜻이 아니다. 공화주의가 제시하는 분석적 접근법은 다음과 같은 측면을 간파하는 데 유용하다. a) 사적인, 개인적인, 집단적인 행위자 사이에서 제도들이 지배 또는 지배권*dominium*의 형태를 띠는 때, 즉 권력의 횡포로 나타나는 때를 간파한다(이는 공화주의적 자유에 그림자를 드리우는 첫 번째 위협이다). b) 지배권에 대항하기 위해 고안되고 제정된 공권력이 공화주의적 자유의 두 번째 위협, 즉 명령권*imperium*을 키워내는 때를 간파한다. 명령권은 국가가 요구하는 정책들이 유착, 파벌, 감시의 성격을 띠는 것으로 나타나며, 사람들의 삶에 부당한 방식으로 개입한다.

종합하면, 우리 앞에는 흥미로운 삼각형이 놓여 있다. 세 꼭짓점을 각각 살펴보자. **첫째**, 신체를 포함하여 각각 필요로 하는 게 천차만별이며 끝없는 욕망과 열망(가령, 급여 여부와 무관한 노동의 영역에서의 욕망과 열망)을 품은 모든 인간의 삶은 다르다. 이러한 개성은 정당할 뿐만 아니라 **이미** 존재하는 것으로, **이미** 구체적인 것으로, **이미** 여기 있는 것으로 수용되고 존중되어야 한다. **둘째**, 정책공동체의 형성이라는 문제에 민주적으로 접근하려면 **모든 사람**이 개인적으로나 집단적으로나 평등하고 자유롭게 살 권리를 인정해야 한다. 여기서 공화주의 전통이 말하는 평등은 자원을 엄격히 동일하게 분배하는 것이 아니라 상호적 자유 또는 '평등한 자유'로, 각 개인의 필요에 맞춰 자원을 각기 다르게 적용하여 분배할 수 있다는 것을 암시한다. **셋째**, 자유로운 삶은 지배권(개인 사이의 권력관계와 의존관계)과 명령권(지배권에 대항하지 않을뿐더러, 과두적이고 전제적인 논리를 강화하며 인간의 삶에 대한 횡포를 늘리는 제도들에 불을 지피는 장작과 같은 것)에 자유를 말살하는 성격이 있음을 인식하는 공공-공동의 권력으로 보호받고 부양되어야 한다.[5]

요컨대, 우리가 실천하게 내버려 두라는 것이다. 제발. 렌틸콩 스튜며 연대를 위한 **러닝**이며 온갖 **조인트 벤처** 같은 **사후** 원조는 그만두라는 것이다. 그리고 제발, 물고기와 낚싯대라는, 우리에게 필요한 것은 물고기가 아니라 누군가 우리에게 낚싯대를 주고 낚시하는 법을 가르치는 것이라는 진부한 비유 좀 들지 말라는 것이다. 인제 그만 입 좀 닫아주시길. 제발. 어쩌면 우리는 낚싯대로 낚시하고 싶은 게 아닐 수도 있다. 낚싯대만 낚시 기술이 아니니까. 어쩌면 낚시 자체가 하고 싶지 않을 수도 있다. 삶의 형태는 다양하니까. 그러니 다만 실천할 수 있게 해달라는 것뿐이다. 우리가 바라는 건 그뿐이다. 그렇다면 우리가 자유방임주의자들이라도 됐다는 말인가? 결코 아니다. 이미

5 이 같은 공화주의적 분석법을 가장 제대로 이해하고 재구성한 사회운동은 아마도 자립생활운동일 것이다. 고메스 히메네스Gómez Jiménez(2016)를 보라.

언급했고 앞으로도 상세하게 반복하겠지만, 자유주의가 주장하는 자유방임주의(알다시피, 행위자들이 속박이나 정체 없이 행동할 수 있는, 규제가 없는 시장)는 기껏해야 신화에 불과하다. 그러니 우리가 용감하게 일어나 모두 힘을 합하여 우리를 독립적인 개인으로 만들고 삶에서 상호의존 관계를 형성해 나갈 수 있게 하는 자원(기본소득은 어떤가?)을 정책적으로 배치할 수 있게 해달라는 것이다. 다만 실천할 수 있게 해달라는 것이다. 제발. 우리는 질렸다. 우리는 원하는 대로 살고 싶다. 모두, 배제되는 자 없이, 공동의 세상을 이루며 살고 싶다.

협상력:
새로운 문으로 들어가기 위해
떠남을 고려할 수 있는 힘

계속해서 삼각형을 들여다보자. 1970년대 초, 경제학자 앨버트 O. 허시먼은 갈등과 쇠락이라는 맥락 속의 사회관계를 해석하는 틀을 제안했는데, 이는 지금 우리의 현실에도 유용하게 적용될 수 있다. 우리가 사는 사회 환경이 '내리막에' 접어들면 적어도 한쪽은 자신이 처한 사회관계가 불편하고 불만족스럽다고 느끼게 되는데, 그럴 때 보통 다음과 같은 세 가지 반응을 보이거나 세 가지를 합한 반응을 보인다. 관계에서 **떠남**, 관계가 기능하는 방식에 문제를 제기하고 바로잡고는 수단으로 **목소리** 내기, 마지막으로 때로는 감정이 얽혀있어 저버리거나 변화를 꾀하지 못하는 관계에 대한 **충실성** 유지하기다(허시먼Hirschman, 1970). 허시먼은 이 같은 분석 틀을 '기업, 단체, 국가'에 적용한다. 그러나 공화주의 전통이 말하는 자유와 사회적 삶의 관점에서 볼 때, 어떤 사회관계일지라도 허시먼의 삼각형을 적용할 수 있다. 왜 그런지 이어서 살펴보자.

평범한 임금노동자를 떠올려보자. 아니, 조금 더 구체적으로 말해볼까. 커다랗고 네모난 배달통을 메고 자전거에 올라탄 채

거리를 누비는 음식 배달원들을 떠올려보자. 알다시피, 이들은 노동 시간에 따라 급여를 받는 게 아니라 배달 횟수에 따라 급여를 받는데, 이런 형태는 배달원들의 정신 건강과 신체 보전에 심각한 해를 끼칠 수 있다. 이번에는 유급노동을 마친 후 집에 돌아와서도 가정을 돌보기 위해 재생산노동을 전담하는 여성을 떠올려보자. 이들이 처한 조건은 누가 봐도 부당하다. 그렇다면 자유롭고 존엄한 삶을 살 수 없다는 자신들의 처지를 자각했을 때, 자전거 음식 배달원과 '이중부담'(노동시장에서도 일하고 가정에서도 일하는 여성의 노동 부담)에 시달리는 여성은 어떻게 반응할 것인가?

그들은 우선, 목소리를 내려고 할 것이다. 우리가 속한 사회관계가 만족스럽지 않을 때 불만을 표현하는 것이 가장 즉각적인 반응일 수 있다. 독일의 정치경제철학 교수 리사 헤르조그Lisa Herzog(2016)의 말을 빌리자면, 노동 공간이 어떻게 구성되었으면 좋겠는지 노동 현장에 참여하는 모든 사람이 의견을 피력할 수 있게 하는 조정의 틀이 도입될 때를 두고 우리는 노동의 영역에서 '평등한 발언의 자유'가 실현된다고 하는데, 이런 분석은 가정에도 쉽게 적용될 수 있다. 그러나 이 같은 '평등한 발언의 자유'가 실현되는 법은 거의 없다. 근본적인 이유라면 목소리를 높여야 하는 이들에게는 (비)물질적 자원이 없으므로 협상력이 부족하고, 따라서 그들에게 주어진 게임의 규칙과 실천을 받아들이며 노동 현장으로 들어가야 하기 때문이다. 이렇듯, 목소리를 낸다고 해도 실낱같은 목소리가 될 뿐이며, 그마저도 타율적으로 부과되어 몰아치는 수 없는 명령과 규정이 내는 잡음에 묻혀버린다. 목소리가 그들의 귀에 들어가는 경우도 있지만, 그들은 좋은 기업인, 관대한 남편, 아량 넓은 주인의 입장에서 자신에게 종속된 이들의 처지를 듣고 이해할 뿐이다. 다시 말해, 이들은 목소리를 들을 수도 있지만 언제든 무시할 수 있다. 왜냐하면, 이들이 속한 사회적·제도적 구조는 원한다면 아랫사람이 바라거나 표현하고자 하는 바를 쉽게 무시할 수 있게 하는, 극도로 불균형적인 구조기 때문이다.

십중팔구 목소리만으로는 충분하지 않다. 그러니 이번에는 허시먼의 삼각형 중 다른 꼭짓점을 살펴보자. 사회관계가 무너졌을 때 보일 수 있는 또 다른 반응으로 떠남이 있다. 임금노동의 관계라든지 적어도 졸렬한 형태의 사회관계에서 '떠나는 것'은 우리와 맞지 않는 사회적 끈을 잡고 있기를 거부하는 것이다. 그리고 나아가, 다른 종류의 사회성(이 경우에는 다른 종류의 노동문화)을 구축하고자 용기를 내는 것일 수도 있다. 그러나 떠나기 위해서는, 떠날 가능성이 있다는 위협을 신빙성 있게 전달하기 위해서는 떠날 **수 있어야** 한다. 그리고 떠날 **수 있으려면** 다른 삶을 그려보고 실천할 수 있도록 탈출구를 열어주는 일련의 (비)물질적 자원(이를테면, 기본소득 같은 자원)이 필요하다. 이혼을 예로 들어보자. 이혼할 권리는 사람들이 꼭 이혼**해야만** 하도록 고안된 권리가 아니라 동거 생활이 지속될 수 없을 때 이혼할 **수 있도록** 고안되고 도입된 권리다. 마찬가지로, 기본소득 같은 장치는 우리의 필요를 '요람에서 무덤까지' 무조건적으로 채워줌으로써 '떠남'을 고려하고, 필요하다면 실천할 수 있게 한다.

방금 보았다시피, 떠남은 두 가지 측면에서 해방적 잠재력을 지닌다. 첫째, '떠남'이라는 선택지는 우리가 원하지 않으며 우리에게 해로운 환경에 **실질적으로** 작별을 고하게 해준다. 둘째, 그것이 실현되든 아니든 그 위협에 신빙성이 있다면, '떠남'의 가능성만으로도 우리 목소리의 힘이 세지는 경향이 있다. 타인의 횡포에 휘둘리며 사는 행위자가 자리를 박차고 일어나 떠날 가능성을 내비칠 때, 상대는 그의 목소리를 들을 것이다. 아니면 적어도, 어느 정도는 들을 것이다. 그리고 그게 정상이다. 만일 우리가 더도 말고 덜도 말고 우리 삶을 구성하는 사회관계에, 부당하고 두려웠던 타인과의 권력관계에 종지부를 찍을 힘을 행사할 수 있다면, 관계를 파기함으로써 타인의 권력이 이제 무너지고 무시당하기까지 할 수 있다면, 그들은 우리의 관심사와 그것을 실현하는 방식을 듣고 싶어 할 것이다. 이로써 공유된 삶을 (공동으로) 결정하는 우리의 힘이 확장되고 강해질 것이다.

간단한 방정식이다. 협상력이 없을 때 공화주의적 자유란 존재하지 않는다. 사회관계를 허물고 재건하는 능력 없이, 다른 '입구'들, 즉 다른 형태의 사회성으로 길을 터주는 '출구'들 없이는 협상력도 없다. 그리고 무조건적으로 보장되는 (비)물질적 자원 없이는 '떠남'도 없다. 그래서 기본소득이 필요한 것이다. 물론 헌법에 보장된 시민권으로 이해되는 같은 종류의 혜택 역시 우리의 손에서 벗어나서는 안 되며, 우리가 원하는 삶에 단단히 발을 디딜 수 있도록 유급노동이든 무급노동이든 일에 대한 숙련도와 역량을 갖추는 일도 소홀히 해서는 안 된다.

이걸로 끝인가? 결국 '떠남'을 고려할 수 있는 힘이 공화주의적 자유의 필요충분조건일까? 결코 아니다. 아직 '충실성'이라는 세 번째 꼭짓점이 남았다. 때로는 자유를 말살하는 관계에서 탈출할('떠날')수 있다 한들, 그러지 않기로 하기도 한다. 이는 강하게 얽힌 감정적·상징적 유대가 있기 때문인데, 이러한 유대는 특정한 형태의 사회성을 영속하게 하는 사회규범이라든가 관습적으로 억눌린 태도의 패턴과 관련 있는 경우가 많다. 조부모부터 부모까지 함께 일한 사람과 계약을 해지한다는 생각을 품을 수조차 없는 임금노동자를 떠올려보자. 또는 혼인 관계(**자신의** 혼인 관계)를 파기한다는 것을 삶 전체의 도덕적·심리적 기반을 무너뜨리는 것으로 여기는 여성을 떠올려보자. 여기서 우리는 이렇듯 관계에 머무르고자 하는 놀라운 양상들이 '충실성'과는 전혀 관련 없다고 이의를 제기할 수 있다. 충실성이란 재고되고 인식된 합의를 말하는 것이므로, '강요된 충실성'은 충실성이 아니라 특정 형태로 나타나는 상징적 권력에 대한 복종이기 때문이다. 나아가, '의무적인 충실성'이란 지나치게 불균형적이지 않은 사회에서만 싹틀 수 있는, '실질적인 충실성'을 기반으로 하는 관계를 맺을 권리의 침해다. 그러나 이렇듯 '상징적으로 유도된 충실성'이 존재하며, 이로 인해 '떠남'의 실질적인 가능성으로 '목소리'가 힘을 얻어 쟁취한 자유를 잃을 수 있다는 점은 반박하기 어렵다. 이것이 바로 물질적 자원(가령, 기본소득)을 누리는 것이 공화주의적 자유의 필요조건이기는 하지만, 충분조건은 아닌 이유다.

그러나 떠남의 가능성은 도움이 된다. 그것도 상당히 도움이 된다. 삶의 형태를 협상하고 (공동으로) 결정하는 행위는 우리 본성이나 우리가 되고자 하는 모습에 더 가까운 삶의 **다른** 형태들을 상상하고 실천하는 데 필요하다. 그러니 **무작정 떠나기만 해서는** 안 된다. 최근 칼 와이더키스트Karl Widerquist(2013)를 비롯한 자유지상주의 진영은 지나치게 무비판적이라고 할 법한 방식으로 '떠남'의 해방적 잠재력을 주장한 바 있다. 그러나 어디서, 어떻게, 누구와 왜 떠나는지 스스로 묻는 게 중요하다. 이런 관점에서 사이먼 번바움Simon Birnbaum과 유르겐 데 위스펠라레Birnbaum y De Wispelaere(2016)가 예리하게 지적하길, 모든 사람의 침해당할 수 없는 지위를 강화하는 각종 공공정책과 충분한 액수의 기본소득 없이 일자리를 떠나는 것은 진정한 '절망을 향한 떠남'이 될 수 있다. 물론 불타는 건물에서 필사적으로 탈출하는 것이 화재와 화재로 인한 붕괴를 견디는 것보다 낫다고 주장할 수도 있다. 그러나 사실상 실패로 예정된, 광적이고 무모한 탈출과 우리 삶을 재시작할 진정한 기회를 제공하는 제도적·사회관계적 환경에서 우리 삶의 형태를 재설정하는 것은 같지 않다. 나아가, 잠재적으로 개인화의 성질을 지닌다며 기본소득에 공공연히 회의적인 견해를 밝힌 미국의 정치학자 피터 고레비치에 따르면, 떠남의 핵심 요소는 동지애와 협동심을 발휘할 수 있는 대안적인 노동 공간을 고민할 수 있게 하는 '자유로운 노동 문화'를 만들어나가는 우리의 능력이다(고레비치Gourevitch, 2016). 실제로, 이러한 방면에서 우리에게 도움이 될 수 있는 모든 사회정치적 조직(노동조합,

사회운동, 자주 관리적 공간 등)은 기본소득을 공화주의적으로 자유로운 노동 공간을 향해 공동으로 '떠날' 수 있게 하는 도구로 만드는 핵심 요소이다. 요점은 분명, '떠남'을 고려할 때는 앞에 언급한 자유지상주의 진영의 주장처럼 비조직적이고 분산된 질주가 아니라, 다른 정책과 다른 도구와 다른 전망을 갖추면서 떠나는 노동자 계급의 시도로 고려해야 한다는 것이다.[1]

떠남의 가능성은 도움이 된다. 그것도 상당히 도움이 된다. 결국 경제민주주의의 기본 사상은 떠날 수 있는 권한에 달려있기 때문이다. 실제로, 사회적·경제적 삶을 민주화하는 것, 민주적인 환경과 장치를 도입하는 것은 다음과 같은 네 가지 권한을 부여한다. a) 어떤 종류의 사회관계에 '들어가서' 노동 활동을

1 리사 헤르조그는 사회적 협동조합의 운영을 힘들고 어렵게 할 수 있는 '예측 불가능하게 오가는 사람들'이 생길 가능성을 경고하며 번바움, 데 위스펠라레, 고레비치와 같은 우려를 내비쳤다(헤르조그Herzog, 2016:33). 그러나 여기서 주목할 만한 점이 있다. '예측 불가능하게 오가는' 능력이란 이미 오늘날 일부 사람들이 누리고 있는 특권이란 것이다. 그렇다면 이런 능력을 왜 보편화하지 않는가? 이런 능력을 왜 권리로 만들지 않는가? 다시금 말하지만, 이혼할 권리가 이혼을 강제하는 게 아닌 것처럼, 이런 능력을 보편화한다는 것이 사람들에게 '오가도록' 강요하는 게 아니다. 잘 보면, 신자유주의의 불안정성이야말로 우리가 '오가도록' 밀어붙이며, 그 방식은 우리의 선택과는 전혀 관련 없다. 때로는 예측할 수 없을지라도, 이혼할 수 있다는 선택지는 필요하다. 비지배로서의 공화주의적 자유를 누린다는 것은 선택지가 있다는 것을 의미한다. 요컨대, 여기서 제시하는 공화주의 계획이 자유롭고, 안정적인 사회관계를 형성하고 그런 관계가 일터에서, 가정에서, 공유하는 삶의 공간에서 지속하기를 목표로 한다 한들, 이런 비지배적이고 조화로운 공존이 깨질 경우를 대비하여 분산적이지 않은 떠남을 모색하게 해 주는 장치를 도입할 필요가 있다.

하고 싶은지 결정하는 권한, b) 확실하게 들릴 수 있는 '목소리'를 냄으로써 우리가 살고 일하기로 결정한 공간의 (비)물질적 성질을 규정하는 권한, c) 앞의 공간을 기능하게 하는 성질과 조건이 우리 삶과 맞지 않을 경우 '떠남'을 선택할 수 있는 권한, 마지막으로 d) 떠나기로 할 때, 이전의 노동 공간 밖에 펼쳐진 사회적 무대에 도움을 구할 수 있는 권한을 부여한다. 진정 자기만의 계획을 실천에 옮기지 못하는 수렁과는 거리가 먼 사회적 무대는 우리가 곧이어 올 두 번째 기회를 준비하도록 다른 조건에서, 즉 진정 자기만의 삶을 영위할 수 있는, 해링턴식으로 자유로운 여자와 남자라는 조건에서 (재)생산적 삶을 효과적으로 재시작할 수 있도록 도구를 제공할 것이다(카사사스, 2016a).

제3장

시민권의 보편화 그리고 재산의 보편화

자전거 음식 배달원들은 결국 자전거에서 내려올 수 있을까? '이중부담'을 지고, 언제나 희생할 준비가 되어 있는 여성들은 돌봄노동을 가정 구성원 모두가 함께 책임지도록 할 수 있을까? 이뿐만이 아니다. 유럽 바깥의 사례를 예로 들자면, 인도 방적 공장에서 자행되는 아동 노동 착취의 한 형태인 수망갈리*sumangali*에 시달리는 여자아이들이 있다. 격리하고 노동력을 착취할 뿐만 아니라 목소리와 의견이 묵살되는 결혼으로 이어지기까지 하는 계약에 묶인 아이들은 과연 자유로워질 수 있을까?[1] 하나만 더 예를 들어보자. 빈민 구제를 요청하는 사람들은 현금수당을 '구걸하는

1 수망갈리*sumangali*는 인도 남부 타밀 나두 지역의 면방직 공장에서 자행되는 계약 체계로 16세 이하의 아동, 특히 여아를 채용하여 도심과 떨어진 공장에서 장시간 노동을 시킨다. 아이들은 잠을 잘 때조차 공장에서 나올 수 없다. 아이들이 받는 얼마 안 되는 임금은 다음과 같은 세 가지 측면으로 나뉜다. 첫째, 임금의 거의 반이 계약 중개소를 통해 부모나 가장에게 보내진다. 둘째, 매우 적은 액수가 아이들의 개인적인 소비에 쓰인다. 셋째, 잔금은 계약 만료 시점에 받는다. 계약 기간은 보통 삼 년이며, 그동안 모인 액수는 여자아이들의 결혼 자금으로 쓰인다(쉐답과 코시Shadab y Koshy, 2012).

사람들'(스탠딩, 2011, 2014)이라는 배역과 그로 인한 사회적 낙인이며 행동의 유아화며 관료제가 휘두르는 횡포(의 가능성)에 대한 복종으로부터 벗어날 수 있을까?[2]

이러한 문제점들을 해결하려면 먼저 우리가 (부당하게) 간섭받지 않을뿐더러 간섭할 수 없는, 즉 공화주의 의미에서 자유로운 사람으로, 진정 자주적인 결정을 내릴 수 있도록 준비된 사람으로서 침해당할 수 없는 사회적 지위를 누리는지 질문해봐야 한다. 이쯤에서 필립 페팃의 주장을 되짚으며 자유의 분석적 개념과 정치적 개념의 구분을 살펴보는 게 좋겠다. 페팃Pettit(2001, 2006)에 따르면, 공화주의 전통은 자유를 추상적인 '선택들'과 관련된 것으로 이해하는 게 아니라(따라서 자유란 '선택을 토대로*choice-based*' 실현되는 게 아니라), 선택을 하는 주체와 집단과 관련된 것으로 이해한다(이러한 관점에서 자유는 '선택하는 주체를 토대로*chooser-based*' 실현된다). 즉 **자유롭다**는 속성을 논할 때 가치 있는 본질은 '결정 그 자체'가 아니라 '결정을 내리는 주체'다. 여기서 페팃Pettit (2006)은 묻는다. 자유롭게 선택을 내린다면 선택하는 주체는 자유로운가? 아니면 자유로운 주체에 의한 선택일 때야 비로소 자유로운 선택인가? 페팃은 공화주의 전통의 관점에서 다음과 같이

2 영국의 켄 로치 감독은 2016년 개봉한 영화 <나, 다니엘 블레이크>에서 지나칠 정도로 충격적인 내용을 통해 '구걸하는 사람들'이 놓인 처지를 대략 짐작할 수 있도록 보여준다.

단호히 주장한다. 사회경제적·제도적 조건이 선택하는 주체에게 비지배로서 자유를 보장하는지 고려하지 않고는 사회적 자유를 이해할 수 없다는 것이다. 즉 사회적 자유를 긍정하려면, 타인의 의사가 부당하게 간섭할 일말의 가능성에서부터 개인을 보호하기 위해 정치적으로 설계되고 제정된 기호와 신호가 있어야 한다. 왜냐하면 노예, 음식 배달원, '이중부담'을 진 여성, 수망갈리에 시달리는 여자아이, 공공 원조를 '구걸하는 사람'은 그들이 의존하는 이들이 허락할 때 자유롭게 결정을 내릴 수 있지만, 그 누구도 공화주의적으로 자유롭다고 할 수는 없다. 이들은 마르크스식으로 말하자면 '허락을 받으며 사는', 손발이 묶인 사람들이기 때문이다.

이렇듯, "선택하는 주체를 토대로 실현되는 자유의 관점에서 볼 때, 선택하는 주체가 자유로운 것은 타인과 동등한 사회적 지위가 보장될 때며, 그들에게 간섭받지 않는 지위가 보장될 때 그들의 선택이 자유로울 것이다. 따라서 개인이 자유롭게 선택을 내릴 때, 그가 선택하는 주체로서의 사회적 자유를 드러내거나 행사한다고 할 수 있다."(페팃Pettit, 2006:134). 요컨대, 사회경제적 독립이 정치적으로 보장될 때야만 비로소 개인은 해링턴이 말한 자유인으로서의 사회적 지위에 도달할 수 있다. 종*bondsman*과 달리 자유인은 '독립적으로 생활할' 수 있고 자유로운 판단에 따른 결정을 내릴 수 있다(카사사스와 라벤토스, 2007). 이 같은 사회학적 인식을 토대로 공화주의 전통은 사회적 삶을 묘사한다. 공화주의가 바라보는 사회적 삶은 권력의 불균형으로 가득하므로, '선택하는 주체가 자유로운' 체제를 만드는 정책 형성에 방향을 맞춘 제도적 장치가 필요하다(카사사스, 2005).

그런데 우리가 이야기하는 것은 어떤 '제도적 장치'인가? 어떤 '사회경제적 조건'인가? 어떤 '기호와 신호'인가? 여기서 다시금, 공화주의 전통의 핵심인 재산 문제가 고개를 든다. 사적, 개인적, 집단적 독립을 보장하는 일련의 자원을 통제할 권한이 없는 사람은 자유롭지 않다. 배척되는 사람 없이 모든 사람의 존엄한 삶을 위하여, 매 순간 시선을 견딜 수 있는 여자와 남자로 구성된 문명(화된) 사회를 유지하기 위하여 고안된 재산권을 정의하고 운영하기 위한 제도적 장치에 의지할 수 없는 사람은 자유롭지 않다.

이제 오랜 질문으로 돌아와 보자. 재산이라, 어떤 재산을 말하는가? 18세기까지 '재산'이란 근본적으로 부동산에 대한 접근과 통제권이던 것처럼, 산업혁명과 함께 발생한 폭발적인 인구 증가로 인해 토지 분배로는 공화주의적 자유를 실현할 수 없다고 인식한 사회주의가 생산수단의 집단 통제를 시행하여 공화주의의 약자우선주의를 재해석했던 것처럼(도메네크, 2004, 2005), 오늘날 우리는 새로운 토지 개혁도 생산과 재생산 통제도 소홀히 하지 않는 동시에, 실질적 자유를 실현하게 하는 조건으로 공화주의 전통이 제시했던 사회경제적·시민적으로 침해당할 수 없는 조건을 보장하는 공공-공동의 도구를 고민해야 한다.

물론, 쉽지 않은 과제다. 게다가, 적어도 이론상으로는 아무도 온전한 권리를 누릴 시민으로서의 조건을 박탈당할 수 없다고 규정된 현대 사회에서는 더욱더 어려운 일이다. 그러나 이념의 핵심과 언행일치하는 민주공화주의라면 오늘날 부여된 임무를 무시할 수 없다. 사회적·정치적으로 논쟁이 매우 거셀지라도, '시민권의 보편화'에는 '재산의 보편화'가 필요하다. 이는 즉, 사회경제적 독립의 보편화, 우리 삶의 (비)물질적 기반을 통제하는 권한의 보편화, 개인과 집단이 '독립적으로 생활할' 능력의 보편화를 말한다. 오늘날 우리 사회가 실천하는 정치공동체라는 개념은 소수 집단(태어날 때부터 **이미** 자본가였던 남자들)에만 한정되는 게 아니라 우리 공동체 주민 전원의 실천을 포함한다. 그러나 가장 기본적인 시민권과 정치적 권리조차 없는 이주민 인구는 지독히 배척하는 것으로 보아, '사회적-공화주의적 재산'(사이먼Simon, 1991)의 원칙을 보편화하는 새로운 대책을 모색할 필요가 있다. 여기서 사회적-공화주의적 재산의 원칙이란 과거부터 지금까지 공화주의 이론가와 혁명가들이 개인과 집단이 시민권을 행사하는 첫걸음으로 규정한 원칙이다(카사사스와 라벤토스, 2007; 라벤토스와 카사사스, 2004). 실제로, 여자와 남자를 막론한 개인에게 삶을 계획하고 자주적으로 실천할 진정한 가능성을 부여하는 독립이라는 개념이 단단히 자리 잡히지 않고서 **시민권**의 개념은 신기루로 전락하고야 만다. 그런데 **오늘날**, '자본가'가 태어날 때부터 지니는 삶의 조건을 보편화하는 공공정책을 고안하고 도입하는 게 가능할까? 특히, 민주공화주의의 이 오랜 염원을 다른 제도적 장치들과 함께 기본소득이 실현할 수 있을까? 앞으로도 확인하겠지만, 이 책은

앞의 질문에 매우 긍정적인 답변을 제시한다.[3]

이제 끝을 맺기로 하자. '여자와 남자가 평등하게 자유로운 문명(화된) 사회를 유지하기 위하여 고안된 재산권을 정의하고 운영하는 것'에 관하여 앞에서 언급한 적 있다. 그렇다면, 이러한 재산권은 어떻게 구성되는가? 그리고 공화주의가 이해하는 재산권과 관련하여 기본소득은 어떤 역할을 맡을 수 있는가? 곧장 본론으로 들어가 보자. 재산권을 외부 자원의 독점적이고 배제적인 지배권으로 바라보는 시각은 자유주의가 형성한 것으로, 공화주의 전통과는 결코 뜻을 같이한 적이 없다. 영국의 법학자며 판사이자 **토리**당 정치인이던 윌리엄 블랙스톤이 18세기 후반에 발표했고, 오늘날까지도 (신)자유주의 논리의 핵심 요소로 여겨지는 재산권에 관한 기술을 살펴보자.

> 재산권, 또는 그 누구라 할지라도 다른 개인을 완전히 **배제하며** 각 개인이 외부의 것에 대해 행사하는 독점적이고 **전적인 지배권만큼** 우리의 상상력을 자극하고 온 인류에 대한 흥미를 불러일으키는 것은 없다.[4]

틀렸다. 아리스토텔레스 시대부터, 그 전으로 거슬러 올라가면

3 사이먼 번바움(2012) 역시 기본소득의 무조건성이 자기존중을 위한 진정한 사회경제적 근거를 마련할 수 있다고 주장하면서 같은 견해를 밝힌다. 우리가 매우 다양한 성질의 의존관계며 횡포의 형태에 복종할 때 자기존중은 불가능하다.

4 《영국법 주해》 2편, 제2부, 제1장. 돋움체 표시는 다비드 카사사스의 것이다.

로마의 공법과 시민법으로 자연법 전통의 '급진파'에 반향을 일으켰던 공화주의 전통(티어니Tierney, 1997; 턱Tuck, 1979)은 사유재산을 포함한 재산이란 결코 절대적이지 않으며 본래 제한적인 것이자, 사회적으로 중요한 기능을 수행하는 것으로 이해한다. 가령, 재산은 공동체의 기본적인 필요를 충족하고 모든 사람의 자주적인 삶을 보장해야 한다.[5] 따라서 공화주의의 재산 제도는 엄격한 신탁관계로 나타난다. 재산 문제에 관한 로크의 접근을 책임자와 행위자의 관계, 즉 신탁관계로 재구성한 조르디 문도Jordi Mundó(2017:452)를 예로 들어보자.

> 인간이 (재산에 대한) 자연적인 권리를 지니는 것은 그것이 생존을 보장할 때뿐이다. 그러나 본질적으로 공적인 재산에 대해서는 절대적인 권리를 지닐 수 있다. 따라서 (양도할 수 없는) 자유와 삶에 필요한 모든 사유재산은 신탁관계로 형성되어 결국에는 공익을 위해 쓰여야 하므로, 전적이고 독점적이고 배제적인 게 아니라 무효로 할 수 있는 것이다.

요지는 간단하다. 공권력이란 모든 사람이 존엄한 삶을

5 《정치학》(1256b)에서 아리스토텔레스는 좋은 삶에는 일련의 외부 자원이 필요하다고 주장한다. 그러나 곧이어 이러한 자원은 유한하고 제한적이어야 한다고 덧붙이는데, 즉 인간의 존엄한 삶을 위한 물질적 토대를 재생산하는 기능에 한정되어야 한다는 것이다. 이러한 한계를 넘는 재산은 이치에 맞지 않는다.

영위하고 기본적인 필요를 충족할 수 있는 방식으로 외부 자원을 분배하는 '책임자' 역할을 하도록, 주권을 가진 민중에 의해 생겨난 도구라는 것이다. 이렇듯, 책임자는 위정자들에게 재산권을 규정하고 작동하게 하는 임무를 맡기는데, 이들 역시 공무를 집행하는 '행위자들'일 뿐이다. 재산권이 재산을 소유한 특정 개인의 사적 이익과 양립할 수 있다 한들, 재산권의 주요 기능은 결국 공동의 세상에 사는 모든 사람의 자유와 삶을 보호하는 것이다. 신탁관계, 즉 신뢰(라틴어로는 피두시아*fiducia*)를 바탕으로 한 위임 또는 **위탁** 관계는 따라서 그 성격의 층위가 다양하다. 첫째, 주권을 가진 민중은 '책임자'로서, 그들의 '행위자들'인 위정자들에게 모든 사람의 존엄한 사회적 삶과 양립할 수 있는 기준에 따라 재산권을 부여하는 임무를 맡긴다. 둘째, 오늘날 '책임자' 역할을 하는 공권력은 공권력의 '행위자들'로 기능하는 자본가들에게 자원을 사용할 임무를 위임하는데, 자본가들은 자원을 파괴하지 않을뿐더러 공동체를 전체를 위한 이익의 원천으로서 오래도록(재산권 이전이 있어야 한다면 더더욱 오래도록) 유지하는 방식으로 사용해야 한다. 따라서 공권력은 주권을 가진 민중(공권력의 '책임자')의 '행위자들'인 동시에 자본가들(공권력의 '행위자들')의 '책임자'로서, 자본가들에게 그들이 소유한 자원을 생산적이고 신중하게 사용할 임무를 맡기는 것이다.

18세기 말, 미국 **건국의 아버지** 벤저민 프랭클린은 한 세기 전 존 로크가 훌륭하게 다룬 지적·정치적 논쟁의 용어를 다시 사용하여, 역시 **건국의 아버지**라고 불리는 금융업자 로버트 모리스에게 편지를 보낸 바 있다. 1783년 로버트 모리스에게 보낸 크리스마스 편지에서 벤저민 프랭클린은 다음과 같이 독특하면서 의미심장한 주장을 펼쳤다.

> 각 개인의 보전과 인류의 번영을 위해 인간에게 필요한 모든 재산 소유는 인간의 자연적인 권리로, 아무도 박탈할 수 없는 권리입니다. 그러나 그 외의 모든 잉여재산은 대중의 소유로, 대중의 법에 따라 형성된 재산이기 때문에 필요하다면 언제나 공익을 위해 사용될 수 있습니다. 이 같은 문명사회에 만족하지 않는 자들은 야만인들과 살도록 해야 합니다. 자신이 속한 사회를 유지하는 데 이바지하지 않는 자는 그 사회에서 나오는 이익에 대한 권리가 없습니다(프랭클린[Franklin], 1839, Ⅱ:171).

그로부터 거의 한 세기 반이 지난 1917년, 혁명적인 멕시코 헌법은 그 유명한 제27조에 모든 재산은 사회적 기능을 지니며 이에 공화국은 자본가들이 책임을 다하도록 그들을 통제할 임무가 있다는 내용을 명시함으로써 재산을 신탁관계로 보는 관점을 회복할 터였다. 이 조항은 현대의 사회적 헌정주의의 방아쇠를 당기는 역할을 하며 시대에 한 획을 긋게 된다. 그리고 이러한 사회적 헌정주의는 바이마르 공화국과 오스트리아 공화국과 스페인 제2공화국을 거치며 세계 대전 이후 유럽 헌법을 사회적·경제적으로 발전시키는 데 이바지한다(도메네크, 2004; 피사레요Pisarello, 2011, 2014). 1978년의 스페인 헌법 제128조를 예로 들어보자. 1948년의 이탈리아 헌법이나 1976년의 포르투갈 헌법 수준의 사회적·경제적 권리를 장전하지는 못했지만(피사레요, 2011), 당시 스페인 헌법은 재산을 신탁적이고 제한적인 것으로 바라보는 관점을 분명히 드러내며 반향을 일으킨 바 있다.

> 국가의 모든 부(제128조에 이렇게 명시되어 있다)는 그 형태가 어떻든지 그 주인이 누구든지 무관하게 전체의 이익에 예속된다.

그런데 이 모든 게 기본소득과 무슨 관련이 있단 말인가? 간단하다. 현대 공화주의는 다음과 같은 네 가지 임무를 띤다. 첫째, 모든 사회의 일부인 물질적·비물질적 자원은 모든 사람에게 공동으로 속해야 한다는 것을 법적·정치적으로 인정하고 공시할 임무. 둘째, 그러한 자원에 대한 재산권(사적, 공통적·공공적, 또는 혼합된 형태의 각종 재산권)을 제정할 임무. 셋째, 자본가들이 사회 전체의 필요를 충족하는 방향으로 자원을 사용하도록 사용 내용을 추적할 임무. 넷째, 국민들이 자유롭게 그들의 삶의 계획을 펼치도록 '국가의 모든 부'를 배치하는 조정 장치를 도입할 임무다. 국부의 최종 목적은 자유의 상호성을 실현하는 것이다. 그리하여 공공연히 몰수적이고 독점적인 성질을 지닌 자원의 사적 소유에 대하여, 공화국에는 '몰수자들에게서 몰수'하는 칸트와 마르크스식의 임무가 부여된다. 가령, 조세 체계를 통해 기본소득을 지급함으로써 인구 전체의 살 권리를 보장할 수 있겠다.[6]

6 18세기 말, 토머스 페인의 《토지 분배의 정의》에 등장하는 기본소득 제안과 비슷한 제안에 대한 최초의 체제적 변호에 영감이 됐던 것이 바로 이런 사상이었다. 페인Paine(1974) 외에도 보스크Bosc(2016), 반 파레이스와 반더보르트Van Parijs y Vanderborght(2017)를 보라.

제4장

무조건적 자유: 사전분배로서의 기본소득

여기서 주장하는 바는 결국 민주공화주의의 정치적-윤리적 관점에 따라 자유의 물질적·상징적 조건들을 **사전**에, 무조건적으로 보장해야 할 필요성이다. 앞에서 보았다시피, 자유가 실현되려면 충족되어야 할 결정적인 조건들이 있다(가령, 사회경제적으로 취약하다면 우리는 자유롭지 않다). 그런데 이렇듯 '조건이 붙는' 자유를 모든 인구가 누릴 수 있어야 한다는 의미에서 '조건 없는' 자유, 즉 **무조건적** 자유를 추구해야 한다. 무조건적 자유의 성립은 그 누구의 의사에 달려서도 안 되며, '처음부터', **사전**에 보장되어야 한다. 그런데 왜 **사전**인가? 그리고 정확히 **무엇보다 먼저**를 말하는가?

최근 들어 사전분배를 둘러싼 논쟁이 급부상했다. 특히 앵글로색슨계 정치철학 분야에서 오늘날 해방 전통의 개혁적이고 매력적이며 급진적인 정치 의제를 형성하려는 시도로써 사전분배가 대두되고 있다(바라게[Barragué], 2017; 오닐과 윌리엄슨[O'Neill y Williamson], 2012a). 이 같은 사전분배 의제에는 우리가 앞으로 해결해야 할 개념적 모호함과 문제가 있기는 하지만, 분명 전도유망한 요소들이 있다.

해커Hacker(2011)가 이미 다룬 바 있는 사전분배 이론의 분석 틀을 떠올려보자. 사회적·경제적 정책으로 부담스러운 조세 체계를 추구하는 것보다 '사건 발생 이전에*before the fact*', '처음부터' 사람들을 보호할 수 있는 임금을 확립하고 부의 형성을 조정하는 체제를 운영하는 편이 낫다는 것이다. 물론, 어느 정도 납세 의무를 부과하지 않고서는 사회적·경제적 삶을 조정하는 체제를 마련하고 개인적·집단적 자유를 덜 해치는 방향으로 사적인 경제력을 분배하기 어렵다. 그렇긴 해도 개인과 집단에 '처음부터' 자율권을 부여하고자 하는 사전분배적 노력은 인정해야 할 것이다.[1]

그런데 '사건 발생 이전에'라고 할 때, 어떤 '사건'을 말하는 걸까? 여기서 사전분배를 둘러싼 '중도적' 접근과 '해방적' 접근을 구별해야 한다(카사사스, 2018). 사전분배에 대한 '중도적' 접근은 우리 모두를 쉽게 '고용 가능한' 존재로 만들고, 고용 시장을 덜 적대적인 환경으로 만듦으로써 자본주의라는 짐승을 길들일 조정의 틀을 도입할 필요성을 제시한다. 보다시피, '중도적' 관점은 자본주의적 노동관계를 기정사실로 받아들인다. 이러한 관점에서 '사건 발생 이전'이란 불가피한 임금노동 계약의 틀 안에서 노동하고자 할 때 발생할 수 있는 사건으로부터 보호받아야 한다는 것이다. 반면, 이 책이 추구하는 사전분배에 대한 '해방적' 접근은

1 해커를 비롯한 사전분배론가들이 조세 체계를 논의에서 제외하고자 내세우는 정치-선거 전략과 관련한 비판적 분석으로는 카사사스(2018)를 보라.

'사건'을 한 발짝 더 앞에 둔다. '사건 발생 이전에' 우리는 우리의 (재)생산적인 삶을 어떻게 살고 싶은지, 노동(정확히 말하면 유급노동과 무급노동을 포함하는 다양한 종류의 노동) 영역에서 무엇을 하고 싶은지 먼저 결정할 수 있어야 한다. 요컨대, 우리는 노동시장에 어느 정도까지 발을 담그고 싶은가?

보다시피, 사전분배에 대한 해방적 접근은 사회적·경제적 삶에 관한 기본적인 결정의 근거를 대안이 있다는 것을 인식하게 하고 진정 내 것이라 여기는 (재)생산적인 영역을 형성해 나갈 능력을 갖추게 하는 다양한 사회정치적 과정에 두자는 폴라니Polanyi(1941)의 주장과 연결된다. 이처럼 사전분배에 대한 해방적 접근은 앞에서 언급한 '자유로운 선택 주체들'(페팃Pettit, 2001, 2006)로 구성된 사회에 대한 공화주의적 성찰과 후기 롤스Rawls(2001)가 '재산 소유 민주주의*property-owning democracy*'로 회복한, 제퍼슨에 기원을 두는 공화주의적 이념[2]에서 비롯한다. 이어서 더 자세히 살펴보자.

'자유로운 선택 주체들'로 구성된 사회라는 개념으로 돌아가 보겠다. 결국, 이 책에서 이루어지는 분석은 (공화주의적) 자유에 대한 평등한 접근이라는 도덕적 가치에 뿌리를 둔다.[3] 앞에서

2 후기 롤스의 공화주의적 해석으로는 프란시스코Francisco(2006)와 화이트White(2012)를 보라.

3 보다시피, 사전분배 제안의 핵심은 자유의 가치를 중심에 둔다는 데 있다. 가령, 오닐과 윌리엄슨 (2012a, 2012b) 같은 저술가들은 사전분배가 더 평등한 사회의 형성과 관련 있다고 주장한다. 맞는 말이다. 다만 이 같은 견해는 평등의 역할이

보았듯, 모든 사람의 침해당할 수 없는 사회적 지위가 공권력으로 보장되지 않는다면 공화주의적 자유도 없다. '자유로운 선택 주체들'의 사회적 상호작용이 부당하지 않게 이루어지는 공간이 먼저 구성되지 않으면 '자유로운 선택들'도 보장할 수 없다. 후기 롤스의 용어를 빌리자면 다음과 같다. 요점은 개인과 집단에 '처음부터', 즉 '사건 발생 이전에' 자율권을 부여함으로써 '재분배'라고도 불리는 '사건 발생 이후'의 원조를 불필요한 것은 아닐지라도 적어도 덜 절실한 것으로 만드는 데 있다(롤스, 2001). 페팃과 후기 롤스 주장의 본질은 같다. 공화주의 전통의 편에 선 후기 롤스에 따르면 약탈이라는 수렁에서 허덕일 때 우리는 타인이 강요하는, 자유를 침해하는 종속과 규율의 모든 형태를 '받아들일' 수밖에 없다.[4] 따라서 사회적 행위자들에게 '처음부터' 자율권을 부여하는 **사전** 조치가 상처를 닦기 위해 고안된 그 어떤 **사후** 조치보다 낫다. 사람들이 빈곤(자유의 부재)의 나락으로 떨어지기까지 기다린 후에야 비로소 빈곤을 완화하는 조건적인 '치료'(역시 자유의 부재)를 제공해서는 안 된다. 예방이 최고의

자유보다 덜 중요하다고 본다. 그러나 불평등이 자유를 침해하므로 평등 역시 중요하다. 그러므로 타인의 자유를 제한할 수 있는 사적인 경제력의 집중을 막아야 하는 게 맞지만, 그것이 곧 자원이 엄격히 동일하게 분배되어야 할 의무를 의미하는 것은 아니다. 도덕적·정치적 의무는 '자유로운 선택 주체들'이 원하는 삶을 살 기회의 평등과 함께 형성된다. 물론 기회의 평등은 평등주의적 조치를 수반하지만, 궁극적인 목적은 모든 사람의 평등한 (공화주의적) 자유다.

4 어떤 시민도 부유한 시민에게 자신을 팔아야 할 만큼 가난해서는 안 된다는 루소식 직관을 재해석한 기본소득 변론으로는 굿하트Goodhart(2007)를 보라.

치료법이라는 말이 있지 않던가.

사전분배라는 주제로 돌아가 보자. 해커(2011)나 헤크먼Heckman(2012)과 같은 몇몇 이론가들은 그들이 제시하는 제도가 임금노동자의 급여와 노동 조건 및 정치 단체의 형태 등을 개선하리라고 강하게 주장한다. 취지는 분명 매우 귀중하지만, 해커와 헤크먼의 이러한 주장은 임금노동을 불가피한 것으로 본다는 점을 짚고 넘어갈 필요가 있다. 반면, 사전분배에 대한 해방적 접근은 앞에서도 보았다시피 사회적 행위자들이 임금노동자가, 원치 않는 부담에 저항할 힘이 없는 주부가, 도움의 성질이나 기능을 (공동으로) 결정하지 못한 채 조건적 사회 원조 프로그램을 '구걸하는 사람들'이 되기 '전에', 이들의 실질적 자유를 증진하기 위해 고안된 제도적 장치들을 도입하기를 요구한다. 사전분배를 지향하는 정치공동체의 제도라면 우리 모두 임금노동자가, 주부가, 공공 서비스 이용자가 되고 싶은지 여부를 먼저 결정하게 해야 한다.

그렇기에 기본소득이 필요하다. 무조건적으로, **사전에**, '처음부터' 유입되는 소득은 개인과 집단의 자주적인 결정에 기반을 둔 상호의존 관계를 형성하는 데 도움을 준다. 바로 이어지는 제3부에서 다루겠지만, 기본소득은 모두가 (재)생산의 영역에서 무엇을 하거나 그만둘지, 누구와 함께, 어떤 속도로, 어떻게 시간을 활용하며, 어떤 종류의 사회적 환경을 구성할지 등을 결정할 수 있게 하는 해방의 도구로서 결정적인 역할을 한다. 제3부에서는 특히, 이 같은 결정들이 노동력부터 시작하여 자원과 활동을 탈상품화하는 개인적·집단적 능력으로 구체화되는 양상을 분석할 것이다.

이러한 의미에서 기본소득은 모두를 위한 무조건적인 보건 정책, 보편적인 양질의 교육 정책, 주거나 돌봄 정책 같은 기타 비슷한 조치들과 마찬가지로, **재산 소유 민주주의** 제안과 흥미로운 유사성을 보인다.[5] 후기 롤스의 주장을 들어보자.

> 재산 소유 민주주의를 바탕으로 하는 제도들은 부와 자본이라는 재산을 분산시킴으로써 사회의 일부 소수가 경제를 통제하고 정치적 삶까지 간접적으로 통제하는 것을 막는다. 반면, 복지국가의 자본주의는 소수로 구성된 계급이 생산 수단을 거의 독점하도록 내버려 둔다. 재산 소유 민주주의가 이러한 사태를 막는 방식은 말하자면, 각 분기의 끝마다 수입이 적은 이들에게 수입을 재분배하는 게 아니라 각 분기의 시작부터 [⋯] 재산을 보장하는 방식이며, 이 과정에서는 기회의

5 공공정책에 호소한다고 해서, 사전분배 전략이나 '재산 소유 민주주의' 전략이 공공정책에만 한정되는 것은 아니라는 사실을 짚고 넘어갈 필요가 있겠다. 화이트(2016)가 제안하듯, '공유 자원에 기초한' 사전분배의 형태들은 우리가 타인과 사회적 상호작용이 이루어지는 삶의 주인이 '처음부터' 될 수 있도록 생산적·재생산적 기회를 창출하는 데 도움이 될 수 있다. 실제로, 개인이 협동적이고 자주 관리적인 형태로 자원과 활동을 생산하고, 관리하고, 이용하는 공간은 개인과 집단에 **사전**에 자율권을 부여할 수 있으므로 그들의 협상력이 증가하고, 결국 자유가 증가한다.

> 평등이 정당하게 실현된다. 재산 소유 민주주의의 목적은 단순히 사고나 불운으로 손해를 보는 이들을 돕는 것이라기보다(물론 필요한 절차지만), 모든 시민이 어느 정도 사회적·경제적으로 평등한 지위에서 각자의 문제를 해결할 수 있게 하는 것이다(롤스, 2001:139).

이 같은 주장을 펼치며, 자신을 결코 기본소득의 옹호자로 여긴 적 없던 롤스(롤스, 1988)는 모든 시민에게 일정 수준의 자원을 부여함으로써 그들이 개인적으로 독립하게 하고('재산 소유'), 이로써 진정한 문명(화된) 사회, 진정한 민주적인 사회의 물질적 기초를 닦게 하는 제퍼슨의 오랜 이념을 현대사회에 맞게 재해석한다. 롤스가 기본소득이라는 사상에 공공연히 회의적인 태도를 보였다면, 롤스의 '재산 소유 민주주의'를 회복할 것을 고무하는 영국의 경제학자 제임스 미드는 전혀 회의적인 태도를 보이지 않는다. 실제로 미드Meade(1964)는 자본에서 나오는 이익의 일정 비율에 해당하는 소득을 모든 개인에게 주기적으로 지급하는 '사회배당'을 제안한 바 있다(번바움과 카사사스Birnbaum y Casassas, 2008). 다음과 같은 미드의 사상은 우리에게 낯설게 들리지 않는다.

> 이 사회[재산 소유 민주주의 사회]의 빼놓을 수 없는 특징이라면 취업노동이 개인의 선택에 관한 문제가 되리라는 것이다. 필요하지만 아무도 하기 싫어하는

> 노동은 높은 임금을 책정함으로써 [사회적으로 공유된] 재산에서 비롯한 수입을 보충하고자 하는 이들을 끌어와야 할 것이다. 한편, 시장의 관점에서 별로 가치 없는 노동에 전념하고자 하는 이들은 검소하게 살되, 골방에서 배를 곪주리지 않고 원하는 일을 할 수 있어야 한다(미드, 1964:40).

최근 들어 오닐과 윌리엄슨(2012b), 앨런 토머스Alan Thomas(2016), 스튜어트 화이트Stuart White(2011, 2012) 등의 저술가들은 '재산 소유 민주주의'라는 개념을 깊게 탐구한 결과, 재산 소유 민주주의가 모두에게 무조건적인 소득을 지급하는 조치들과 연결된다는 결론을 내렸다. 미드와 후기 롤스의 주장처럼 개인과 집단의 침해당할 수 없는 사회적 지위의 강화가 목적이라면(오닐, 윌리엄슨, 토머스, 화이트가 이 주장을 따른다), 자원의 심각한 불평등을 '처음부터' 예방할 목적으로 **사전**에 시행되는 사전분배 장치가 필요하다. **사후**에, 즉 빈곤(그리고 자유의 부재)가 이미 피할 수 없는 지경에 이른 후에야 적용되는 보조금에 기반을 둔 전략은 공화주의적 관점에서 볼 때 불충분하기 그지없다. 그 이유는 첫째, 우리는 타인에게 휘둘려 살 수밖에 없게 된다. 앞에서도 보았듯, 이런 지배권은 공화주의적 자유를 위협하는 첫 번째 거대한 요소다. 둘째, 전통 복지 체제에서 시행되는 조건부 프로그램의 침해적이고 가부장적인 성격은 공화주의적 자유를 위협하는 두 번째 요소인 명령권과 손을 맞잡는다. 실제로 자산 조사며 수급자들의 행동을 행정기관이 통제하는 행태며 (소위) 사회 복귀 과정 프로그램에 참여한 사람들을 감시하는 형태는 공공 기관의 낙인찍기와 부당한 개입의 싹이 된다. 반 파레이스Van Parijs(2006:14)는 다음과 같이 말한다. "온전히 무조건적인 기본소득은 노동의 영역에서 가장 힘이 없는 이들에게 협상력을 준다. 이는 일자리라는 조건으로 보장되는 소득이 제공하지 않는 것이다." 요컨대, 공화주의적 공동체에서 사회경제적 안정은 기본권으로 이해되어야 하며, 온전히 보편적이고 무조건적인 기본소득이야말로 현대사회에서 기본권을 보장하는 최선의 수단이라는 주장을 강력한 근거들이 뒷받침한다(번바움과 카사사스, 2008).

앞에서도 언급했듯 진정한 문명(화된) 사회, 진정한 민주적인 사회를 가능하게 하는 조건이 위태롭다. "사회 같은 건 없다"라는 대처리즘의 신자유주의적 주장, 즉 영국 노동자 계급이 세기를 거듭하며 형성해온 문명사회를 하나하나 해체하고자 했던 **토리**당 당수의 (큰 결실을 보았던) 시도들로 보았을 때 반어적이기 그지없는 주장에 반대하며, '조건 없는 자유'를 **무조건적**으로 또 보편적으로 보장하기 위한 자원의 사전분배라는 공화주의적 계획은 개인과 집단이 사회에서 갖는 권리를 강화하는 데 집중한다. 왜냐하면, 모두가 고개를 들 수 있고 자신을 평등한 개인으로 인식하며 아무런 강요 없이 자기만의 삶을 펼치고 공유하는 공간에서 타인과 교류할 가능성이 없다면 실질적인 민주주의도, 문명(화된) 사회도 없기 때문이다. 왜냐하면,

문명(화된) 사회의 대안은 대처의 헛소리처럼 반사회적이고 불확실한 공간이 아니기 때문이다. 문명(화된) 사회의 대안은 이십 년도 더 지난 후 대처의 추종자 데이비드 캐머런이 주창하게 될 소위 빅 소사이어티라는 것으로, 한편으로는 무산자들의 생존본능으로, 또 한편으로는 약탈자들의 창의력으로 (그리고 물론 통제권으로) 운영되는 '사회*society*'이다.

모두에게 무조건적으로 보장되는 자유, 즉 '무조건적 자유'가 실현되려면 따라서 시민 전체에게 (비)물질적 자원이 사전분배되어야 한다. 실제로, 자원이 변덕스러운 지원금의 형태가 아니라 무조건적으로 지급된다면 공화주의적으로 자유로운 시민의 침해당할 수 없는 사회적 지위를 강화할 수 있다. 다시 말해, 모든 시민은 자원을 **누릴** 수 있어야 하는 것뿐만 아니라 그 비용과 처리와 재생산의 과정을 **통제**할 수 있어야 한다. 이렇듯 자원의 '민주적 통제'라는 권한(카사사스와 데 위스펠라레Casassas y De Wispelaere, 2012)이 없어도, 자원을 가지고 개인적으로 결정하고 모든 사람이 합의한 것을 실천할 권한이 없어도, 인간은 우리의 필요를 충족시키는 '편의'로 이해되는 **복지**를 누릴 수 있다. 그러나 인간이 **자유**를 얻는 것은 자원이 아래에서부터 나오는 공공-공동의 권력으로 획득되고 통제될 때뿐이다. 노예가 그 아무리 친절과 자비로 대우받는다고 해도 자신의 삶을 통제하지 못하므로 여전히 노예이듯, 직접 통제할 수 없는(행정을 맡은 관료주의적 조직들이 책임에는 관심이 없기 때문이든, 대중민주주의가 형성되는 과정을 지도자 계급이 가부장적으로 마비시키기 때문이든) 사회복지

정책이나 자원 이전의 혜택을 받는 시민들은 **복지**를 최대한으로 누릴 수 있을지언정, 그로 인해 더 **자유로운** 시민이 되리라는 결론을 내리기는 어렵다. 자유가 실현되려면 자원을 소유하는 데 그칠 게 아니라 자원을 통제하는 권한 역시 필요하다. 타인의 불안정한 변덕에 의해 어쩌다 한 번 자원에 접근하는 것은 공화주의적 자유와는 거리가 멀다. 그러니 **자유**와 **복지**를 혼동해서는 안 된다. 각자의 처지와 무관하게 **사전**에 작동하는 무조건적인 조치는 우리의 필요를 충족할 뿐만 아니라 그 과정을 각자의 욕망과 열망과 생활양식에 맞게, 즉 자유롭게 실현하게 하는 도구를 갖추게 한다. 그래서 기본소득이 필요한 것이다.

자유. 앞에서도 언급했다시피, 이 책이 말하고자 하는 바는 자유의 '상징적·물질적 조건'을 '무조건적으로' 보장할 필요성이다. 단순한 말장난이 아니다. 이어서 그 이유를 살펴보며 결론을 맺어보자. 자유라는 문제에는 두 가지 차원이 밀접하게 엮여 있다. 첫째, 자유란 우리가 삶을 생산하는 사회적 관계와 공간을 만들고자 하는 염원이자 추진력이다. 이런 맥락의 자유는 긍정적인 차원의 자유로, **무언가를 위한 자유**가 된다. 둘째, 자유란 '창의적인' 행위의 싹을 자를 수 있는, 타인의 권력에서 비롯한 부당한 개입으로부터의 보호다. 이때 자유는 예방하는 차원의 자유며, **무언가에서 벗어나는**, **무언가에 맞서는 자유**다. 그러나 사실 자유는 두 가지 차원이 합쳐진 것이다. 다시 말해 자유는 창의적인('적극적인') 행위이자 예방적인('소극적인') 행위가 합쳐진 것이다.[6] 가령, 오토바이를 타고 도심을 달릴 때 헬멧을 쓰고 신호등과 교통 신호를 준수하는 것과 같은 이치다. 이동하는 행위에는 경로를 상상하고 따르는 능동적이고 창조적인 의지가 작용하는 동시에, 더 약한 차량이 더 크게 잃기 마련인 미래의 사고에 대비하는 안전장치를 기억해야만 성공적으로 이동할 수 있으리라는 소극적이고 보호하는 인식이 작용한다.

그리하여 19세기 초, 뱅자맹 콩스탕Benjamin Constant(2010)의 '고대인의 자유'와 '근대인의 자유'라는 개념을 계승한 이사야 벌린(1969)의 '적극적 자유'와 '소극적 자유'라는 그 유명한 구분에 반대하며, 자유에 접근하는 공화주의적 방식은 두 가지 차원을 모두 아우른다. 첫째, 공화주의적 자유는 자기만의 삶을 혼자서 또는 공동으로 상상하고 실천에 옮기는 창의적이고 긍정적인 행동의 다양성을 추구한다(이는 페리클레스와 아리스토텔레스부터 마르크스에 이르는 공화주의의 고전주의자들의 견해를 따른 것이다). 둘째, 자유에 대한 공화주의적 접근은 사회적 삶에서 창조적인 행위를 하는 데는 제한이 따른다는 것을 매 순간 경고하는 지배의 사회학과 뗄 수 없다. 여기서 말하는 제한이란 다른 행위자가 부당하게 개입할 일말의 가능성**으로부터** '소극적으로' **벗어나기** 위해서 정치적으로

6 여기서 언급하는 자유의 '적극적' 차원과 '소극적' 차원을 포함하는, 공화주의적 자유와 공화주의적 중립성을 역사적인 인식을 기반으로 엄격하게 분석하고 재구성한 연구로는 베르토메우와 도메네크Bertomeu y Domènech(2005)를 보라.

허물어야만 하는 의존관계를 말한다(이 역시 페리클레스와 아리스토텔레스부터 마르크스에 이르는 공화주의 전통의 관점이다). 공화주의적 자유가 성립되려면 두 가지 차원 모두 필요하며 둘은 긴밀히 연결된다. 한쪽이 없다면 다른 한쪽도 의미가 없다. 사실, 우리가 앞으로 나아갈 생각을 하지 않는다면 소극적 보호 역시 이치에 맞지 않는다. 아무도 차량에 오를 생각을 안 한다면 교통 신호가 왜 필요한가?[7] 우리는 창조적이고, **실천적**이고, 적극적인 차원을 다만 우리와 맞지 않는 것이라고 치부하며 무시할 수 없다. 마찬가지로 사회적 삶에 영향을 끼치는 권력관계를 인식하고, 통제하고, (소극적으로) 해체해야 할 '사회경제적-정치적' 임무에는 중요성을 부여하지 않으면서 자신의 삶과 세상을 적극적이고 급진적으로 상상하고 펼쳐 보이고자 하는 열망만 품는 것[8] 역시 헛된 계획으로, 분명 낭만적이긴 하지만 우리를 개인적·사회정치적으로 비활성화하는 심연으로 이끌 뿐이다. 지도 한 장 없이 세상을 돌아다닐 수나 있단 말인가? 저 바깥의 현실은 무시할 수 없는 것이다. 현실 속 사고로 우리의 삶이

7 이러한 맥락에서 볼 때, 페팃이 우리가 적대적이지 않은 환경에서 공유되는 수단들을 창조적이고 적극적인 행위로 실천하고자 하는 열망을 포기하기를 권한다는 것은 놀랄만한 일이다. 페팃Pettit(1997)에 따르면 이러한 개념은 모두가 보호받는 안전한 공간에서 '소극적으로' 대비하기만 하면 되는 사회에서 대중의 인기만 노리는, 의미 없는 '포퓰리즘적' 주의주의(主意主義)에 기인한 행위를 유발할 것이다.

8 더 취약한 사회적 집단만을 제도적으로 보호하는 공공정책에 대한 적의를 결코 숨긴 적 없는 한나 아렌트Hannah Arendt(1958, 1959)의 계획이 이와 같은 견해를 밝힌다.

방해받을 수 있고, 그럴 경우에는 정치적-제도적 구조가 필요하다.

이런 의미에서 기본소득 제안은 적극적인 차원과 소극적인 차원을 **동시에** 충족한다. 첫째, 기본소득은 공화주의적으로 자유로운 노동과 삶의 형태를 (무조건적으로) 활성화하는 지렛대가 된다. 둘째, 기본소득은 이러한 노동과 삶을 실천할 가능성을 보호하는 물질적·상징적 조건을 (역시 무조건적으로) 제공하는 데 기여한다.

제3부

다양한 활동으로 구성된 유연한 삶: 사회권력의 여러 차원들

몇 년 전, 친한 친구가 임시인력 중개업체에 면접을 보러 갔을 때의 이야기다. 면접 시각은 오후 첫 시간으로 잡혀 있었다. 당시 스페인은 이미 비정규직을 전전하는, 불연속성과 이력서의 시대였다. 수십 장 이력서의 시대. 친구는 이어폰으로 음악을 들으며 차례를 기다리고 있었다. 그는 플라멩코를 좋아하는 플라멩코 동호회 회원이자 다양한 음악적 경험을 즐기는 사람이다. 친구는 끈기 있게 기다리기는 했지만, 자기가 기다리는 것이 임시인력 중개업체 면접이라는 것을 분명히 인지하고 있었다. 줄이 무척 길었고, 이유는 모르겠지만 도무지 줄어들지 않았다. 그렇게 몇 분이 흐르고 몇 시간이 흘렀다. 마지막에 도착한 사람들에게는 다음에 다시 오라고 할 정도였다. 해가 지고 있었다. 소집된 사람들은 계속해서 한 사람씩 앞으로 나아갔다. 한 사람씩 작은 사무실로 들어가서는 몇 분 후 나오는데, 사람이 너무 많았고 기다림도 너무 길었다. 친구의 얼굴이 노랗게 질려갔다. 더는 노래질 수 없겠다 싶었을 때, 이름이 불린 친구는 사무실로 들어갔다. 땀을 삘삘 흘리는 자그마한 체구의 사내가 서류를

몇 장 집어 들더니 머리를 약간 숙이며 서랍에 넣었다. 사내는 아직 친구에게 눈길도 주지 않은 채 앉으라고 말했다. "일단 앉아보세요." 사내는 여전히 종잇장들을 넣고 있었다. 그러다가 갑자기 고개를 들고는 친구를 보더니, 의자에 몸을 기대며 말했다. "그래서 자네는 할 줄 아는 게 뭔가?" 내 친구는 인내심이 매우 강한 사람이다. 잘 듣고 이해할 줄 알며, 그래서 화낼 줄도 아는 사람이다. 그것이 분노 때문인지 잘 들어주는 능력 때문인지 놀라운 균형 감각 때문인지 나는 알 수 없지만, 친구는 몸이 시키는 대로 행동할 수밖에 없었는데, 그 상황에서는 어쩔 수 없었으리라. 친구는 망설이지 않고 사내에게 대답했다. "보시죠, 제가 할 줄 아는 건 바로 이겁니다." 친구는 엄숙하게 일어서더니 셔츠 소매를 약간 걷고는 손바닥을 모으고, 사내를 강렬히 응시했다. 그러고는 사무실 바닥에 대고 멋진 발 구르기를 선보이더니 "아아아아아이이이!"하며 힘껏 소리를 내질렀다. 친구가 내뱉은 건 플라멩코의 **탄식**이었지만, 곧 목이 잘릴 짐승의 비명처럼 들렸다. 사무실 밖 복도에는 침묵이 감돌았다. 친구는 이내 소매를 다시 풀고 몸을 숙여 가방과 헬멧을 들어 올리고는 사무실을 나와 거리로 향했다.

교훈: 존엄한 (노동) 생활이 무엇인지, 의미 있는 노동이란 무엇인지에 대한 분별력을 아직 완전히 잃지 않은, 우리는 필요하다면 **탄식**과 발 구르기를 통해서라도 우리 사회에서 이루어지는 일자리와 임무 분배의 과정에 반박하는 것 외에는 도리가 없다. 또한, 구조적 실업이 증가하는 사태도 모른 척

넘어가서는 안 된다. 우리가 생각하는 '의미 있는 노동'이란 무엇인가? 우리는 어떤 노동들을 할 준비가 되었는가? 어떤 비율로 노동할 것인가? 어떤 조건에서 노동할 것인가? 이러한 질문에 대한 대답은 우리를 다만 도구로 취급할 뿐인 소위 '고용주들'의 무관심이 아닌, 전적으로 우리의 몫이다. 우리 발등에 떨어지는 총알 세례에 놀라 광적으로 이 일에서 저 일로 펄쩍 펄쩍 뛰어다니며 춤을 출 수는 없는 노릇이다. 이것은 삶이 아니다. 그리고 물론, 민주주의가 아니다.

제1장

기본소득과 노동의 민주화

이것은 결국 민주주의에 관한 이야기다. 그런데 노동의 영역에서 **민주적** 사회관계란 무엇을 의미하는가? 다른 말로 하자면, 경제민주주의란 무엇인가? **경제민주주의**라는 개념은, 생산과 재생산과 관련하여 '무엇을 할지' 결정하는 개인적·집단적 권한과 우리가 행동하는 공간의 법적 성질이 어떻든 공동체적 삶에 대한 참여를 의미한다고 이해할 수 있겠다(우리가 삶을 영위하는 공간은 사유재산 체제에서 운영되는 환경일 수도, 자주 관리적인 협력 사업일 수도, 공권력이 다스리는 영역일 수도, 가정일 수도 있다). 그렇다면 무엇을 할지 결정한다는 개념은 무엇을 내포하는가? 근본적으로 두 가지가 있다. 첫째, 어떤 노동 환경에서 일하고 싶은지 결정하는 권한, 즉 시장에서 급여를 받는 노동인지와 무관하게 **여자와 남자** 모두 **노동**과 **노동이 이루어지는 장소**를 규정하는 권한을 행사할 수 있을 때 경제민주주의라고 할 수 있다. 가령, 누군가를 돌보는 것이나 시를 쓰는 것은 **노동**인가? 둘째, (비)물질적 재화를 생산하고 사회적 환경을 구축하기 위해 누구와 어떤 속도로 얼마나 자주 일하고 싶은지 결정하는 권한을 행사할 수 있을 때 경제민주주의라고 할 수 있다(카사사스, 2016a).

며칠 전에 지나가다가 가로등에 붙은 전단을 본 일이 있다. 그 전단에는 사실상 경제민주주의를 향한 씁쓸한 울부짖음이었던 내 친구의 **탄식**과는 정반대로, 다음과 같은 내용이 담겨 있었다.

활발하고 젊은 독일 여성이 일을 찾습니다:

- 독일어에서 스페인어 또는 카탈루냐어로 번역.
- 집 청소, 다림질.
- 사무실, 사업장 청소.
- 아이 돌보기.
- 반려견 산책.
- 종업원 또는 주방 업무.

무슨 일이든 좋습니다.

일자리가 있다면 연락해주세요. [이어서 구직자의 연락처가 쓰여 있었다.]

자기 삶의 통제권을 잃은 이 젊은 독일 여성은 문자 그대로 **어떤** 일자리든 달라고 구걸하고 있었고(차마 이 여성 탓을 할 수는 없는 일이다. 어떻게 그럴 수 있겠는가!), 그건 오싹한 광경이었다. 자본주의 노동의 전제주의가 부리는 횡포에 대한 완전한 굴복이자 복종이었다. 우리는 이렇게 체념해야만 할까?

앞으로도 보겠지만, 이 책이 주장하는 바는 결코 노동이 없는 세상이 아니다. 사실은 정반대다. 애정이 깃든 다양한 형태의 노동은 삶에 진정한 의미를 부여할 수 있다. 물론 자유롭게 선택한 노동과 애정일 때의 이야기다. 건강하지 못한 '애정' 관계에서 그러하듯, 내 것이라고 느낄 수 있는 삶과는 전혀 관계가 없거니와 사실 정반대인 노동과 노동 분배의 형태들이 있다. 왜 그런지 살펴보자.

노동을 급여 여부와 무관하게, 우리가 물질적·상징적 필요를 개인적·집단적으로 충족하기 위해 실현하는 활동의 집합이라고 간단히 정의해보자.[1] 이때 우리는 그러한 활동들을 어떻게 할당하는가? 다른 말로 하자면, 우리는 노동 분담을 분배하기 위해 어떤 장치와 절차를 사용하는가? 여기서 **노동의 기술적 분배**와 **사회적 분배**의 차이를 짚고 넘어가는 게 좋겠다. **노동의 기술적 분배**란 생산시설, 가정 등에서 담당자의 바람과 숙련도와 취향과 야망을 고려하여 일을 할당하는 모든 과정이라고 이해할 수 있다. 애덤 스미스(1981)가 분석하고 지향한 이런 종류의 노동 분배는 노동 공간에 속한 행위자들에게 목소리를 부여하고 효율성 측면에서나 개인의 만족 측면에서 긍정적인 결과를 불러온다. 전자는 노동자의 전문성이 최고 품질의 결과물을 만들어내기 때문이고, 후자는 목소리와 발언권이 보장된 환경에서 만들어진 양질의 결과물은 곧

1 수입을 벌게 할지언정 모든 사람이 물질적·상징적 필요를 충족할 수 있는 수단을 사회에 제공하는 것과는 거리가 멀뿐더러, 해악과 재앙의 원천이 될 수 있는 종류의 노동이 많다는 것은 제쳐두기로 한다.

모든 참여자에게 더 큰 보람을 주기 때문이다.[2]

노동의 기술적 분배를 분석하고 지향했던 것과 마찬가지로 애덤 스미스는 **노동의 사회적 분배**를 검토하고 비난하는데, 노동의 사회적 분배란 곧 개인의 사회적 출신에 따라 임무와 노동을 할당하는 과정을 의미한다. 이런 분배 과정에 따르면 적게 가진 자, 즉 무산자는 더 불쾌하고 덜 보람찬 노동과 직종에 종사하게 되고, 고용주들에게 사회경제적으로 의존하는 관계에 있으므로 그들이 마련한 계약 조항과 절차를 준수할 수밖에 없다. 이때 입을 다물 수밖에 없는 우리는 이렇게 출구 없이 갇히게 된다. 이 같은 비판은 나중에 마르크스의 《경제학-철학 수고》에서도 드러난다.

마르크스와 스미스의 주장에 따르면, 문제는 이러한 노동의 사회적 분배로 인해 개인과 사회 전체가 심각한 어려움에 처하게 된다는 데 있다. 첫째, 자신에게 부과된 임무를 받아들여야만 했던 약탈당한 사람들[다양한 형태의 강압으로 인해 '강제 노동'을 해야 하는 처지에 있는 사람들(마르크스, 1975)]은 그들의 자유가 매일매일 증발하는 모습을 본다. 우리는 이 사태를 바로잡을 수 없다. 만일 바로잡을 수 있더라도 아주 작은 부분에 그칠 뿐이다. 그야말로 타인의 의지에 대한 온전한 의존이다. 둘째, 자신의 선택이 아니라 타인의 의사에 따라 할당된 노동을 받아들여야만 한다는 것은 '전체를 보는 시각을 잃는 것'(스미스Smith, 1978),

2 노동의 기술적 분배는 협력하여 모인 자유로운 노동자들로 이루어진 탈자본주의적이고 '공화주의적'인 단체나 자본주의적 기업 모두와 양립할 수 있다.

즉 무엇을 하는지 또 왜 하는지조차 모르는 것, 자기 자신이기를 그만두는 것, 노동에서나 노동의 결과물에서 자신을 발견하지 못하는 것과 마찬가지며 결국, '소외된 채', 자아를 실현할 모든 가능성에서 멀리 떨어져 사는 것과 마찬가지다(마르크스, 1975; 스미스, 1978, 1981). 셋째, 노동의 사회적 분배는 어마어마한 비효율성을 수반한다. 자본주의의 약탈이 비효율성을 초래하는 것은 노동자들을 그들이 가장 잘 기여할 수 있는 노동으로부터 떼어놓고, 재능과 창의력을 발휘하기 어려운 공간에 가두어 두기 때문이다. 실제로 노동자 계급이 '제공받는' 일자리에 뛰어들고 '받아들여야 할' 필요성 때문에 묻혀 있는, 사회에 이바지하면서도 생산적이고 가치 있는 노동이 무수하다.[3]

그리고 **노동의 성적 분배**(단지 여성이라는 이유로 가정에서의 돌봄노동을 여성에게 전가하는 분배 과정), **인종적 분배** 또는 **에스니시티적 분배**(역사적으로 식민 지배를 당했던 영토 출신의 사람들과 그 후손들이 사회적으로 덜 가치 있다고 여겨지는 직종에 종사하게 하는 물질적·상징적 속박 장치의 집합) 역시 바로 전에 살펴본 분배 방식들과 같은 문제점을 지닌다는 것은 말할 필요도

3 이러한 효율성의 상실은 필요에 의해 받아들일 수밖에 없는 '강제' 노동 체제하에서 발생하는 의욕 저하 현상을 막대한 양의 '감시노동'(자야데브와 보울스, 2006)으로 상쇄하는 조치로 인해 발생하기도 한다. 감시노동이란 징병, 양성, 훈육, 감시, 통제를 비롯하여 노동 인구의 행동에 대한 보상이나 처벌을 지향하는 노동으로, 음의 생산성을 유발한다(조던Jordan, 1992). 반 파레이스(1990)에 따르면, 효율성은 매일같이 노동에 '저항'하는 행위가 아니라 일을 선택하는 실질적 자유와 밀접한 관련이 있다.

없다. 예컨대, 영국의 철학자 존 스튜어트 밀은 여성을 가정의 영역에 국한시키는 것으로도 모자라 가정에서조차 목소리를 낼 수 없게 하는 노동 분배가 기술적-생산적 경쟁력과 시민적-정치적 삶에 참여할 잠재력을 마비시키는 것에 대하여 일찍이 경고한 바 있다(미겔Miguel, 2011).

따라서 임무와 노동을 분배하는 과정은 존엄한 삶을 위해 필요한 수단을 구해야 하는 가난한 노동자 계급이 자기만의 삶의 계획을 실현하고 펼치려고 할 때, 그 시도란 시도는 전부 밀어 납작하게 만들며 그들의 자유를 완전히 짓누르는 밀방망이 같은 장치에 기반을 두어서는 안 된다. 유급노동이든 무급노동이든, 임무와 노동의 할당 과정은 모든 사람이 각자 되고 싶은 존재에 가까워지고자 하고 싶은 일을 할 가능성을, 원하는 사람과 함께 원하는 방식으로 일할 가능성을 지향해야 한다. 바로 여기에 기본소득 제안의 의의가 있다. **사전**에, 무조건적으로 지급되는 화폐 자원의 유입으로 우리는 노동(들)을 분배하는 이들과 협상할 때 그들의 시선을 견디는 능력을 갖추고, 개인적·집단적으로 자유로운 삶, 따라서 살 가치가 있는 삶을 살 수 있게 된다.

그런데 이러한 자원은 여자와 남자 모두에게[4] 무조건적으로,

4 여기서 중요하게 짚고 넘어갈 점이 있다. 모두가 기본소득을 받는다는 것은 소득 취득 면에서 모두가 이익을 본다는 뜻이 아니다. 왜냐하면, 기본소득은 조세 체계를 통해 필요한 재원을 마련하기 때문이다. 보편성에 따라 기본소득은 인구 전체에게 지급되며, 여기에는 더 많은 자원을 소유한 사람들도 포함된다. 그러나 이들은 조세 체계를 통해 기본소득으로 얻는 것보다 더 많이(일부는 훨씬 더 많이) 기여한다. 이러한

'사전분배적으로' 지급되어야 한다. 그렇지 않으면, 자원이 부여하는 해방적 잠재력을 잃는다. 이어서 살펴보겠지만, 기본소득 제안은 조건부 보조금과 비교했을 때 두드러지는 '기술적' 장점을 넘어, 자원을 편성하는 데 기여함으로써 모든 사람이 원하지 않는 사회관계를 거부하고, 바라던 길이지만 물질적 필요로 인해 타인의 감독에 복종하느라 갈 수 없던 길을 탐험할 가능성을 강화한다. 자유로운 삶의 주인으로서 의미 있는 '예'를 말할 수 있으려면 수많은 '아니요'를 외쳐야 한다. 그러나 한 번에 한 걸음씩 가자. 먼저 기본소득의 **기술적** 장점을 살펴보고, 이어서 기본소득이 부여하는 **사회권력**(라이트Wright, 2006a, 2006b)과 이 **권력**이 노동의 민주화에 미치는 효과라는 주제로 돌아올 것이다.

조건부 보조금과 비교했을 때 기본소득이 지니는 기술적 장점은 여러 가지가 있다. 여기서는 그중 세 가지만 다룰 것이다. 앞으로 확인하겠지만, 기술적 장점이라는 것이 기본소득이라는 소득 이전 제도의 **기술적** 기능과 설계와 관련된 측면을 말하는 것에 불과할지라도, 무시할 수 없는 **정치적** 의의를 지닌다.[5]

관점에서 기본소득은 건강에 대한 접근성이 보편적인 권리가 되는 공립 병원처럼 기능한다. 더 많은 자원을 소유한 사람들을 포함하여, 모든 사람에게는 공립 병원에 갈 권리가 있다. 부유한 사람들은 이러한 권리를 행사할 수도 있고 원한다면 사립 병원에 갈 수도 있지만, 그들이 납세를 통해 의료 제도에 기여하는 자원은 그들이 의료 제도에 **소비하는** 자원보다 평균적으로 많다. 이러한 논리에 따른 기본소득의 재원 마련에 대한 제안으로는 아르카론스, 라벤토스, 토렌스Arcarons, Raventós y Torrens(2017)를 보라.

5 이와 관련된 분석은 카사사스(2017)에서 확인할 수 있다.

첫째, 기본소득은 그 행정상 단순함이 두드러진다. 실제로, 기본소득이 작동하려면 공공기관이 매달 일정 액수를 정해진 지리적 공간에 거주하는 모든 시민이나 합법적 거주자에게 이전하면 된다. 이 과정에서 발생하는 어려움은 수급자의 자산 조사와 그가 처한 특수한 사회적 환경을 확인하는 값비싼 과정에서 발생하는 어려움에 비하면 아무것도 아니라는 점은 굳이 말할 필요가 없으리라.[6]

둘째, 기본소득의 무조건성은 수급자들이 '가난해서'(또는 '아파서', '장애가 있어서' 등의 이유로) 받는 소득이라는 낙인을 피하게 해 준다. 사회복지사들이 조건부 보조금에 대해 가장 큰 우려를 내비치는 측면은 바로 (잠재적인) 수급자들에게 행정시설의 창구 앞에서 '무능한 자'라거나, 착실하고 성공적인 삶을 살지 않은 '죄인'이라는 처지를 밝혀야 할 의무를 부과한다는 점이다. 다시 켄 로치 감독을 예로 들어보자. 영화 〈레이닝 스톤〉의 주인공 밥은 가톨릭 관습을 충실히 따르는 영국 북부의 실직자로, 관료적인 사회복지 기관에 '구제 불능으로 가난한 자'로 분류되기 위해 차마 입에 담기 어려운 절차를 밟는다. 그래야만 딸의 첫영성체 때 입힐 원피스를 살 돈을 손에 쥘 수 있기 때문이다. 사회적 낙인의 무게 탓에 (잠재적인) 절차를 따르기를 거부하고,

6 그러나 반짝인다고 다 금은 아닌 법, 데 위스펠라레와 스티튼De Wispelaere y Stirton(2012)이 지적한 것처럼 기본소득에 아무런 행정적 어려움이 없는 것은 아니다. 기본소득 수급자들을 등록하는 과정, 효과적인 소득 지급 방법을 설계하는 과정, 거래가 아닌 방식으로 지급을 관리하는 장치를 도입하는 과정이 아직 필요하다.

지나친 설명이 필요한 데다 모욕적인 통제 및 확인 과정에 복종할 바에야 차라리 보조금을 포기하는 편을 택하는 수급자들이 적지 않다.[7]

셋째, 기본소득의 무조건성은 소위 **빈곤의 덫**이라고 불리는 문제에서 벗어나게 해준다. 조건부 보조금의 수급자가 구직 활동과 유급노동을 시작하고자 하는 의욕을 크게 느끼지 못하는 이유는 그것이 어떤 종류의 일이든, 취업은 곧 보조금 상실을 의미하기 때문이다. 현금수당을 불안정하고 사람을 소외시키는 일자리에서 나오는 적은 임금으로 대체하는 것이 가장 현명한 선택으로 보이지 않는다는 것은 굳이 말할 필요가 없을 테고, 따라서 적지 않은 사람이 구직 활동을 하지 않거나 변변치 않은 일자리를 수락하는 대신 지하 경제에 머무르는 편을 택한다. 반면, 기본소득과 같은 무조건적 보조금은 바닥으로 기능하는 것이지 결코 지붕으로 기능하지 않는다. 기본소득의 경우, 유급노동이 곧 보조금의 상실을 의미하지 않기 때문에 노동 의욕이 하락하지 않는다. 노동이든 기본소득이든 여러 수입원에서 나오는 수입을 쌓아가다가 수입이 일정 선을 넘으면 조세 체계를 통해 사회에 기여하는 것이다. 이러한 맥락에서 야니스 바루파키스Yanis Varoufakis(2016)는 "기본소득을 단지 안전망으로 여길 게 아니라

7 최근 30년 동안 사회복지 정책이 '처벌의 양상'을 띠게 된 데 관한 비판적인 분석으로는 하그Haagh(2017a)를 보라. 한편, 가이 스탠딩(2017)은 조건부 보조금의 가부장적이고 침해적인 성격을 낱낱이 고발한 바 있다. 이렇듯 '가난한 사람들'은 아직도 외부의 각종 감독이 필요한, 의심을 거둘 수 없는 존재들로 여겨지고 있다.

시멘트로, 즉 사람들이 단단히 딛고 일어서 하늘을 향한 도약을 준비할 수 있는 바닥으로 여기기"를 강조한 바 있다. 이것은 결국 공화주의 전통이 염원하는 '자유로운 선택 주체들'의 모습이 아니던가?

지금까지 살펴본 측면은 기본소득의 무조건성이 지니는 몇 가지 장점으로, 이 덕분에 기본소득은 엄격히 치료의 성격을 띠는 장치가 아니라 빈곤과 배제를 예방하는 장치로 작동한다. 그리고 여태 보았다시피, 빈곤 예방은 곧 자유를 강화하는 일이며 여기에는 노동 영역에서의 자유도 포함된다. 이제 기본소득이 부여하는 '사회권력'(협상력)이라는 주제로 돌아가 보자. 에릭 올린 라이트는 "인류 번영을 위한 조건의 보편화를 자본주의가 막고 있다"라고 주장하는데(라이트Wright, 2006b:3), 이는 사적 경제력의 응집으로 인하여 의미 있는 노동과 노동의 방식을 모두가 (공동으로) 결정할 수 있는 집단적 결정 과정이 실현되지 못하기 때문이다. 바로 이 같은 점이 자본주의의 반민주주의적 측면을 여실히 드러내는 대목이다.

한편, 기본소득은 노동을 수입에서 분리시킴으로써(기본소득은 우리의 노동이 유급노동인지 무급노동인지와 무관하게 지급된다), '사회권력'을 보편화하는 도구가 되며, 사회권력은 자본에 대항하는 강력한 노동 협상력으로, 노동력의 탈상품화를 이루는 가능성으로, 오늘날 노동 인구의 불안정한 생활 조건으로는 실천하기 어려운 무수한 형태의 사회경제를 확장하는 가능성으로 구체화된다. 우리에게는 출구가 필요하다. 우리에게는 모두가 목소리를 내고 그 목소리가 존중받는, 진정 민주적인 합의를 기초로 한 사회적 상호작용을 다시 시작하기 위한 출구(시장으로부터의, 가정으로부터의 출구)가 필요하다. 제4부 제2장에서 다룰 '떠남'의 권한(특히 노동시장에서 떠나고, 노동력을 탈상품화하는 권한)이야말로 사회적 행위자들이 경제의 영역(특히 노동의 영역)에서 누리는 자유와 민주주의의 수준을 가늠하는 변수로 작용할 것이다. 앞서 인용한 라이트Wright(2006b:6)는 이렇게 주장한다. "**사회권력**은 사람들이 문명사회에서 다양한 성질의 협동적·자발적 계획을 확장하기 위한 집단적 행동에 착수하기 위해 결집할 수 있는 권한에서 나온다." 이 글의 도입부에서 진정한 민주주의 또는 실질적 민주주의의 가장 기본적인 조건이 위기에 처해 있다고 말한 바 있다. 내 친구가 임시인력 중개업체의 사무실에서 플라멩코적으로, 신랄하게 부르짖었던 바로 그 민주주의는 노동의 영역과도 관련이 있다.

제2장

우리는 왜 협상력을 원하는가?

그런데 기본소득이 가져오는 협상력이 힘을 발휘하고 우리의 공화주의적 자유를 확장하는 것은 어떤 영역에서인가? 다른 말로 하자면, 이 협상력은 우리의 일상에서 민주화의 잠재력을 어떻게 드러내는가? 여기서 말하고자 하는 바는 결국 적절한 권리 구조가 (또 그것에서 나오는 기본소득을 포함한 무조건적인 자원이) 우리가 노동을 실현하는 삶의 모든 영역에서 자주적으로 결정하며 나아가는 데 필요한 시행착오의 여유를 준다는 것이다.

그렇다, 권리 구조가 중요하다. 권리(그중에서도 경제적 권리와 사회적 권리)는 그 고유의 성격상 우리가 여태 본 자본주의의 몰수적-약탈적인 성격에 대항한다. 1948년의 세계 인권 선언을 비롯하여 인권의 기원이 '부르주아지'로 거슬러 올라간다는 몇몇 거짓 신화에도 불구하고, 권리(경제적·사회적 권리와 시민적-정치적 권리)는 사실 노동자 계급, 특히 공장 노동자 계급이 일으킨 사회운동으로 쟁취한 것이다(도메네크, 2004). 현대 경제학의 주요 흐름에서 핵심으로 등장하는 자유주의나 공리주의는 권리를 탐탁지 않아 했을뿐더러, 소위

자기 조정적인 시장이 자유롭게 기능하는 것을 훼방 놓는 방해물로 보았다. 사회적·경제적·정치적 권리가 (어딘가에는) 존재하는 것은 과거부터 오늘날까지 시민권의 조건을 보편화할 것을 요구하며 봉기한 노동자 계급 덕분이다. 사회적·경제적·정치적 권리가 (어딘가에는) 존재하는 것은 시민권의 보편화를 통해 배제 없이 모든 사람이 법률의 원리에 따라, 침해당할 수 없는 사회적 지위와 그에 따른 물질적 보장으로 무장하기를 요구해 왔기 때문이다. 그리고 이 같은 물질적 보장은 필요하다면 싸워서라도 쟁취하고 지켜야 한다(유한의 세계에서 모두에게 자원을 보장한다는 것은 곧 자원의 **분배**라는 민감한 문제를 논의하는 것을 의미한다)[1](카사사스, 2016b). 기본소득을 비롯한 경제적·사회적 권리의 무조건적인 보장은 우리에게 정치적·문화적 열망을 실현하게 하는 협상력을 부여한다.[2] 그런데 정확히 무얼 하기 위한 협상력을 말하는가?

1 민주주의와 인권의 기원이 '부르주아지'로 거슬러 올라간다는 주장을 신화화하지 않은 비판으로는 도메네크(2009)를 보라.

2 필립 반 파레이스와 야닉 반더보르트 역시 기본소득이 가장 취약한 자들에게 협상력을 부여한다는 점에서 결코 무시할 수 없는 잠재력을 지닌 해방의 도구가 된다고 주장한 바 있다(반 파레이스, 2013; 반 파레이스와 반더보르트, 2017).

파업자금으로서의 기본소득

우선, 협상력은 현대 기업 내 임금노동 인구가 처한 노동 조건에 문제를 제기하고, 반박하고, 필요하다면 재정의하기 위한 것이다. 왜냐하면 노동자를 최대한으로 또는 최소한으로 '보호하는' 노동법으로는 부족하기 때문이다. 이 같은 보호는 노동 인구가 그들이 의존하는 대상으로부터 받는 부당한 개입을 부분적으로 제한하는 것에 불과하다. 이 같은 보호는 임금노동 인구의 자유 상실을 기정사실로 받아들이게 하고, 대재앙으로 인한 폐해를 덜어주는 대책을 모색하는 데 그친다.

가만 생각해보면, 노예 역시 일종의 '노동법'의 보호를 받는다고 볼 수 있다. 가령, 기원전 461년 천민민주주의 대혁명을 일으킨 에피알테스, 페리클레스, 아스파시아가 이끌던 아테네 민주주의의 자유로운 빈자 정당이 취한 조치를 떠올려보자. 이들이 도입한 개혁은 "노예제도를 철폐하지는 않았지만, 노예들에게 사회적 삶에서의 두 가지 권리를 인정했다. 아고라에서 동등하게 발언할 수 있는 자유(이세고리아*isegoría*)와 주인의 체벌에 대한 완전한 보호(아콜라시아*akolasía*)가 그것이다."(도메네크, 1993:66). 이 같은 대책으로 노동자들(예의 경우에는 노예들)의 복지를 증진할 수는 있을지언정, 그들의 노동력을 취한 이들에 대한 사회경제적 의존의 결과로 처하게 된 종속 상태를 결코 해소하지는 않는다. 따라서 공화주의적 자유는 여전히 부재한다.

임금노동에서도 마찬가지 사태가 발생하는데, 약탈당한

우리에게는 다른 선택지가 없기 때문이다. 어떤 계획(들)을 어떻게 실현할지 결정할 권한을 박탈당하면서 우리의 자유도 증발한다. 기원전 5세기 중엽 노예들의 사례처럼, 현대의 노동법 역시 오늘날 우리가 시달리는 부당한 개입의 정도와 양상을 조정할 수는 있다. 가령, 우리의 몸과 마음을 망가뜨리는 형태의 임금노동이 많다는 것은 잘 알려진 사실이므로, 새로운 형태의 아콜라시아가 효력을 발휘한다면 우리에게 도움이 될 것이다. 같은 맥락에서, 오늘날의 노동자들에게 일정 수준의 이세고리아(다시금 허시먼을 인용하자면, '목소리')를 장려하는 법적 제도를 도입할 수도 있을 것이다. 그러나 노예제를 지지하던 고대에서 그러했듯, 노동 현장에서 목소리를 내는 것도, 임금노동에 종종 수반되는 신체적·정신적 피해로부터 보호를 받는 것도, 비대칭적인 사회관계에서 자행되는 자유를 말살하는 행위를 막는 장치가 될 수는 없다. 기꺼이 목소리를 듣고자 하고 괴로움을 최대한 덜어주고자 하는 선량한 '고용주들'이 얼마나 많든 간에, 타인의 의사에 의존해야 할 때 자유란 존재할 수 없다.

그러나 기본소득이 있다면 이야기가 달라진다. 기본소득은 모두가 평생에 걸쳐 접근할 수 있는 일종의 독립적이고 평등한 '파업자금'으로 기능한다(카사사스와 라벤토스, 2003, 2007; 반 파레이스, 2013). 노동조합이 조합원에게서 회비를 걷어 '파업자금'을 마련했던 것처럼, 기본소득은 노동관계에서 갈등이 빚어질 경우 가장 취약한 쪽에게 자원을 마련해 줌으로써 파업을 지탱할 수 있게 한다(협상 과정에서의 성공을 좌우하는 것은 기다림인 법이다). 이렇게 자원을 갖춘 노동자들은 노동관계의 조건을 제안하고 필요하다면 강요할 수 있다.

여기서 분명히 짚고 넘어가야 할 점이 있는데, 기본소득이라는 '파업자금'은 노동조합의 관리하에 운영되는 게 아니라 '독립된' 것이라는 점, 즉 모든 노동자 각자에게 지급된다는 점이다. 그리고 바로 이러한 점 때문에 기본소득이 개인화의 효과를 낼까 두렵다며 일부 노동조합지상주의자들은 우려를 내비치기도 한다. 이렇듯 기본소득이 개별적으로 지급된다는 점이 노동관계를 분열시키고, 집단 협상에 해를 끼치리라고 분석하는 노동조합 측의 주장이 적지 않다(반더보르트Vanderborght, 2006). 그러나 생산시설이 분열되고, 그 결과 노동관계가 **이미** 걷잡을 수 없이 원자화되고, 집단 협상도 **이미** 갈가리 찢기거나 심각하게 약화된 사회가 된 것은 바로 그 노동조합지상주의가 새로운 사회적·노동적 환경에 맞서는 데 어려움을 겪은 탓인데, 정작 그들이 이러한 우려를 내비친다니 놀라운 일이다.[3] 어쩌면, 노동조합지상주의가 집단 협상을 위한 새로운 전략을 시행하는 도구로써 기본소득을 고려하는 편이 더 큰 효과를 낼지도 모른다(하그, 2017b). 그도 그럴 것이 기본소득을 개별적으로 지급받는다는 점은 결코 노동조합이 이끄는 투쟁에 참여할 가능성을 배제하지 않기 때문이다. 오히려

3 신자유주의 정부가 노동 개혁을 통해 집단 협상 기관에 가한 공격의 결과, 제2차 세계 대전 이후의 사회협정을 계승한 사회적 합의의 형태는 최후를 맞이했다. 이 점에 대해서는 제4부에서 다룰 것이다.

노동조합은 그들이 대변하는 노동 인구가 이제 떨어져도 죽지 않을뿐더러 멀쩡히 살아남을 수 있는 푹신한 바닥을 갖추고 있다는 사실을 인지함으로써 더 확실하고 전투적인 면모를 보일 수 있을 것이다.[4] 이 같은 분석을 내린 사람이 있으니, 바로 북미의 노동조합 지도자 앤디 스턴이다. 2010년까지 강력한 노동조합인 북미서비스노조Service Employees International Union의 조합원장을 지냈으며 기본소득의 열렬한 지지자이기도 한 그는 일자리 보장 제안에 공공연한 반대를 표명한 바 있다. 일자리 보장 제안이 매우 사생활 침해적인 장치라는 것이다(어떤 노동이 가치 있고 없는지 정부 기관이 결정할 수 있단 말인가?). 또한, 최저임금 보장에도 반대하는데, 이런 제도는 막대한 행정 비용을 초래할 뿐만 아니라 노동 인구에 낙인을 찍고 그들을 훈육하는 경향이 있으며 노동 인구는 온갖 횡포와 복종의 형태를 견뎌야 한다는 것이다(스턴Stern, 2016).

관계를 파기할 수 있다는(혹은 관계에서 '떠날' 수 있다는) 위협이 신빙성 있을 때 노동 인구는 시간 활용, 보상, 화폐성이 아닌 보람과 더불어 전체적인 생산 체제를 (공동으로) 결정할 가능성을 얻게 된다. 두 가지만 예를 들어보자. 삶에서 물질적 측면이 보장될 때, 별로 혹은 전혀 보람차지 않은 일을 큰 임금 인상 없이 하려는 사람이 얼마나 될까(라이트Wright, 2010)? 그리고

4 또 한 가지 덧붙일 점은, 임금도 개별적으로 받는다는 사실이다. 임금을 개별적으로 받는다는 이유로 노동조합지상주의가 집단 협상에 어려움을 호소하지는 않으리라 본다.

두 번째, 특히 기업에서 근로자들의 근무 태만이라는 문제(직무를 유기하거나 맡은 일을 하지 않는 행위)를 두고 자주 불평하고는 하는데, 과연 그들은 **개근주의**라 불리는 문제에는 관심을 기울이는가? 개근주의란 결국, 상황이 전혀 여의치 않음(가령, 신체적·정신적 건강과 관련한 상황[5])에도 몇 주고 몇 달이고 몇 년이고 직장에 출근하여 일자리를 지키고자 하는, 일자리나 보상을 잃을지도 모른다는 불안감에서 나온 결정에 불과하다. 이처럼 모든 사람의 자유를 존중하는 상호의존의 형태가 사회적으로 확장되는 것과는 거리가 먼 현상에 종지부를 찍는 데 기본소득이 도움이 되리라는 생각은 따라서 일리 있어 보인다.

'떠남'과 '목소리'로 돌아가 보자. 결코, 임금노동의 세계를 떠나라고 강요하는 게 아니다. 사람들에게 개척하고 싶지 않은 길을 개척하라고 강권하는 것도 아니다. 사업을 시작하며 골머리를 썩이거나 우여곡절을 겪고 싶지 않아서 임금을 받으며 제삼자를 위해 일하기를 **선호하는** 사람들도 있기 마련이다. 여기서 말하고자 하는 바는 모두가, 아무도 배제되지 않고, 임금노동의 세계를 떠날 **수 있게** 하자는 것이다. 왜냐하면, 임금노동의 세계에 머무르기로 할 때, '떠날 수 있는 권한'은 무척 중요한 협상력을 부여함으로써 임금노동을 실질적 자유와 양립할 수 있는 것으로 만든다. 반 파레이스와 반더보르트Van Parijs y Vanderborght(2017:123)의 말을

5 우리 사회에 유행처럼 퍼지는 정신 건강 질환과 이를 예방할 수 있는 기본소득의 역할에 관한 분석으로는 세르지 라벤토스Raventós, S(2011, 2016)를 보라.

빌려오자면, "모두가 [임금을 받으며] 노동하도록 강요하지 않는 것, 또는 모두가 그러한 노동을 그만둘 수 있게 하는 것이야말로 자본주의의 착취를 철폐할 수는 없을지언정 적어도 그 범위를 줄이고 치명적인 손상을 완화하는 가장 좋은 방법이다."[6] 임금노동 환경을 진정 살 가치가 있는 삶의 공간으로 만들고자 외치는 우리의 목소리가 들리게 하려면 평생 유지해야 하는 관계란 없다는 것, 시의적절하다고 판단되면 '떠날' 수 있다는 것을 우리 모두 자각해야 한다.

노동력의 탈상품화, 협동조합주의와 기업가 정신

스페인에서 2002년에 개봉한 J.D. 왈로비츠와 로저 괄 감독의 영화 〈스모킹 룸*Smoking room*〉은 21세기 초 유럽에서 회사원으로 일한다는 것이란 무엇인지 그 생활상을 걸출한 솜씨로 담아냈는데, 전통적인 회사에서의 임금노동이 이전에 그랬던 것처럼 앞으로도 지속하리란 것을 보여주는 한편, 임금노동 세계의 민낯을 거침없이 드러내며 체제의 전복을 예고한다.

줄거리는 간단하다. 북미의 한 회사가 스페인의 한 회사를

6 이렇듯 협상력을 동등하게 분배하는 과정이야말로 자본주의 세상에서 의미 있는 일이리라. 반 파레이스(1995)가 주장하듯, 좋은 조건을 지닌 일자리를 얻는 경우도 있지만, 많은 경우 그것은 우연과 무작위성으로 인한 것이다. 왜냐하면, 우리의 통제를 완전히 벗어나는 상황이 너무나도 많고 그것은 우리의 책임이 아니기 때문이다.

관리하게 된다. 스페인 회사에서는 늘 담배를 피워왔지만, 선한 미국인들이 오더니 온갖 것을 다 바꾸려고 든다. 회사의 새로운 중역들은 사내 흡연을 금지하고 나섰다. 따라서 담배를 피우려면 거리로 나가야 한다. 이 상황에서 라미레스라는 직원은 흡연자들이 건물 밖으로 나가지 않고도 한숨 돌릴 수 있도록, 빈 사무실을 흡연실로 사용하자는 청원을 위해 서명을 받기로 한다. 영화는 남유럽을 배경으로 하지만, 남유럽도 겨울에는 추운 법이다.

영화에서 가장 기억에 남을만한 멋진 장면은 건물의 옥상에서 펼쳐진다. 라미레스와 다른 직원(편의상 로페스라고 부르자)이 옥상 문을 열고 나간다. 라미레스는 로페스를 설득하여 서명을 받고자 한다. 잠자코 듣던 로페스는 알았다고, 서명하겠다고, 동의한다고, 알아들었다고, 그렇다고, 늘 담배를 피우던 곳에서 편안히 담배를 피울 수 있어야 한다고 대답한다. 그러던 로페스는 참지 못하고 폭발한다. 혈관이 터지기라도 할 것만 같다. 라미레스가 그토록 집착하는 종이 아래, 둘이 이야기를 나누는 옥상 아래, 횡포와 순종의 세계가, 경멸과 노예근성의 세계가, 경시와 끊임없는 모욕의 세계가 도사리고 있다. 이 세계에서 당신은 다음 일을 예측할 수 없다. 아무도 당신에게 당신이 하는 일을 왜 하는지, 왜 어떤 때는 괜찮고 어떤 때는 괜찮지 않은지 말해주지 않는다. 아무도 당신의 시간이며 삶이며 회사 바깥의 것을 존중하지 않는다. 흡연실이라고? 우리는 담배 연기가 회사 전체로 퍼지게 해야 한다고! 로페스가 소리 지른다. 그러나 어쨌든 진정해야 하므로(그래야 하나?), 로페스는 숨을 가다듬고 다시

종이를 바라본다. 그러고는 흡연실에 동의한다고 서명한다.

여기서 분명한 점은 로페스와 라미레스의 회사에는 조금 전에 언급한 것처럼 '평생 유지해야 하는 관계란 없다는 것, 시의적절하다고 판단되면 **떠날** 수 있다는 것'을 '자각'한 사람이 아무도 없었다는 점이다. 아무도 자각하지 못한 이유는 간단하다. 한번 정해진 것은 정해진 것이기 때문이다. 회사를 떠나기란 분명 어려운 일이라, 우리는 윗사람들이 부리는 횡포에 순종하며 견딘다. 그래서 라미레스는 다만 흡연실이 없다는 데 분노를 표출할 뿐이다. 그래서 라미레스의 가장 큰 열망이란 누군가 자신의 '목소리'를 들어주고, 흡연실을 만들어주었으면 하는 것이다. 순 노예(시간제 노예)의 마음가짐이다. '**청원**을 **올리겠어**.' 라미레스는 줄곧 되뇐다. 그런데 어쩌면 **떠나는 게** 낫겠다고 자각한 사람이 정말 아무도 없었을까? 나는 로페스의 몸이 오래전부터 근질근질했으리라고 본다.

그런데 어떻게 떠난단 말인가? 그리고 어디로 간단 말인가? 더는 참을 수 없으니 담배 연기가 회사 전체로 퍼지게 하자는 로페스의 제안은 전(前)정치적인 계획에 불과하다. 하지만 동시에 거대한 폭발이기도 하다는 점은 인정해야 한다. 전정치적일지라도 이런 폭발은 민주화의 열망이 담긴 리셋*reset*의 출발점이 될 수 있다. 여기 제3부의 도입부에서 **경제민주주의**의 첫 번째 특징이란 시장에서 급여를 받는 노동인지와 무관하게, 우리가 생각하는 **노동**과 **노동이 이루어지는 장소**를 규정하는 권한이라고 했던 것을 기억하자. 그리고 두 번째 특징은 (비)물질적 재화를 생산하고,

사회적 환경을 구축하기 위해 누구와 어떤 속도로 얼마나 자주 일하고 싶은지 결정하는 권한이다. 잘 보면, 전부 로페스가 생각했던 것들이다. 더 수준 높은 경제민주주의를 실현하려면 어떤 방향으로 나아가야 할까?

우선, 명백히 공화주의적인 성질을 지닌 로마의 시민법이 구분했던 계약의 두 가지 형태를 살펴볼 필요가 있다. 바로 로카티오 콘둑티오 오페리스*locatio conductio operis*와 로카티오 콘둑티오 오페라룸*locatio conductio operarum*의 구분이다. 현대로 치자면 전자는 독립적인 생산자가 맺는 '도급 계약'(자유로운 개인이 재화와 서비스를 이전에 합의한 가격에 판매하는 계약)에 준하고, 후자는 임금노동자가 맺는 '고용 계약'(개인이 임금을 받고 노동력을 파는 계약)에 준한다(짐머만Zimmermann, 1996). 공화주의적인 로마법에 따르면, 후자는 자유로운 시민 사이의 계약이 될 수 없다. 임금노동자는 자유의 일부를 양도해야만 하므로, 키케로가 《의무에 관하여*De Officiis*》에서 논한 알리에니 이우리스*alienei iuris*, 즉 타인의 권리에 복종하는 상태에 빠지게 된다(도메네크, 2004; 도메네크와 베르토메우Domènech y Bertomeu, 2016). 요점은 만일 세상의 모든 로페스에게 기본소득이 있었더라면 독립적인 노동(로카티오 콘둑티오 오페리스)이 지배적인 요소가 되고, 임금노동(로카티오 콘둑티오 오페라룸)은 노동자를 고용주의 잠재적이거나 실질적인 횡포로부터 보호하며, 공화주의적 자유를 사회적으로 확장하는 제도적 조건하에서 맺어지는 노동관계를 염원할 수 있었을 것이다.

한 걸음 더 나아가보자. 이렇듯 '독립적인 노동'을 꼭 혼자서만 하라는 법은 없다. 노동자들끼리 자유롭게 교류하며 민주적인 절차에 따라 생산을 관리하는 협동적인 공간에서도 독립적인 노동을 수행할 수 있다. 기본소득이 부여하는 협상력은 노동력을 탈상품화하고, 그 노동력을 협동조합에서 사용하게 함으로써 임금노동 사회를 초월할 수 있게 한다. 다시 말해, 기본소득은 자본주의 기업 내에서 노동의 조건을 더 나은 쪽으로 협상하는 데 도움이 될 뿐만 아니라 자본주의 기업이라는 생산시설의 법적인 성질에 문제를 제기하고, 결정 과정이 협동적이고 수평적으로 진행되는 노동환경으로 나아가게 돕는다.

수십 년 전에 시작된 협동조합주의에 관한 논의는 앞으로도 계속되어야 한다. 그런데 협동조합주의가 특정 영역에서 얼마나 큰 성공을 거두었든, 얼마나 오래 상승세를 유지하고 있든, 협동조합주의적 성격을 띠는 생산 시설이 생겨나고 발전하고 오래도록 유지되려면 막대한 양의 자원과 의지가 필요하다. 따라서 삶의 풍파를 견디면서도 생산적인 계획의 대안을 상상하고 펼치게 해 줄 물질적·상징적 자원이며 활력과 시간을 내어주지 않는 적대적인 자본주의 노동시장에서 만신창이가 된 노동자 계급에게 협동조합주의라는 모험을 하라고 설득하기란 터무니없는 일이리라. 반면, 기본소득은 우리가 생산을 멈추고 고개를 들어, 우리가 선택한 길을 가지 못하게 막는 권력관계와 의존관계를 떨쳐내고, 어디로 나아갈지 곰곰이 생각하게 하는 '사회권력'을 부여한다. 이러한 측면에서 기본소득은 종종 협동조합주의 형태의 사회적·경제적 삶을 활성화하기 위한 지렛대로 묘사된다(카사사스, 2011; 라이트Wright, 2006b, 2010).[7]

물론, 기본소득의 효과를 노동시장에서의 노동 공급 측면에 미치는 즉각적인 효과에만 한정한다면 단단히 실수하는 것이리라. 기본소득은 협상력을 증진함으로써 불확실성을 격감할뿐더러 협동조합주의 내에서 공동의 계획을 실현할 수 있게 한다(스턴Stern, 2016; 반 파레이스와 반더보르트, 2017). 이런 효과를 특히 잘 보여주는 사례로, 인도 마디아프라데시주에서 여성 단체를 대상으로 한 실험이 있다(다발라, 자브발라, 메타와 스탠딩Davala, Jhabvala, Mehta y Standing, 2015; 스탠딩, 2017).

결국 여기서 논하는 바는 다시금 대탈출의 가능성이다. 이 '대탈출'은 새로운 세상을 거듭하면서 일어나는 느린 탈출일수도, 불복종에 탄력받아 일어나는 빠른 탈출일 수도 있지만, 결국에는 **대탈출**이다. 이탈리아 공장 노동자들의 자율운동과 이를 이끈 자율주의 전통은 과거에도 지금도 이 같은 대탈출에 관하여 명석하고 예리하게 탐구하고 있다. 예컨대, 마리나 가르세스는

7 이 같은 협동조합주의적 환경은 제2부에서 살펴본 신탁관계로서의 재산을 처리하는 데 특히 적합하다. 부와 재산의 주요 임무가 개인의 풍요가 아니라 모든 시민의 기본적인 필요 보장과 자아실현이 가능한 노동 공간의 구축이라고 할 때(개인의 풍요는 그 이후에 온다), 협동조합주의적 환경이야말로 이러한 경제적 삶을 사회적으로 확장하는 수단으로 기능한다. 실제로, 협동조합주의의 민주적 원칙(결정 과정에 개인의 발언권이 포함되는 원칙)은 모두가 상호성에 따라 일을 맡고 일의 수준과 수행하는 방식 역시 상호적으로 지켜나가는, 서로 간의 신뢰를 기반으로 한 행위에 참여할 수 있게 하는 도구를 제공한다.

다음과 같이 주장한다.

> [임금] 노동 거부에도 전통이 있는데, 이 전통은 비열한 행위와 노동 회피에서부터 대안적이고 더 자주적인 삶의 형태를 모색하며 공장에서의 [또 사무실에서의] 대탈출을 도모하는 데까지 이른다. […] 노동 거부는 다만 태업과 투쟁에 지나는 게 아니다. 노동 거부는 우리를 가두는 노동과 정치의 모든 형태에서 벗어나고자 하는 정치적 주체성의 표현이다(가르세스Garcés, 2016:59, 67).

그러나 '이탈리아식' 노동(임금노동) 거부, 즉 비르노와 그의 동료들이 지지하던 감동적인 탈출이자 권력에 대한 저항의 행위로서의 '대탈출'(비르노Virno, 2003)은 임금노동에 대해 고민하지 않거나 온건한 태도를 취할 때를 제외하고는 으레 무비판적인 태도를 취하던 일부 좌파를 일깨우는 역할을 하기는 했지만, 무제도적인 색채를 띤다는 점이 문제가 된다. 왜냐하면 **제도적인 것**이란 게 꼭 기계적이고 무력하게 전개되는 목적론 속에 모든 가능성을 가두어 버리는 베버의 철장일 필요는 없기 때문이다.

기본소득을 예로 들어보자. 기본소득은 불시에 모습을 드러내는 삶의 가능성을 잘라내려는 제도적 장치가 아니다. 사실은 정반대라고 할 수 있다. 기본소득은 아직 가능한 것, 아직 정해지지 않은 것이라는 불확실성 속에서 더듬더듬 갈 때가 많을지라도 걸어보지 않으면 알 수 없고 주파할 수 없는 길을 구상할 때 필요한 나침반과 일종의 신발로 기능한다. 그럼에도 불구하고, 기본소득은 온전히 제도적이다. 기본소득은 곧 조세 체계로 모인 자원을 공권력이 모든 시민에게 매달 분배하는 것이기 때문이다. 과연 이보다 더 명백한 제도적(제도화된) 장치가 있을까? 이러한 맥락에서 기본소득은 유럽과 이탈리아 좌파의 자율운동(자율운동은 언제나 공화주의 전통의 길을 따랐다)과 견해를 같이하며, 전제 정치와 당국에 대한 복종이 강요된, 어쩌면 불태우고 싶은 세상의 잿더미 사이에서 갑자기 싹트는 예측 불능의 가능성을 요구하는 것이라고 할 수 있다. 그러나 동시에 기본소득은 그렇게 싹튼 초록색 이파리들이 (선량한 의도를 지닌, 시간 많은 부유한 사람들이 아니라) 순수한 의지로 똘똘 뭉친 소수에게만 한정된 단편적인 현상에 머물지 않고, 진정 모두에게 열린 가능성이 되기를 요구한다. 다른 말로 하자면, 기본소득은 '떠남'의 가능성의 보편화를 정치적-제도적으로 보장하기 위해 생겨난 제안이다. 떠남의 가능성이 보장될 때 우리는 진정 나에게서 시작되어 함께 성장할 수 있는 계획들에 착수할 수 있고, 거기에는 그 누구의 허락도 필요하지 않다(배리Barry, 2005).

그런데 잠깐, '착수'한다고? 최근 기업가 정신과 그것이 노동 인구의 삶에 미치는 훈육적 권력에 반대하는 목소리들이 나오고 있는데, 여기에는 나름대로 이유가 있다. 스페인의 정치학자 호르헤 모루노Jorge Moruno(2015)에 따르면, **기업가**라는 표상은 모든 것을 원자화하여 슈퍼마켓의 진열대에 올리는 것이 우리의 삶이 되어버린 신자유주의 문화의 완벽한 본보기라고 이해할 수 있다. 우리는 자수성가한, 진정한 셀프메이드*self-made* 인간으로서 살길을 찾는다. 우리는 자본을 손에 쥔 사람들의 눈에 착취할 가치가 있는 존재로 보이도록, 그들의 관심을 끌 수 있는 고용 가능한 자산이 되려고 한다. 우리는 경쟁에서 뒤처지지 않기 위해 필요하다면 빚을 내서라도 끊임없이 자신에게 재투자하는 데 혈안이다. 그러고는 단 하나뿐인, 혹은 많아야 소수(올리고이*oligoi*, 소수의 과두 지배자들)에 불과한 승자가 전부 차지하는*winner-take-all* 사회(프랭크와 쿡Frank y Cook, 1996) 속 무자비한 경쟁에서 이기지 못할 때는 죄책감과 부끄러움의 무게를 안고 산다.[8]

역사적으로 바람직한 현실을 규정하는 데 쓰였던, 신조어와는 거리가 먼 어떤 용어가 삶에 무척이나 해로운 의미를 얻게 될 때, 두 가지 가능성이 열린다. 첫 번째는 문제의 용어를 받아들이지

8 미셸 푸코를 비롯하여 그의 추종자 다수의 주장에 따르면 신자유주의 체제의 개입주의(그렇다. 제대로 본 게 맞다. 신자유주의는 교묘하고도 막대한 국가의 개입 없이는 작동하지 못한다)가 지향하는 사회가 바로 이러한 사회다. 즉 우리 스스로 자신을 삶의 모든 영역에서 경쟁할 준비가 된, '우리라는 기업의 주인'이라고 여기게 하고, 일정 수준의 수입과 개인적 이익을 얻는 데 필수적인 '인적 자본'을 축적하기 위해 아주 어린 시절부터 세세하게 대비하게 하는 것이다(푸코Foucault, 2009; 라발과 다르도Laval y Dardot, 2013). 신자유주의로 방향을 튼 자본주의가 성공한 부분이라면 이런 종류의 주체성을 사회적으로뿐만 아니라 노동자 계급 내에도 침투시켰다는 점이라고 할 수 있다. 언젠가는 우리의 '고용가능성'의 방향을 정하기 위해 형성된, 이른바 '사회적' 망에 연결해주겠다며 다가오는, 우리가 거의 알지도 못하는 사람의 수상한 초대를 받지 않는 날이 올까? 다르게 말해보자면, 언젠가는 노동에 있어서 우리의 열망(들)과 관련한 정보망을 민주적으로 통제하는 날이 올까?

않을 가능성이다. 즉 해로운 것은 해로운 것이므로 단어를 입 밖에 내기조차 싫다는 것이다. 두 번째는 용어의 의미가 언제 또 어떻게 변질했는지 파악하고 원래의 의미를 회복하며, 의미 훼손 시도의 진상을 파헤치는 임무를 정치적으로 수행할 가능성이다. 기업가 정신이라는 용어의 경우, 후자가 더 영양가 있는 선택이 될 것이다. 왜냐하면 기업가 정신이 내포하는 **착수하다**라는 동사는 여러 방면으로 매우 보람찬 무언가를 의미할 수 있기 때문이다. 이렇듯 무언가에 착수할 권리가 소수에게만 국한된 특권으로 변질하였다는 것은 비극이다. 특권을 지닌 소수를 제외한 우리는 그 가능성을 박탈당할뿐더러 사실상 신자유주의의 개인-기업으로 대변되는 **기업가 정신**이라는 신화의 희생자로서 부당함을 떠안고, 심지어 그 원인을 자신에게서 찾기도 한다.

원치 않는 것을 없애려다가 소중한 것까지 잃어서는 안 될 것이다. 스페인에서 **착수하다**라는 단어는 고전적으로 포기할 수 없다는 의미를 내포한다. 왜 그런지 살펴보자. **기업**이라는 단어도 고전적인 의미에서 보면 '계획'을 뜻한다. 따라서 **착수하다**라는 단어는 결국, 급여 여부와 무관하게, 원하는 아이디어나 계획을 노동의 영역이나 사업의 영역에서 개인적·집단적으로 실현하는 행위를 의미한다. 수입을 제공할뿐더러 보람차고, 자아실현을 이룰 수 있고, 필요를 충족시키는 사업장을, 사회를, 회사를 설립한다는 즐거운 생각을 대체 왜 포기해야 한단 말인가?

모루노Moruno(2015)를 비롯한 분석가(카사사스, 2016a, 2016b; 스탠딩, 2017; 반 파레이스와 반더보르트, 2017)들이 잘 지적했듯, 문제는 자본주의의 약탈과 그로 인해 발생하는 물질적 의존이 기업가 정신의 실천을 막고, 그것이 만족스러운 결과를 내는 것을 막으며, 무엇보다 보편화되는 것을 막는다는 것이다. 사업을 끌고 나가는 데는 수익성을 내는 선에 이르기까지 버틸 수 있는 출발자금을 비롯하여 관계와 연대의 망을 제공하는 사회적-관계적 자본과 사업이 흔들리고 타격을 입었을 경우 일어설 수 있는 대처 능력이 필요하다는 것을 누구나 안다. 과연 기본소득은 무언가에 착수하는 데 필요한 사회경제적 안정을 강화하는 데 기여할 수 있을까? 스탠딩(2017:179)은 이렇게 말한다. "사람이 재능과 잠재력과 천성을 발휘하려면 기본적인 안정이 필요하다. [⋯] 기본소득은 부유한 사람뿐만 아니라 더 많은 사람이 열정을 좇을 수 있게 할 것이다." 이에 관하여 영국의 작가 존 오파렐은 다음과 같이 완벽하게 표현했다.

> 언젠가 무언가를 창조해 본 적이 있는 사람은 그에게 최소한의 경제적 안정이 뒷받침됐기 때문이다. 바로 이것이 버지니아 울프에게 '자기만의 방과 일 년에 500파운드'가 필요했던 이유다. 세기를 거듭하는 동안 우리는 인류의 아주 적은 비율에 해당하는 이들의 잠재력만을 이용해 왔다. 나머지에게는 계획을 끌고 나가거나 진정한 재능을 찾을 여력이 없었다.[9]

9 스탠딩(2017:179)의 인용이다. 스탠딩이 언젠가 지적한 바에 따르면 생산적인

따라서 "무언가를 하고자 하는 바람이 곧 이루는 힘이 된다"라는 상투적인 말은 매우 미심쩍은 신념을 지향하는 게 분명하다.[10]

우리는 **기업가 정신**이라는 개념을 포기해서는 안 된다. 제대로 착수하는 것은 존엄한 삶에 걸맞은 노동이 될 수 있을 뿐만 아니라, **기업가 정신**이라는 개념을 포기하지 않고 나아가 우리 것으로 만든다는 것은 자본주의 사회에 '기업가 정신을 실현할

경제란 재능이 효과적으로 재배치되고 노동 공간과의 타협이 더 이루어지는 경제다. 스탠딩(2017:99)은 다음과 같이 주장한다. "미국에서 직원들의 비타협적인 태도[억지로 일해야 하는 노동 공간과 시장의 특성을 고려했을 때, 결코 그들의 태도를 탓할 수 없다]로 인해 생산성 측면에서 매년 손실되는 액수가 오천억 달러 정도로 추정된다."

10 아니면 경제적·사회-관계적 출발자금 없이 예술적·창의적인 계획을 실현하고자 고군분투하는 모든 이에게 물어보라. 계획을 오랫동안 유지하고 돌볼 사회경제적 조건이 뒷받침되지 않을 때 예술적인 길에 **착수하는** 것이란 사실상 실패나 불투명한 미래가 예정된 터무니없는 계획이 될 수 있다. 과연 기본소득은 다양한 예술노동의 형태를 활성화하는 지렛대 역할을 할 수 있을까? 이 질문에 대한 희망찬 대답으로는 라구나(2017)를 보라. 또한, 사회주의 전통에서 출범한 제도들에 반향을 일으킨 버트런드 러셀의 무정부주의적 면모는 예술가들이 노동 시간을 줄이고도 극빈에 빠지지 않고 각자의 예술 활동에 전념할 수 있게 하는 제도를 도입할 필요성을 상기시켰다(러셀Russell, 1966). 한편, 가이 스탠딩(2017:159)은 "기본소득이 그리스어 스콜레*skholè*가 지니는 의미로서의 '여가'의 질을 […] 향상할 것이다. **학교**라는 단어의 어원이 된 스콜레는 고용되어 있을 필요성에서 자유로운 상태를 의미하는데, 아리스토텔레스에 따르면 스콜레는 문화적·정치적 삶에 온전하게 참여하기 위한 필요조건이었다." 마지막으로, 반 파레이스와 반더보르트(2017)는 창의적인 계획의 밑거름이 될 '여가'를 위한 공간을 창출하는 데 로봇화가 어느 정도까지 도움이 될지 생각할 여지를 준다.

권리'란 존재하지 않는다고 외치는 행위이기 때문이다. 이는 곧 '기업의 자유'도 존재하지 않는다는 것을 의미한다. 자본주의 사회에는 또한, 너무나 과대평가되었는가 하면 역시 포기해서는 안 될(자율적으로 선택한 생산 수단을 혼자서 또는 공동으로 개척해 나갈 권한을 누가 비난하는가?) '자기 주도성'의 권리도 부재한다.

그 유명한 **노력 문화**라는 용어도 마찬가지다. 우리는 이 말을 질리도록 들으며, 노력이 부족하다고 비난받기 일쑤다. 사실은 진정 원하는 일을 위해 노력할 가능성을 빼앗긴 것인데 말이다. 그리고 진정 원하는 일이란 각자가 사회에 더 잘 이바지할 수 있는 일이기 마련이다. 그렇다면 노력 문화라는 용어를 어떻게 다뤄야 할까? 이제 왜곡되어 우리의 심장을 겨누는 총알이 되어버린 노력이라는 단어 역시 거부해야 할까? 결코 아니다. 우리는 노력을, 의미 있는 노력을 다시 우리 것으로 만들어야 한다. 우리는 노력할 수 있기를 원한다!

시간, 삶, 노동

이쯤 되면 **노동**과 **취업노동**을 동일시하는 근시안적인 태도를 버릴 때도 됐다. **취업노동**은 **노동**이라는 지극히 넓은 범위의 큰 집합을 구성하는 부분집합일 뿐이다. 다시 말하면, 노동의 종류는 무척 다양하다. 간단히 세 가지로 나누어볼까. 유급노동, 가사노동 또는 돌봄노동, 자원봉사로 나눌 수 있겠다(라벤토스, 1999,

2007).[11] 유급노동이라는 집합에는 다른 종류의 유급노동(재정 지원 파트너나 협력 파트너 등 개인 사업자로서의 노동)과 더불어 **취업노동**이라고도 불리는 임금노동이 포함된다. 이렇듯 노동의 형태와 종류에 있어 그 범위는 상당히 넓다. 그래서 우리는 노동을 말할 때 **단수**가 아닌 **복수**로 표현하는 것이다.

이미 다룬 바 있지만, 급여 여부를 떠나 어떤 종류의 노동을 하고 싶은지, 어떤 비율로 하고 싶은지 개인적·집단적으로 결정할 수 있도록 자율권을 부여하는 장치(기본소득은 어떤가?)를 도입할 필요성이 대두되는 이유도 여기에 있다. 자율권의 부여는 상식의 문제이자 정의의 문제다. 우리 사회처럼 복잡한 사회에 꼭 필요한 노동 분배의 과정에서는 각자의 바람과 특정 기호가 존중되어야 한다. 마찬가지로, 우리는 모두 생활을 유지하기 위해 사회적으로 필요한, 보람찰 때도 있고 그렇지 않을 때도 있는 노동을 공동으로 책임질 필요가 있다.

다시금 말하지만, 갈등은 이미 존재한다. 그렇다면 누가 무엇을 해야 하는가? 그리고 어떤 처벌과 보상 체계를 운영해야 할까? 기본소득은 협상력을 보편적으로 부여함으로써 어쩌면 간접적이고 분산적인 방식일지 몰라도 결코 분열적이지 않은 방식으로 노동과 책임의 분배를 장려하는 도구로 기능하여, 모든 사람이 각자 정당하게 바라는 바가 존중되는 삶을 영위하게 할 수

11 주로 여성들이 급여를 받으며 타인의 가정에서 돌봄노동이나 재생산노동을 담당하는 노동의 형태는 여기서 다루지 않는다.

있다(하그, 2017b). 이 문제를 사회적·문화적으로 큰 중요성을 띠며 밀접하게 연관된 세 가지 측면에서 들여다보자. 구조적 실업률이 높고 자동화 과정이 걷잡을 수 없이 진행된 사회에서 이루어지는 취업노동 분배의 측면, 시간 활용과 생명을 돌보는 측면, 시민적-정치적인 영역에서 실천하는 자원봉사의 측면이 그것이다.

로봇 시대의 노동 분배

세계 경제 대부분에서 현대 자본주의가 구조적 실업(스페인의 경우, 1978년 이래 28세에서 40세 사이의 실업률이 15%를 넘어섰다)을 초래하고, 노동 및 정치 반개혁의 일환으로 임금 하향화 정책을 펼치며 '노동 빈곤층' 또는 워킹 푸어*working poor*(수입이 빈곤선에 미치지 못하는 임금노동자)라고 불리는 현상을 가중하고, 정규직과 비정규직 노동자 사이의 간극을 넓힌다는 사실은 잘 알려져 있다. 이로도 모자라, 여기에 로봇화가 미칠 영향은 치명적인 일자리 파괴로 이어질 수 있다. 토렌스와 곤살레스 데 몰리나Torrens y González de Molina(2016)는 다음과 같은 분석을 제시한다. "최소 수치를 가정한다고 해도, 스페인 일자리의 12%가 로봇으로 대체될 수 있다는 사실은 교육이 덜 필요한 일자리에 더 심각한 영향을 끼칠 것이며, […] 이중 취업, 양극화, 스페인 노동시장의 구조적·만성적 실업을 심화할 것이다."

로봇화가 미래의 고용에 미칠 영향에 관한 연구들이 무척 다양한 분석을 제시하기는 하지만, 일반적인 수치를 이야기해 볼 수 있겠다. 가령, 미국 일자리의 47%가 향후 이십 년 안에 로봇으로 대체될 위험(물류업과 운송업, 행정 업무와 서비스 관련 직종이 가장 위험하다)이 크다고 밝히는 연구가 있는가 하면, 로봇화의 위험이 유럽에서 더 크다고 분석하는 연구도 있는데, 이에 따르면 유럽 일자리의 54%가 일촉즉발의 상태에 처해 있다. 마지막으로, 몇몇 연구에 따르면 전 세계 일자리의 45%까지 자동화될 수 있다.[12] 수치가 어떠하든 기술로 인해 파괴된 일자리, 그중에서도 특히 일상적이고 별로 특수하지 않은 일자리와 기술로 인해 생겨난 새로운 일자리 사이에 분명한 틈이 형성되고 있다는 대목에는 의심할 여지가 없다.[13]

여기서 1930년에 영국의 경제학자 케인스Keynes가 예측한

12 여기 제시한 모든 수치는 토렌스와 곤살레스 데 몰리나(2016)에서 인용한 것이다. 2016년에 개봉한 루디 그너티 감독의 다큐멘터리 영화 〈인 더 세임 보트*In the same boat*〉는 이러한 현실에 대한 흥미로운 분석을 제시하고, 이처럼 역사적인 국면에서 기본소득이 지니는 의의를 설명한다.

13 로봇화는 광적인 몽상가의 환상이 아닌 현실이다. 다음과 같은 기술을 예로 들어보자. '운전자 없는 자동차, 세계 체스 선수권 대회 또는 바둑 대회를 우승하는 로봇, 빅 데이터*big data*, 인터넷, 인공지능[기계 학습*machine learning* 기능과 고도 센서를 부착한 장치], 3차원 인쇄, 나노 기술, 생명공학 기술, 디지털화 등'(토렌스와 곤살레스 데 몰리나, 2016). 그러나 사태가 이러하다고 한들, 기술결정론에 빠질 수는 없다. 로봇화가 현실인 것은 사실이지만, 기술이 어느 정도까지 또 어느 공간에서까지 인간의 노동을 대체할 수 있는지 역시 정치윤리적인 기준에 따라 인간이 결정할 수 있는 현실이다. 이러한 견해는 폴라니의 영향을 뚜렷하게 드러낸다.

노동의 미래를 떠올리는 것도 무관하지 않을 테다. 기술 개발의 발전이 지금과 같은 기세를 유지한다면(케인스의 예측에 따르면), 2030년에는 주당 15시간만 일하게 될 것이다. 케인스 경은 얼마나 잘못 생각한 것인가? 얼핏 보고는 한참 잘못 생각했다고 말하는 이가 많을 것이다. 그런데 현실을 극단적으로 드러내는 수치가 있다. 2015년 스페인에서 16세부터 64세 사이 인구의 전체 노동 시간이 평균 19.96시간이었다는 것이다!(토렌스와 곤살레스 데 몰리나, 2016). 따라서 2030년에는 이 수치가 15시간 근방으로 하락하리라는 예측도 무리가 아닌 듯 보이며. 오늘날에도 이미 그렇기는 하지만, 2030년에 우리는 매우 부조리한 노동 시간 분배라는 문제를 떠안으리라고 보인다. 가령, 누군가는 하루에 매우 적은 시간을 유급노동에 들이거나 아예 유급노동을 하지 않고, 누군가는 과한 시간을 들일 수 있다.

이 모든 이유에서 기본소득은 가장 시의적절한 도구가 될 수 있다. 기본소득은 우리를 유급노동에서부터 밀어내고 노동과 삶의 형태들을 상상할 권한을 빼앗는, 디스토피아적으로 기술이 발전한 세상에서 쓸쓸하게 쇠잔해가는 동안 목숨만 부지하라고 있는 게 아니다. 기본소득이 시의적절하고 효과적인 도구가 될 수 있는 이유는 바로 우리에게 협상력을 부여하기 때문이다. 협상력으로 우리는 유급노동을 균등하게 재분배하고, 더 중요하게는 여자와 남자 모두 살 가치가 있는 삶의 형태에 맞게 유급노동과 무급노동을 조화롭게 결합할 수 있다. 즉 우리는 모두 생산노동, 재생산노동 또는 돌봄노동과 자원봉사를 더 균등하게 결합할 수

있어야 한다.[14]

따라서 로봇화의 과정을 종말의 유령이 끌고 가는 사태로 바라보며 두려워할 이유가 없다. 로봇화의 과정이 기본소득으로 중재된 민주적 지휘하에 진행된다면, 오히려 바람직한 것이라 여겨야 마땅한, 노동 시간의 단축이라는 시급한 과제를 해결할 수 있다. 왜냐하면 첫째, 로봇화로 인간에게 별로 건설적이지 않거나 굴욕적인 임금노동을 (일부) 덜 수 있기 때문이다.[15] 둘째, 급여 여부를 떠나 사회적으로 필요한 노동에 대한 공동 책임이라는 시급한 문제를 두고 노동조합의 측면에서 논의할 수 있게 하기 때문이다.

이런 방향에서 볼 때, 자동화 과정이 매우 진행된 상황에서 기본소득으로 인해 도입되는 노동 시간 단축의 가장 긍정적인 효과는 여성들에게 나타나는데, 여성들은 생산노동과 재생산노동의 더 평등한 분배를 요구하고, 필요하다면 강제할 권리를 갖게 된다. 목숨만 부지하게 하는(동시에 목숨을 잃게도 하는) 일자리를 찾는 것과 무관하게 지급되는 기본소득으로

14 독일의 정치학자 클라우스 오페Claus Offe(1992)에 따르면, 기본소득은 '노동 없는 급여'가 아니라 '급여 없이 노동'하느라 삶에서 진정 원하는 여러 종류의 일을 처지에 맞게 결합하지 못하는 모든 사람에게 급여를 지급하는 것이다.

15 기본소득을 동반한 노동 시간 단축은 실업률을 줄이고 생계를 해결하기 위해 노동시장에 뛰어들 필요성을 줄이는 효과를 낸다. 이로써 실업 인구가 많다는 점과 그들이 어떤 일자리에도 뛰어들 준비가 되어 있다는 점을 이용하여 원래 열악한 노동 조건을 더 굴욕적으로 만드는 고용주들의 행태를 막을 수 있다.

사람들, 즉 여자와 남자 모두 고개를 숙이지 않고, 생산노동과 돌봄노동을 어떤 비율로 실천하고 싶은지 공동으로 생각해볼 수 있게 된다. 한편, "노동 시간의 단축으로 인해 일자리가 증가하며, 이에 [여성들의] 노동시장 진입이 쉬워진다."(토렌스와 곤살레스 데 몰리나Torrens y González de Molina, 2016). 물론 그들이 원할 경우의 이야기다. 또 한편으로 기본소득은 남성들이 '남성 생계부양자'라는 질리도록 반복된 이상에서 벗어나, 급여를 받지 않더라도 의미 있는 삶을 위한 가치 있는 노동에 참여하게 한다.[16] 이러한 현상은 노동시장에서 일하면서도 여전히 가정의 책임과 부담을 온전히 지는 여성의 '이중부담' 문제를 예방하는 데 도움이 될 수 있다(모레노 콜롬Moreno Colom, 2016).

"모두가 일하도록 일(유급노동) 덜 하기" 그리고 "무급노동이기 마련인 재생산노동을 **남녀가** 공동으로 책임지기"라는 표어는 1980년대 말부터 1990년대 초까지 유럽의 좌파 진영에서 성공을 거두었다(아스나르Aznar, 1994).[17] 토렌스와 곤살레스 데

16 이러한 이유로 볼 때, 노동자 계급에서 시작된 현대 사회의 해방 운동의 주목적이 노동 시간 단축이라는 점은 이상하지 않다(토렌스와 곤살레스 데 몰리나, 2016). 왜냐하면, 노동 시간 단축으로 노동자 계급의 정치적 투쟁을 조직할 뿐만 아니라 다양한 형태의 활동으로 이루어진 덜 단조로운 삶을 고민하는 데 필요한 여가를 늘릴 수 있기 때문이다.

17 모레노 콜롬에 따르면, 젠더 사이의 진정한 공동 책임이 없는 '적게 노동하기'는 만족스러운 결과를 내지 않을뿐더러 외려 덫이 될 수 있다. "여성의 관점에서 볼 때, 적게 노동하기란 더 돌보기를 의미한다. 즉 가정에서 더 일하기 위해 노동시장에서 적게 일한다는 뜻이다."(2016:141).

몰리나(2016)의 주장을 등에 업고 여기서 말하고자 하는 바는 이러한 표어를 구현하는 것이야말로 기본소득 제안이 뼛속 깊이 지향하는 것이라는 점이다.[18] 실제로, 이를테면 노동 법규에 포함하여 강요하는 형태로 노동 시간 단축을 법제화하고 도입할 수도 있겠지만, 기업과 노동자 사이에 집단적이든 아니든 협상할 여지는 언제나 남아 있을 것이다. 게다가, 기본소득의 도움을 받아 순탄히 진행되는 협상이 법으로 기대할 수 있는 것보다 더 바람직한 노동 공간으로 이끌 수도 있지 않을까?(반 파레이스와 반더보르트Van Parijs y Vanderborght, 2017).

따라서 노동 시간 단축에는 (기본소득으로 인한 결과가 아니라면) 그것이 초래할 수 있는 임금 삭감에 대한 보상일 뿐만 아니라, 좋은 조건에서 협상할 수 있도록 노동자들에게 자율권을 부여하는 수단인 기본소득이 수반되어야 한다. 왜냐하면, 일반적으로 고려되는 노동 시간 단축의 형태는 매우 매력적으로 보일 수 있을지 몰라도 엄청난 갈등을 예고하는데, 노동 인구는 물질적 보장 없이 이러한 갈등에 맞설 수 없기 때문이다. 지금까지 고려된 노동 시간 단축의 방식을 몇 가지 살펴보면 알 수 있다. 노동 시간을 35시간으로[심지어 21시간으로(신경제재단과 에코폴리티카NEF y Ecopolítica, 2012)] 줄이는 것 외에도 주

18 이미 언급한 아스나르, 토렌스와 곤살레스 데 몰리나 외에도 노동 시간 단축과 기본소득을 결합하여 도입할 것을 주장한 다른 저술가들이 있다. 브레그만Bregman(2016), 고르Gorz(1997), 메이슨Mason(2015)을 보라.

4일제(금요일 휴무*Friday off*), 더 긴 휴가, 주기마다 돌아오는 안식년이나 안식 학기, 출산 휴가와 배우자 출산 휴가 확대, 정년 나이 앞당기기, 노동자의 재량으로 노동 시간을 조정하고 불가항력의 사태가 아닐 시 기업에서 받아들여야 하는 형태, 일자리 하나를 두 명 이상이 공유하는 일자리 나누기*job sharing* 등의 형태를 예로 들 수 있겠다(토렌스와 곤살레스 데 몰리나, 2016). 이 같은 방식(들)을 실현하려면 우리에게는 협상력이 필요하다. 그래야 상대의 시선을 견디고 존엄한 합의를 끌어낼 수 있다.

그러나 자동화와 기본소득의 관계를 두고 헛다리를 짚어서는 안 된다. 기본소득은 로봇화로 인한 일자리 파괴로 발생하는 실업의 **유일한** 해결책이 아니다. 기본소득을 유일한 해결책으로 제시하는 것은 몹시 우발적인 변론이 될 수 있는데, 자칫하면 기술적 실업이 없는 사회에서는 기본소득이 전혀 필요 없다는 결론에 이를 수 있기 때문이다. 기본소득이 필요한 것은 무엇보다 공화주의가 비판하는, '절박한 자 특유의 광기로 행동하는' 무산자, 즉 '시간제 노예' 특유의 복종과 노예근성을 수반하기 마련인 임금노동의 세계, 곧 취업노동의 세계에서 원한다면 떠날 수 있게 하기 때문이다. 이러한 관점에서 볼 때, 기본소득을 지지해야 하는 이유는 기본소득이 기술적 실업에서부터 우리를 보호할 뿐만 아니라 떠남[어쩌면 로봇화의 도움으로(스르니첵과 윌리엄스*Srnicek y Williams*, 2015)]을 통해 다른 공간과 다른 관계를 선택할 수 있게 하기 때문이다.

돌봄노동

공동 책임의 주제로 돌아가 보자. 책임이란 때로는 **저절로 생겨나는** 게 아니라, **강제**해야 할 때도 있다. 캐롤 파트먼Carole Pateman(2006)이 기본소득을 여성들이 시간 활용과 노동(다시금 말하지만, 급여 여부와 무관한 노동) 분배의 다른 형태 및 관계를 맺는 다른 방식을 제안하고, 필요하다면 강제할 수 있게 하는, 일종의 '가정에 정착된 권력에 대항하는 힘'으로 제시한 것은 어쩌면 이 같은 이유 때문이리라. 앞에서도 언급했듯, 물질적 독립은 공화주의적 자유의 필요**충분**조건이 아니다. 상징적 요소 역시 중요하게 작용하기 때문인데(가부장제의 문화적 영향력을 떠올려 보자), 상징적 요소는 사회적 행위자들에게 물질적으로 자율권을 부여하기 위한 모든 노력을 수포로 만들 수 있다. 그러나 물질적 독립은 여전히 실질적 자유를 실현하기 위한 **필요**조건이다. 삶(이 경우에는 역사적으로 가정에 감금되어 온 여성들의 삶)을 더 자유롭게 할 문화적·상징적 패권을 손에 쥔들, 강압복처럼 우리를 짓누르는 물질적 의존 관계가 지속한다면 결국 소용없는 일이다. 따라서 기본소득의 개별성 원칙(가정이 아니라 개인에게 지급된다는 원칙)은 페미니즘의 시각에서 더 중요한 의미를 갖는데, 가정 내에 도사리는 권력관계와 독재의 형태에서 더 취약한 쪽은 주로 여성이며, 가난한 여성은 더 취약하기 때문이다. 그리고 이 관계는 더 취약한 쪽을 위해 해체되어야

한다(파트먼Pateman, 2006; 라벤토스Raventós, 2007).[19]

여기서 더 나아가보자. 정말로 위험한 것, 정말로 항의해야 하는 것은 여성성과 남성성이라는 사회적 구도를 만들며(페레스 오로스코Pérez Orozco, 2014) 노동의 성적 분배를 유발하는 악랄한 과정들이다. 이에 관하여 다음과 같은 방식으로 표현해보려고 한다. 수평선이 하나 있다고 상상해보자. 이 수평선은 보이는 것과 보이지 않는 것, 지면에 드러난 것과 지하에 감춰진 것을 가르는 표면을 의미한다. 이번에는 반은 수평선(표면) 아래에, 반은 위로 드러난 수직 구조를 상상해보자. 고층 건물이라고도 생각할 수 있는 수직 구조는 오늘날까지도 이어지는 성별에 따른 전형적인 노동 분배를 의미한다. 그렇다면 이 구조에서 무엇을 관찰할 수 있을까?

우선, 여성 인구는 표면 아래에, 요리하고 재봉틀을 돌리는 지하에 위치한다. 여성 인구가 전담하는 업무는 그것이 아무리

19 그렇다면 가사노동을 전담하는 사람들, 주로 여성들에게 현금수당을 직접 지급하는 게 더 이치에 맞지 않을까? 이 같은 조건부 수당은 가부장제가 깊숙이 뿌리박힌 세상에서 돌봄노동을 가시화할 수 있을지 몰라도, '자연히' 여성들의 몫인 공간, 즉 가정에서 그들이 제공하는 서비스에 대한 보상으로 해석될 수 있다. 게다가 모든 조건부 보조금이 그러하듯, 가정에서 떠나는 것은 앞에서 언급한 '가사수당'을 잃는 것을 의미한다. 그리고 그 결과 여성들은 그들에게 '자연스러운 공간'에 갇히게 될 것이다. 반면, 노동의 종류와 상관없이 여자와 남자 모두에게 지급되는 기본소득 같은 무조건적인 보조금은 여성들이 어느 정도까지 가정에 머물고 싶은지(혹은 돌아오고 싶은지), 가정 바깥에서의 삶을 어떻게 구성하고 싶은지 결정할 때 더 큰 자유를 부여할 것이다. 가사노동의 급여와 관련한 논의로는 페데리치Federici(2013)를 보라.

사회에 필수적인 일[20]일지라도 눈에 보이지 않고 과소평가되기 때문에 급여를 받는 경우가 극히 드물다. 노력 끝에(단이 높은 긴 계단을 오른 끝에) 여성들이 건물 위(사회적으로 인정받고 눈에 보이는 노동의 영역)에 오르는 때도 있지만, 그것도 언제나 '아래에서 수행하는' 노동의 무게를 짊어진 채다. 보다시피, 여성들이 가사노동에서 벗어나기란 어려워 보이는데, 이러한 현상이 바로 앞에서 언급한 '이중부담'이다. 이렇듯 노동의 분배 과정에서 여성들이 겪는 부당함은 두 배가 된다. 첫째, 수평선 아래 자리하는 '여성적인' 공간은 다른 사람들을 위해 자신을 포기하는 희생과 헌신을 의미한다. 따라서 그곳은 보이지 않고, 어둡고, 알려지지 않은 곳이자 가정의 영역에 숨겨진, 인생의 뒷방이자 진정한 지하실과 다름없다. 둘째, 여성들은 맡고자 하는 임무를 결정할 권리를 부정당한다. 이런 상황은 무척 흔하며, 여성이 속한 곳은 수평선 아래 지하실이라는 현실을 받아들이라는 소리를 직접적으로든 간접적으로든 질리도록 듣는 일도 허다하다. 그리고 여성들은 이에 입을 다물어야 마땅하다. 실비아 페데리치(2010)가 보여주듯, 구조 아래에 머무르기를 거부했던 여성들, 또는 더 괘씸하게도 구조의 수직적 성질에 감히 문제를 제기했던 여성들, 과거나 지금이나 말끔하게 준비된 모습으로 생산시설의 문

20 그것도 얼마나 중요한 일인지! 페레스 오로스코(2014)에 따르면, 재생산노동 없이는 생산노동이 존재할 수 없다는 사실만으로도 노동의 성적 분배에 문제를 제기해야 한다.

앞에 나타나야 하는 다른 생명, 그러니까 주로 남성들을 돌보고 (재)생산하기 위해 제 몸을 희생하기를 거부했던 여성들을 통제하고 벌하기 위해 도입된 장치들을 이야기하지 않고서 자본 축적의 역사는 이해될 수 없다.[21]

그렇다면 남성들은 어떠한가? 남성들은 처음부터 커다란 창문이 있는 멋진 사무실에서 표면 위로 드러나는 역할과 행동을 수행하는, '남성적인' 삶에 속한다. 그들이 하는 노동은 눈에 보이고, 반짝이고, 가치를 인정받는 노동으로, 자립적(자립적이라고?)인 남성이라면 누구든 수행할 수 있으며(그러지 못한 자에게는 화가 있을지니!), 자주 추켜세워지는 노동이다. 그러나 이성애 중심 가부장적 자본주의가 남성에게도 해롭지 않으리란 생각은 말자. 이성애 중심 가부장적 자본주의 사회에서 남성들은 여성들과 마찬가지로 하고 싶은 노동을 결정할 자유가 없으며, '남성 생계부양자'라는 역할이 강요하는 방식을 따라야 한다. 남성 생계부양자라는 역할은 남성들이 시장에 뛰어들고 살아남아 트로피를 들어 올리기를, 최대한 오랫동안 고위직에 머무르기를 강요하면서 돌봄노동을 완전히 포기하게 한다. 낭만화해서는 안 되겠지만, 인생에 의미를 가져다주는 가장 보람찬 활동 일부를 포기하는 것이다. 건물 위로 올라가기란 무척

21 물론, 여성들이 재생산과 다른 생명(노동 인구)에 대한 돌봄노동이 이루어지는 공간을 어쩔 수 없이 제 몫으로 받아들인다고 한들, 임금노동의 영역으로 '올라가기'를 포기했다는 뜻이 아니며, 그들 역시 노동 인구가 되지 못했다는 뜻이 아니다. 이렇듯 '이중부담'의 역사는 매우 길다.

어려운 일이지만, 건물을 떠나 내려오기도 두려운 일이다. 하물며 이때 승강기는 작동하지 않는다.

기본소득은 고층 건물 전체를, 즉 노동의 성적 분배를 강요하는 구조 전체의 해체를 지향한다. '남성적인' 업무와 '여성적인' 업무를 미리 확립하여 분배할 이유가 무엇이란 말인가? 이렇듯 기본소득은 모든 사람이 미리 정해진 역할에 문제를 제기하고, 각자 삶의 특성에 적합한 대안을 공유하고, 상상을 실천에 옮길 수 있게 하는 도구를 무조건적으로 제공함으로써 성별에 따른 사회적 구도가 형성되는 과정을 해체하고자 한다.

마지막으로, 생명을 돌보는 것이란 우리가 사는 자연환경을 돌보는 것이기도 하다. 이에 우리는 생태학적 정언명령에 따라 오늘날 삶의 형태에 급격한 변화를 주어야만 한다(에레로Herrero, 2016; 셈페레Sempere, 2016). 여기서 다음과 같은 질문들을 던질 수 있겠다. 기본소득은 과연, 생태학적 전환을 고압적이 아닌 자율적인 방식과 결정으로 중재하는 데 기여할 수 있을까? 기본소득은 과연, 우리에게 필요한 것을 다시 규정하고 우리가 존엄하고 '충분'하다고 여기는 삶을 다시 고민하게 함으로써 간소하면서도 우리가 정말 바라는 바에 가까운 삶의 방식으로 나아가게 하는 장치가 될 수 있을까? 물론, 이런 질문들에 단정적인 대답을 내놓기란 불가능하다. 그러나 기본소득이 노동과 활동을 분산시킨다는 점은 내세울 수 있는데, 이러한 분산은 경제적·사회적 행위자들의 활동에 대한 노동자들의 더 큰 통제권을 증진할 수 있는 물리적-환경적이자 사회적-관계적인 접근으로 이해되어야 한다. 이는 곧 경제 활동을 추적하고 정보에 접근하는 더 큰(더 나은) 권한을 행사함으로써 경제적 행위자들이 더 무거운 책임을 지게 하는 것을 의미한다.

생태학적 전환은 피할 수 없는 사태로, 에너지부터 식량 공급과 정착 형태까지 우리 삶의 여러 차원에 영향을 끼친다. 여기서 다시 중요한 질문이 고개를 든다. 이 전환은 과연 민주적이고 민중적으로 진행될까 아니면 우리는 야만성을 마주하게 될까?[22] 막대한 경제력을 지닌 행위자들이 생태학적 전환을 중재하도록 선택받을 것이 아니라 모든 사람이 공동으로 중재하도록 하는 것이 중점이라면, 환경을 덜 해치는 경향이 있는(꼭 그런 것은 아니지만, 보통 그렇다), 상업적이지 않은 아닌 (재)생산의 형태를 확장하는 기본소득 같은 수단이 필요하다. 이를테면, 돌봄, 협력, 협동조합주의, 재화와 자원의 재사용, 묵혀 있던 국토의 개간과 정비 등을 생각해 볼 수 있겠다(번바움Birnbaum, 2016; 리우토르트, 2016; 스탠딩, 2017).

이제 한 걸음 더 내딛어보자. 생태학적 전환을 민주주의적인 방향에서 고민하고자 한다면, 사회적 다수가 자본주의 체제하에 겪는 노동과 생활 조건의 불안정성이라는 문제 역시 논의할 필요가 있다. 자본주의의 착취라는 밀방망이에 짓눌리고 너덜너덜해지고 가난해진 우리는 (재)생산과 소비의 **다른** 형태들을 어떤 공간에서

22 이른바 '녹색자본주의'(어찌나 모순어법적인지)가 특정 형태의 **에코파시즘**으로 나타날 가능성도 제외해서는 안 될 것이다.

고민해볼 수 있을까? 생태학적 인식이 작동하려면, 그것이 어떤 종류의 '인식'인지와 무관하게 가능성이라는 사회경제적 조건이 결정적으로 필요하다. 인식에도 계급이 영향을 미치기 때문이다. 기본소득은 과연, 우리가 '절박한 자 특유의 광기'에서 벗어나 기계 작동을 멈추고, **모두** 필요한 만큼 시간을 들여 각자의 삶을 다시 고민하게 함으로써 생태학적 전환에 수반되는 중요한 결정 과정에 **모두** 참여하게 하는 데 도움이 될까? 다시 말해, 기본소득은 과연 생태학적 전환과 관련한 과정을 비롯한 다른 정치적 과정들에 참여하는 권한을 보편화하는 데 기여함으로써 생태주의적 반성과 투쟁에 대한 접근을 민주화할 수 있을까?[23]

아고라에서 시선 견디기

마지막으로, 우리의 기호와 열망과 작업 능력을 그것들이 뿌리내리고 결실을 보기를 바라는 곳에 쏟을 수 있다는 것은 곧 시민적-정치적 참여를 위한 공간과 수단의 주인이 되는 것을 의미한다. 그런데 공적 기관에든 자주 관리적 공간에든, 시민적-정치적 참여가 이루어지려면 사회경제적으로 확립된 개인의 독립이 필요하다. 우리가 의존해야 하는 사회적 행위자들(막대한

23 지속 가능한 생태학적 전환을 위한 가능성의 조건으로서 기본소득에 대한 고찰으로는 블라슈케Blaschke(2017)를 보라.

사적 경제력을 축적한 개인이나 집단, 우리 삶 구석구석까지 촉수를 들이미는 관료 조직)과 아고라를 형성해야 한다면, 우리는 무언가를 결정하거나 협상할 수 없다. 이때 우리는 다만 시선을 내리깔 수밖에 없다.

자유로운 정치적 삶이 가능하게 하려면 정치적 삶에 참여하는 모든 사람의 사회경제적 독립이 필요하다는 사실은 이미 고대 아테네의 민주주의 이론가들이 주장한 바다. 왜냐하면 사회경제적 독립이란 독립적인 견해, 시간 활용에 대한 재량, 제삼자가 가하는 협박의 부재(일말의 가능성 조차 부재)를 의미하기 때문이다(스탠딩, 2017). 빈곤 인구의 물질적 삶을 보장함으로써 자유로운 정치적 삶을 위한 역량을 키워주던 현금수당이 고대 아테네에서 처음으로 공식화됐던(그리고 제도적으로 구체화됐던!) 것은 어쩌면 이러한 이유 때문이리라. 라벤토스(2007:67-68)의 주장을 들어보자.

> 아테네의 민주주의자들은(수 세기 후 민주공화주의자들도 마찬가지지만) 아리스토텔레스적 가치[자유로운 빈자, 즉 결함 있는 자*phaulos*는 물질적 삶을 보장받지 못하기 때문에 자유로울 수 없다]를 토대로 삼는 것을 부정하지 않았고, 민주주의자들답게 아리스토텔레스적 가치를 [자유로운] 빈자 인구에게 확장('보편화')하고자 했다. 이러한 이유로 아테네의 민주주의자들은 미스토스*misthos*, 즉 에피알테스의 개혁 [기원전 461년 에피알테스,

> 페리클레스, 아스파시아가 이끈 자유로운 빈자들의 정당이 일으킨 혁명에서 나온 개혁]으로 생긴 수당 제도를 통해 자유로운 빈자들이 공적인 업무를 수행하게 했다. 이처럼 수당을 지급하는 제도가 없었더라면 공적인 업무를 수행하기가 어려웠을 것이다. […] [그로부터 한 세기 후] 아리스토텔레스는 미스토스가 재산을 [사회경제적 독립을 보장하는 요소로서의 재산을] 완벽히 대체하는 역할을 한다는 것을 알아차릴 터였다.

그로부터 24세기 후, 노동 시간 단축에 관하여 고민하던 청년 마르크스는 미스토스와 같은 조치가 임금노동과 여가 사이의 균형을 잡아주어야 한다고 주장할 터였다. 이는 곧 인간의 삶이 **절반**의 범주에만 그치지 않도록 보장해야 한다는 것을 의미한다(마르크스, 1975). 그런데 우리에게는 왜 여가가 필요한가? 이에 대한 마르크스의 대답은 분명하다. 공동체의 정치적 삶에 참여하고 공화주의적 시민권을 행사하기 위해서다(토렌스와 곤살레스 데 몰리나, 2016).

이 대답은 잘 보면, 앞에서 살펴본 '떠남'과 '목소리'의 관계에 대한 허시먼의 분석과 크게 다르지 않다. 우리에게는 일터뿐만 아니라 가정에서, 우리 시대에 재현되어 작동하는 모든 종류의 아고라에서 '목소리'를 내고, 그것이 정말로 들리게 하는 힘이 필요하다. 그리고 이를 위해서는 우리의 말이 아무도 귀를 기울이지 않는 소리가 되거나 경솔한 언행으로 비추어짐으로써 자율적인 사회적 삶이 위험에 처할 때, 관계를 파기하고 '떠날' 수 있게 하는 확실한 힘이 필요하다. 미국의 사학자 가르 알페로비츠Gar Alperovitz(2001:108)에 따르면, "무언가를 표현할 자유는 그것을 행사한 결과로 생계수단을 잃지 않으리란 보장에 크게 좌우된다."

기본소득은 적어도 빈곤선에 상응하는 소득의 유입을 무조건적이고 보편적으로 보장하는 제도로, 역시 무조건적이고 보편적인 성질의 장치들로 이해되는 일련의 혜택과 결합하여 모든 사람에게 사회경제적 독립의 형태를 강화함으로써 현대사회에서 시민적·정치적 권리의 토대가 될 수 있다(크라트케Krätke, 2004). 집단적 자기결정의 원칙은 상호적으로 자유로운 다양한 행위자 집단으로 구성된 실질적인 문명사회라면 모든 구성원이 사회경제적으로 독립적이면서도 분열되지 않은 시민의 지위를 누려야 한다는 확신 속에 자리한다. 이러한 맥락에서 기본소득은 경제적 시민성의 원칙을 강화하는 데도 기여할 수 있다.

이제 결론을 맺고자 한다. 우리는 왜 협상력을 원했던가? 시선을 견딜 수 있는 것, 협상할 수 있는 것, '예'를 말하기 위해 '아니요'를 외칠 수 있는 것은 결국 약탈이 일반화된 오늘날, 수렁에 빠진 삶과 노동의 온갖 형태를 수면 위로 건져 올리는 것과 같다. 유급노동을 하지 않을 권리는 무관심이 아니라 모든 사람이 급여 여부와 무관하게 노동할 권리와 밀접하게 연관된다. 왜냐하면, 이 권리의 실현으로 현존하는 노동(생산의 영역, 가정의 영역, 사회정치적 참여의 영역에서의 노동)을 공동으로 책임지는 형태의 노동 분배가 이루어지고, 지금은 노동하지 않지만, 유급노동의 참여 여부와 무관하게 노동하고 싶어 하는 모두를 사회적으로 통합하는 길이 열리기 때문이다.

결론: 소득이 (재)생산을 위한 자원이 될 때

기본소득은 '다만' 소득으로 그치지 않는다. 기본소득은 돈을 삶의 생산과 재생산을 위한 자원으로 변환하는 지렛대가 될 수 있다. 무조건성과 그것이 부여하는 협상력 덕분에 기본소득은 (재)생산 통제에 필수적인 다른 자원으로 전환되거나 변환될 수 있는 독특한 소득이 된다.[24] 기본소득으로 얻을 수 있는 자원으로는 기본적으로 세 가지가 있다.

첫째, 기본소득은 해링턴(1992)이 자유로운 인간의 조건과 연관 지었던 '자기만의' 삶이라는 개념을 개인적·집단적으로 형성하고 실천하기 위한 **시간**이기도 하다. 실제로 자기만의 삶의 계획을 밀고 나갈 가능성은 시간이 있는지, 즉 생각하고, 설득하고, 협상하고, 마침내 우리에게 필요한 (비)물질적 자원을 얻기까지

24 따라서 기본소득이 무조건성을 띠는 다른 혜택들을 비롯하여 가장 힘 있는 행위자들에 대한 정치적 통제와 결합할 때, 개인과 집단이 각자 필요한 바를 (무조건적으로) 충족함으로써 각자의 능력에 따른 노동으로 (자발적으로) 이바지하는 세상으로 향하는 문을 열 수 있다. 이렇듯 마르크스가 공산주의 사회 건설을 위해 제시한 분배 관점에 대한 재해석으로는 반 파레이스(2013)를 보라.

‘기다릴 수 있는 능력’에 크게 달려있다.

둘째, 기본소득은 또한, 자기만의 계획에 착수하고자 하는 의지를 지닌 개인이나 집단이 관리할 줄 알아야 하는 **리스크** 수용범위와도 관련 있다. 필요하다면 어느 정도의 위험과 불안정성을 감수하면서 대안을 탐구하는 능력과 강력한 협상력에서 나오는 자유 사이의 긍정적인 상호관계를 간과해서는 안 된다.

셋째, 기본소득을 받을 권리는 **신용**을 받을 권리와도 같다. 신용을 받을 권리란 한편으로는 (재)생산 수단을 소유하는 데 필수적인 금융 자원에 접근하는 권리를 의미하고, 다른 한편으로는 공동체가 구성원들에게 거는 ‘신뢰’를 받을 권리, ‘사회 신용’을 받을 권리, ‘사회적 신뢰를 받을 권리’를 의미한다. 물론, 지속적인 화폐 자원의 유입은 내 것이라고 느끼고 의미를 찾을 수 있는 (재)생산적 계획을 수행하고 오래도록 지속하기 위한 두 번째, 세 번째, 또 그 다음 기회를 누릴 권리(첫 시도에 늘 성공하는 것은 아니므로 여러 번의 연습과 실수를 겪을 수 있다)[25]로도 이해되어야 한다. 진정 민주적이고 통합적인 사회경제적 환경을 조성해 나갈 가능성은 이런 권리가 실현되는 데 달려 있다.[26]

25 이 같은 권리를 논하는 것이 사상누각이 아니라는 점을 밝힌다. 오늘날 우리가 사는 세상에서 이런 권리는 **권리**가 아니라 소수에게만 부여된 **특권**이다.

26 호세 루이스 레이 페레스José Luis Rey Pérez(2007)는 기본소득이 어떻게 노동에 대한 권리를 보장할 수 있는지 법철학의 관점에서 주장한 바 있다. 여기서 노동에 대한 권리란 다만 취업노동에 대한 권리가 아니라, 자유롭게 선택한 노동과 자율적으로

마리아나 마추카토Mariana Mazzucato(2017)와 야니스 바루파키스(2016)가 강조하는 것처럼 직접적인 공공 투자를 통해서든 인류 공동 유산이라는 (비)물질적 자원의 축적을 통해서든 부의 대부분은 사회적으로 형성되며, 이렇게 형성된 부는 자원을 축적할 능력을 독점한 극소수의 행위자들에게만 국한된 사적 소유의 형태로 나타나는 경향이 있다. 따라서 시민 전체가 재정과 금융 장치를 중재하여 이런 자산을 집단적으로 재취득하고, 기본소득의 형태로써 사회의 모든 행위자에게 분배하지 않는다는 것은 이치에 맞지 않는다. 이처럼 우리가 **기본소득**이라고 부르는 무조건적인 화폐 자원의 유입이 부여하는 협상력[27]으로 개인과 집단은 진정 공동으로 건설된 사회의 중심에서 다른 종류의 노동(들)을, 생산과 재생산의 공간을 정착시키고 운영하는 다른 형태들을, 다른 사회적 환경과 관계들을 시험해 볼 수 있을 것이다.[28]

결정한 삶의 계획 실천을 통한 사회적 통합에 대한 권리로 여겨져야 한다.

27 협상력을 결정짓는 요인들에 관한 분석으로는 엘스터Elster(2007)를 보라. 엘스터에게 영향을 받아 노동자들의 협상력에 기본소득이 미치는 효과를 검토한 연구로는 카사사스와 로에베Casassas y Loewe(2001)를 보라.

28 공화주의에 개념적·정치적 뿌리를 두는 사회주의 진영이(도메네크, 2004) 다양한 형태와 절차를 시도하며 '생산 수단 소유 또는 집단 통제'를 추구했다는 것은 우연이 아니다. 범 유럽적 노동자 계급의 투쟁 전통을 계승한 사회주의는 공화주의 전통과 마찬가지로 물질적·비물질적 재화를 생산하고, 삶을 재생산하고, 어떻게 살지 공동으로 결정하는 모든 공간과 과정에 대한 통제권(물론 **집단** 통제권)을 모두가 획득하게 하는 것을 주목적으로 삼는다.

제3장

유연성이라는 자유

유연성이란 경영자들이 으레 내세우는 가치로, 이들은 다만 노동인구의 삶과 노동 조건을 보호하기 위한 법적·제도적 장치들을 무너뜨리면서 비용을 절감하려는 것이다. 따라서 유연성에 대한 논의는 의심스러운 전략으로 비치기 일쑤다.

그러나 인간에게는 생애 주기에 따라 달라지는 필요에 맞게 각기 다른 일을 자율적으로 처리하는 유연한 삶이 필요하다. 어떤 종류의 노동을 언제, 어떻게 수행하는가? 생애 주기별로 노동량을 어떻게 정하고 싶은가? 이러한 질문에 개인적·집단적인 답변을 내놓을 수 있는 것은 노동자 본인들뿐이다. 즉 평생 한 가지 직장이라는 오랜 상상 속 포드주의는 재고되어야 한다. 실제로, 안정적이지만 단 **한 가지** 활동에만 집중된 포드주의적인 생활 방식의 (실현 가능성은 별로 없는) 귀환을 두고 경제적 주권의 부재를 나타내는 분명한 신호로 보는 현대의 사회운동들이 이에 문제를 제기하고 있다(카사사스 외 다수[Casassas et al], 2015; 스탠딩, 2014). 이 주제에 관해서는 제4부에서 살펴볼 것이다.

분명한 것은 유연성이 과거나 지금이나 우리에게 끔찍이도

적대적이라는 것인데, 그도 그럴 것이 유연성 탓에 우리는 점점 우리에게 '부과되는 임무'에 맞추어 흔들리는 바람개비 같은 신세가 되어, 그것이 지푸라기일지라도 일단 잡고 보아야 하게 됐기 때문이다. 뒤를 돌아봤을 때 일관되고, 타인뿐만 아니라 자신에게도 이야기하고 설명할 수 있는, 어렵지만 의미 있는 자기만의 길을 알아보지 못하는 사람이 점점 더 많아지고 있다(세넷Sennett, 1999).[1] 우리가 하는 일 속에서 우리 자신을 알아보기가 갈수록 어려워지고 있다.

이와 더불어 유연성을 경험했고, 이에 피해를 입었음에도 전후의 포드주의적 합의에 따른 삶과 노동의 조건을 되찾으려 하지 않는 듯한 인구층 역시 점점 다양해지고 있다. 대부분 젊은 노동 인구인 이들은 생애 주기에 따라 **각자** 바라고 결정할 수 있는, 언제나 변할 수 있는 삶의 형태와 시간 활용을 존중하는 다양한 종류의 노동을 결합하기를 바라는 듯 보인다. 즉 **단 하나의** 직업이라는 전봇대 주위로 치밀하게 구조화된 엄격한 포드주의적 삶이 아닌, 그렇다고 불안정성이라는 대패에 갈려 대팻밥이 되어버린 삶도 아닌, 다양한 활동으로 구성된 각종 형태의 삶을, 대나무 줄기처럼 구부러진 모양에(**각자의** 변화하는 필요에) 적응하면서도 부러지거나 본질을 잃지 않는 유연한 삶을 어떻게 고민하고 실현할 수 있을까?(카사사스, 2016b). 다시 말해, 우리의

1 오웬 플래너건Owen Flanagan(1996)이 인지과학의 관점에서 주장하길, '(자신에게) 설명'하는, '자기표현' 능력이야말로 삶에 의미를 더할 수 있는 것이다.

(재)생산적인 삶을 개인적·집단적으로 어떻게 영위할 수 있을까? 삶을 어떻게 공동으로 결정하고, 또 그 안에서 자주적으로 결정할 수 있을까?

다시금, 사회적·경제적 권리의 보장으로서 지급되는 자원(가령, 기본소득)의 무조건적 성질 덕분에 개인과 집단은 각자의 유연성을 효과적이고 확실하게 다스릴 수 있고, 이로써 어떤 노동(들)을 언제, 어떻게, 누구와 어떤 비율로 할지 등을 선택하는 실질적 자유가 확장된다. 마르크스와 엥겔스(1970:34) 역시 《독일 이데올로기》의 한 유명한 대목에서 이 같은 열망을 드러낸 적 있다.

> 노동이 분업되기 시작하면서부터 각 개인은 활동이 한정된 원 안에서 움직이게 되며, 그렇게 강요된 원을 떠날 수 없다. 가령 남성은 사냥꾼, 어부, 목자, 비평가여야 하고 생계 수단을 잃고 싶지 않다면 그 자리를 계속 유지하는 수밖에 없다. […] 각 개인에게 활동이 한정된 원을 할당하는 게 아니라, 각자가 가장 좋다고 여기는 분야에서 적성을 계발할 수 있게 하는 공산주의 사회에서는 전체적인 생산을 조정하는 역할을 사회가 맡는다. 이로써 개인은 오로지 사냥꾼이거나 어부거나 목자거나 비평가일 필요 없이, 오늘은 이 일에 내일은 저 일에 종사하는 것이, 아침에는 사냥하고 오후에는 낚시하며 밤에는 가축에게 목초를 먹이는 것이, 또는 점심을 먹고 난 후 원한다면

비평하는 일에 종사하는 것이 가능해진다. 우리의 기대 앞에 장벽을 세우고 우리의 예상을 짓밟는, 우리의 통제에서 벗어나 우리 위로 드리운 물질적 권력 안에서 사회적 활동을 구현하는 것, 즉 각자의 산물을 강화하는 것이야말로 지나간 역사 발달 순간을 통틀어 가장 중요한 지점이다.

자주 관리. **유연성**이라는 단어처럼 오늘날 너무나도 잘못된 의미를 암시하는 단어의 사용은 막연한 불안감을 유발할 수 있으므로, 여기서 말하는 **자주 관리**란 우리가 수행하는 노동의 물질적·상징적·시간적 차원에 대한 통제권을 쟁취하기 위한 개인적·집단적 행위의 집합이라는 점을 짚고 넘어가야겠다. 그러나 이 같은 자주 관리의 개념은 즉시 유연성의 원칙을 불러내는데, 우리는 이 원칙을 피할 수 없거니와 앞에서 보았다시피 그 의미를 퇴색하고 변질시켜 우리의 앞길을 막는 무기로 만들고자 하는 이들의 손에 넘겨서는 더욱이 안 된다.

헐값에 팔아치움으로써 우리 손에서 떠나게 하기에 유연성은 너무나도 중요하다. 무조건적으로 보장되는 자원(기본소득을 말하지만, 마찬가지로 무조건적인 종류의 혜택들도 포함한다)이 부여하는 안정성에 근거한 유연성은 그동안 자본주의의 약탈로 강요된 취업노동, 수 미터 아래 지하에 묻힌 모든 노동에 지푸라기 잡듯 매달리느라 뒷전으로 했던 일들을 시작하는 데 꼭 필요하다. 따라서 각자의 욕망과 재능과 기호를 발굴하여 내 것이지만 포기해야 했던 모든 일을 찾고, 꺼내고, 복원해야 하는데, 여기서 '모든 일'이란 그 범위가 무척 넓은 법이라, 시간과 공간을 현명하고 유연하게 조정해야 한다. 그래야 종종 급여를 받지 않는 각종 노동을 포함하는 존엄한 삶에서라면 어쩔 수 없이 발생하는 일의 중단이나 일이 겹치는 사태가 불안정성이나 과로로 (혹은 충분히 양립할 수 있는 두 가지 사태 모두로) 이어지지 않을 수 있다(한Han, 2012). 그런데 현명함과 유연성으로는 충분하지 않다. 우리에게는 안정성 역시 필요하다. 그리고 안정성을 지니려면 우선 사회적·경제적 권리(가령, 기본소득)를 '대대적으로 복원'해야 하고, 그다음에는 우리 안에 품고 있던 모든 것이 '대폭발'하여 퍼져나가게 함으로써 우리가 거주하며 삶을 영위하고 싶은 공간을 구축해야 한다.[2]

우리는 고삐 풀린 불안정성의 시대를 살고 있다. 우리는 뭉개진 삶의 시대를 살고 있다. 취업노동에 뭉개지고, 임금에

2 필요하지만 '논쟁의 여지가 있는' 단어들을 주장한다는 것은 **실질적 유연 안정성**을 요구하는 것과 같다고 할 수 있다. **유연 안정성**이라는 단어는 **유연성**과 **안정성**이 합쳐진 단어로, 안정성을 보장하며 유연화를 이루겠다는 약속을 내세우며 이루어진 노동시장의 유연화 과정에서 너무나도 자주 남발된 용어다. 안타깝게도 유연 안정성이 이루어진 국가는 손으로 셀 수 있을 정도인데, 그중 네덜란드와 덴마크를 예로 들 수 있겠다. 그 밖의 사례에서 유연 안정성은 불안정성을 초래할 뿐이었다. 유연화에 수반되기로 했던 요소들이 사실상 부재했기 때문이다(클로스Klosse, 2003; 스탠딩, 2009). 그러나 상황이 이렇다고 해서 기본소득이 자본주의 노동시장에서 살아남게 하는 '안정성'을 부여할 뿐만 아니라 노동시장에서 떠나 우리가 정말로 바라는 삶의 형태에 '유연하게' 맞춘 삶의 계획을 실현하게 하는 도구로 기능하지 못하리라고 생각할 수는 없다.

뭉개지고, 보조금에 뭉개지고, 산산이 흩어진 사회적 권리와 사회복지에 뭉개진 삶의 시대를 살고 있다.[3] 이 모든 사태로 인해 사회의 압도적 다수는 타인의 자선을 '구걸하는 사람들'이라는 집단이 되고 있다(스탠딩, 2011, 2014). 예컨대 기업들의 자선, 기꺼이 사례를 경청해주시고 정말이지 꼭 필요한 서류를 작성해주시는 관료들의 자선, 변덕에서든 순수한 의도에서든 언제든 손을 내밀 준비가 된 사람들의 자선에 의존하게 된다.

이런 맥락에서 걱정스러운 동시에 의미심장한 현실이 고개를 든다. 불안정한 노동 인구는 또한, 점점 직업 정체성을 잃어가는 모습을 보인다는 것이다. 앞에서 보았듯, 불안정한 사람들은 갈수록 그들이 하는 일에 관하여, 그들이 내린(그들이 내린?) 결정의 이유에 관하여, 덧대고 꿰매면서까지 그것이 내 길임을 알아보고 그 길을 살려두고자 하는 추진력에 관하여 이야기하기를 어려워한다. 포드주의적 기업이나 자본주의 이전의 중세 길드 사회에서는 찾아볼 수 없던 이런 현상은 좌절, 소외, 불안, 아노미적 절망 상태를 의미한다. 바다가 잔잔하기에는 날씨가 궂다.

그런데 이 모든 현실은 사회학적·정치학적으로 매우 중요하여

3 스탠딩(2014)은 사회적·경제적 권리며 시민적·정치적 권리들을 보장받지 못할뿐더러(*denying*) 점차 임금노동자로서의 신분조차 보장받지 못하는 시민들을 데니즌*denizens*이라고 분류한다. 한편, 로버트 카스텔Robert Castel(1997)은 이처럼 사회계약에서 배제되는 새로운 시민들이 겪는 고용 시장에서의 추방과 고립을 설명하기 위해 '제명'이라는 용어를 사용한다.

그냥 지나칠 수 없는 다른 현상을 일으킨다. 불안정성에 빠질 위험이 있거나 이미 불안정한 인구(이 같은 사회적 집단이 99%라는 것은 교육적 효과를 주기 위한 과장이긴 하지만, 그래도 우리 사회의 다수를 차지하는 것은 사실이다), 즉 불안정성이라는 일촉즉발의 다모클레스의 칼 아래 사는 인구는 취업노동의 세계로부터 상징적으로 고립되는 모습이 보인다고 할 수 있는데, 이들은 약간의 안정성을 다지는 확실한 소집단의 일부가 되지 못하고 떨어져 나오고 만다.

한편, 노동자로서의 신분을 잃는다면(예컨대, 안정적인 영업 사원으로서 보험을 팔지 않은 지 몹시 오래됐다면) 이는 무엇보다 소득의 단절이라는 문제가 발생한다. 자본주의 체제하에서 소득이란 취업노동과 임금노동에서 나오는 것이기 때문이다. 그런데 다른 한편으로, 노동자로서의 신분을 잃는다는 것은 피해를 본 노동 인구가 무언가를 의심하고, 〈매트릭스〉 속 빨간약을 삼키고, 피를 빨아먹는 짐승에게서 벗어나 자본주의 체제하에서의 임금노동이 얼마나 인간을 소외시키는지 인식하게 할 수 있다. 임금노동을 두고 마르크스는 '임금 노예제'라고, 아리스토텔레스는 '시간제 노예제'라고 한 바 있다. 이러한 맥락에서 스탠딩(2014)은 저열하고 분노를 일으키는 전통적인 취업노동에 온전한 행복을 가져다주는 행위라는 가치를 무비판적으로 부여하는 '거짓 인식'을 계발하는 경향이 불안정한 인구에게서는 덜하다고 주장한다. 다시 말해, 불안정한 노동 인구는 "노동이 인간을 존엄하게 한다"라는 진부한 말에 훨씬 더 명민하게 반응한다. 노동이 인간을 존엄하게 한다고? 대체 **어떤** 노동이 인간을 존엄하게 하지?(그들은 아연실색하여 묻는다). 그리고 이 같은 질문은 전염되는 바이러스와도 같아서 가장 불안정하고 배제된 곳을 넘어 사회 전체로, 심지어는 취업노동을 '늘 해왔던 것으로' '즐기거나' '즐기고 싶어' 하는 이들 사이로까지 퍼져나갈 수 있다(실제로 이미 퍼져나가기 시작했다). 이 같은 현상은 분명 간과할 수 없는 해방적 잠재력을 지닌다.

스탠딩(2011, 2014)이 말하는 프레카리아트는 단순한 희생자들이 아니다. 프레카리아트는 제 손안에서 자유가 증발하는 것을 똑똑히 목격한 이들로, 부모 세대의 노동 윤리에 문제를 제기하고, 부모 세대의 노동이 어쩌면 더 큰 복지를 가져다주었을지는 몰라도, (재)생산에 대한 통제를 비롯하여 그들이 자유로운 삶을 살고자 하는 포부를 완전히 저버리게 했다는 사실을 깨닫고 표출할 수 있는(항의할 수 있는) 이들이기 때문이다.

노동 인구의 생활 조건을 불안정하게 만드는 유연성은 여태 삶을 망가뜨리고, 진로를 좌절시키고, 온갖 분열과 불연속성을 유발하는 등 처참한 영향을 끼쳐왔다. 그러나 그런 와중에 본의 아니게도 지난 세월을 돌아보고, 자본주의적 노동관계와 사회관계가 무엇을 대변하는지에 대한 더 넓은 관점을 회복한 불안정한 사람들은 노동 인구 전체에게 다음과 같은 메시지를 큰 소리로 분명하게 던지기에 유리한 위치를 차지하게 되었다. 단단한 땅을 밟고 서 있다고 믿는 사람들까지도, 우리는 모두 진정한

'시간제 노예'다(특히 더 시간제인 경우도 있다). 이렇듯 불안정한 사람들은 그들의 노동 조건과 결부된 유연성을 경험한 것을 발판 삼아 다음과 같은 질문을 각자에게, 또 모든 사람에게 던질 수 있다. 우리는 진정 이렇게 살아야 하는가? 평생 같은 생산시설에서 성인이 되고, 은퇴하고, 결국엔 더위에(혹은 노동시장이라는 감옥의 창살 사이에 갇혀) 생을 마감하던 노동자들의 포드주의적인 경직된 고용 중심적 태도를 되찾으려는 절망적인 시도가 진정한 대안인가? 우리를 (비)존엄하게 하는 '시간제 노예제'를 (다시) 존엄하게 취급하려는 것이 진정 미래를 향한 전망인가? 우리는 다른 종류의 노동들에, 다른 종류의 삶들에 관심을 가질 수 있을까? 앙드레 고르(1997)의 주장처럼, 유급노동을 간헐적으로만 하면서 무급노동과 전문노동이 서로를 보완하고 강화하는, '다양한 활동으로 구성된 삶'을 영위할 수 있을까? 공공-공동 조직들과 자주 관리적 공간들로 구성된 사회에서부터 기본소득을 포함한 무조건적인 공공정책들이 등장하고, 우리가 진정 자기 삶을 선택하는 주체와 집단으로 행동할 수 있는 환경이 구축될 수 있을까?

제4부

꿈의 종말: 탈신자유주의

(우리에게는 왜 지금 기본소득이 필요하며, 그것을 어떻게 획득할 것인가?)

탈공업화를 겪은 디트로이트의 버려진 공장들과 깨진 유리 조각들. 자동차 산업의 세계 수도였던 곳의 금 간 아스팔트 바닥 사이에, 녹슨 굴뚝과 담벼락 틈새에 무성하게 피어난 잡초들. 스페인 타라고나 근처에서 80대 노인이 양초로 불을 밝히려다가 화재의 희생양이 된다. 노인은 월세를 내지 못해 법적 퇴거 명령을 받은 상태였으며, 전기세를 내지 못해 사망 두 달 전부터는 전기도 끊긴 상황이었다. 산티아고 데 칠레에서 이제 갓 청소년기를 벗어난 청년이 시내의 슈퍼마켓에서 고객들의 물건을 네 개의 플라스틱 봉지에 나누어 담는 일의 대가로 팁을 기다린다. 그런데 월급은 어쩌고? 역시 또 다른 미지급 사례다. 마드리드와 바르셀로나를 잇는 고속 열차의 창밖으로 수 킬로미터가 이어지도록 고층 건물들이 보인다. 그러나 모두 벽을 마감하고 창문을 끼워 넣기 전에 버려진 건물이다. 부동산 시장의 거품이 터진 바람에 건물을 사들인 사람들이며 그들의 주택은 가장 황량한 황무지에 남겨졌다. 비슷한 일이 초고속으로 산업이 발전하는 중국의 유령 도시들에서도 일어나는데, 모든 일이 너무나 빨리 일어나는 바람에 도시들은 주민을 맞이하기도 전에 폐쇄된다. '등이 젖은 사람들*wetbacks*', 즉 미국으로 밀입국을 시도하는 라틴아메리카계 이민자들은 끊임없이 새로운 삶을 찾아 강과 국경을 건너, 이민자들이 없다면 쇠락할 국가를 지탱한다. "아메리카인을 위한 아메리카"라는 제임스 먼로 미국 전 대통령의 선언은 그의 의도와 꼭 같다고 할 수는 없지만, 남미에서 북미로, 아무도 눈치채지 못하는 새 슬그머니 실현되고 있다. 한편, 지중해를 건너가는 사람들은 삶을 헐값에 팔아치우는가 하면, 나머지는 건너가지도 못한다.

자본주의 사회를 형성하는 인과력, 결코 인간의(적어도 몇몇 인간의) 의지 밖에서 작동한 적 없는 인과력이 체제 '개혁'을 위한 기초를 놓은 적이 있는데, 그 결과 당시 노동자 계급에 부과된 훈육 기제가 사라지지는 않았지만, 그 혹독함이 완화되는 효과가 있었다. 당시는 국가 차원으로나(노동시장 규제, 조세 체계 발전과 심화 등) 세계 차원으로나(투기자본을 생산자본에 종속시키는 화폐 및 금융 체계의 정치적 시행[1] 등) 제2차 세계 대전 이후 체결된 '사회적 합의'의 영향을 받던 시대였다. 당시는 생산성 향상에 걸맞게 실제 급여가 오르거나 그 이상으로 오르기도

1 1933년 도입되고 1999년 클린턴 정부에 의해 핵심조항이 폐지된 글래스-스티걸법을 예로 들 수 있다. 상업은행과 투자은행을 분리하던 이 법은 프랭클린 D. 루스벨트가 말하던 '금융갱단' 또는 뱅크스터*banksters*로부터 일반 고객들을 보호하기 위한 법이었다. 글래스-스티걸법의 폐지가 최근 이십 년간 세계 금융 자본이 획득한 주도권을 설명하는 요인 중 하나라는 것은 굳이 말할 필요가 없다.

하던, '자본주의의 황금기'라 불리던 시대였다. 당시는 북반구 국가들에서는 가정을 보장하는 형태로, 남반구 국가들에서는 일종의 목표와 가능성을 전망하게(목표와 가능성이 실현되기도 하게) 하는 형태로 복지 체제가 시행되기 시작한 시대로, 무척 다양한 성질의 사회정치적 운동과 정부의 정치적 행동이 요구되던 시대였다. 또한, 당시는 냉전 시대이기도 했다. 친 소련적 대안이라는 기다란 그림자가 흩어지기까지는 수십 년의 세월이 걸렸는데, 이는 더 '선진화된' 자본주의 경제의 심장부에서도 마찬가지였다.

그러나 켄 로치 감독이 2013년, 동명의 영화에 훌륭하게 담아낸 **1945년의 시대정신**은 1970년대에 들어서면서 점점 사라져갔다. 다시 말해, 1920년대와 1930년대 사이에 고삐가 풀려버린 자본주의의 야만성 앞에서 케인스(2007)가 제안한, 그 유명한 '금리생활자들의 안락사'를 구현하려던 자본주의 '개혁' 시도는 제2차 세계 대전 이후 시행된 규제를 마지못해 받아들여야 했던 금리생활자들로 구성된 소수 권력자 집단의 복수라고 이해될 수 있는 체제 반개혁에 곧장 따라잡히고 말았다(도메네크, 2015).[2]

신자유주의라는 단어는 분석적·수사(修史)적으로 다루기 어려운 잡동사니 같은 단어가 되어버렸다. 온갖 영역에서 남용된 탓에 때로는 아무 의미 없는 단어가 된 것 같기도 하다. 그러나

2 오래전, 금리생활자 계급이 바로 시행에 옮겼던 정책들과 그들의 열망에 대한 분석으로는 스탠딩을 보라(2016).

정의(定義)적·경험적 측면에 주목한다면, 이 책에서 언급하는 현실에 이름을 붙이는 데 큰 도움이 될 수 있다. 신자유주의란 노동자 계급의 사회적 보호 장치를 해체하고 '개혁된' 자본주의 황금기에 거대하게 응집했던 사적 경제력에 대한 정치적 통제를 청산하려는 확고한 의지에서 비롯한 자본 축적 체제의 기초를 확립하는 것을 목표로 하여 1970년대 중반부터 시작된 정치-제도적 실천 및 지식인과 매체의 모든 활동이라고 이해할 수 있다. 그리고 자본 축적 체제의 기초 확립은 '경제 규제를 철폐'(나중에 살펴보겠지만, **규제가 철폐된 경제**란 존재하지 않는다)하는 것이 아니라, 이전에 억눌렸던 금리생활자들의 편의에 맞추어 경제를 (재)조정하는 것으로 이루어진다.

그러나 자본주의의 소수 독재적 (재)조정은 극심한 불안을 초래하고, 그 불안은 사방으로 퍼져나간다. 이로써 인간이 만들어 낸 역사는 인간을 탈신자유주의 시대로 밀어내고 있다. 모든 고난에는 끝이 있어야 하는 법이다. 우리는 신자유주의를 떠남(떠남은 무시해서는 안 될 가능성이다)으로써 야만성에서 벗어나, 삶을 정착할 공간과 과정을 문명화할 수 있을까? 그리고 이런 시도에서 기본소득은 어떤 역할을 할 수 있을까? 이어서 역사적인 관점에서 살펴보자.[3]

3 이어지는 내용은 카사사스(2016b)와 카사사스 외 다수(2015)를 재편성한 것이다.

제1장

"다시 전부를 원하기": 현대 사회운동의 흐름 속 기본소득

잘 알다시피, **전후의 사회적 합의** 또는 **포드주의적 협약**[1]은 다음과 같은 기반을 확립했다. 우선, 남성 노동 인구에게[2] 안정적인 일자리와 존엄한 임금을 보장함으로써, 노동시장의 구축 과정에서 집단 협상과 노동조합지상주의의 역할을 인정하는 것으로써, 언제든

1 **포드주의적 협약**이라는 표현 사용이 무관하지 않은 이유는 사회적 합의의 기원이 제2차 세계 대전 종결 전, 디트로이트에서 강력한 노동조합인 자동차 공장 노동자 연합(UAW)과 미국의 가장 큰 자동차 공장 세 군데(포드, 제너럴 모터스, 크라이슬러) 사이에 체결된 디트로이트 협약으로 거슬러 올라가기 때문이다. 종전 후 디트로이트 협약은 마셜 플랜과 함께 유럽에 상륙했고, 유럽 대륙에서 더 큰 발전이 이루어졌다.

2 여기서 짚고 넘어가야 할 점은 사회적 합의가 재생산노동의 역할에는 다른 모든 종류의 노동처럼 가능성을 부여하지 않고 무시했다는 점이다. 따라서 재생산노동은 단 한 번도 급여를 받거나 공개적으로 인정받지 못했고, 그 결과, 여성들이 겪어야 했던 착취의 다양한 차원이 이른바 가정의 번영이라는 장막 뒤로 숨겨질 수 있었다. 또한, 실질적인 완전 고용 사회였다면 자본가 계급의 협상력을 약화했으리라는 점 역시 언급해야겠다. 완전 고용이 이루어진다면 자본가 계급은 열악한 노동 조건과 임금을 견디며 일하고자 하는 실업자들을 고용하지 못할 테기 때문이다. 이러한 이유로 자본가 계급은 완전 고용이라는 목표를 깎아내리기 위해, 즉 사회적 합의의 기반을 약화할 요량으로 자신들의 정치적 입김을 행사하던 것이다(칼레츠키Kalecki, 1943).

발생할 수 있는 불운의 사태에 나타나는 사회적 필요를 충족시키기 위한 공공정책의 도입으로써 노동 인구에게 어느 정도의 사회경제적 안정성을 부여했다. 가령, **복지국가**는 주거의 권리, 신체적·정신적 건강을 향유할 권리, 교육받을 권리라는 침해당할 수 없는 사회적 권리로 시민권을 강화하는 체제라고 이해할 수 있다.[3] 사회적·정치적으로 널리 인정받는 반파시즘 운동과 노동조합의 투쟁에 그 기원을 두는 이 같은 성과는 자본주의에서 비롯한 삶의 조건과 노동시장의 가혹함을 완화했다는 점에서 어느 정도는 분명 노동 인구의 승리를 의미했다. 그러나 다른 한편으로, 전후의 사회적 합의로 인해 노동 인구는 생산 통제라는 현대 노동운동의 오랜 중심 목표를 완전히 포기해야 했다. 이로써 생산시설에서 노동을 조직하고 생산수단을 소유하기 위한 투쟁은 노동자 계급으로 구성된 사회적·정치적 단체들의 의제에서 사라졌다. 이는 자연히 노동운동의 큰 패배를 의미했는데, 생산을 통제하고, 노동 현장의 통제를 민주화하는 것이야말로 어떤 삶을 살지 공동으로 결정하는 것을 의미하기 때문이다. 다른 말로 하자면, 예의 사회적 합의는 경제적 주권의 막대한 상실을 의미했다(카사사스 외 다수, 2015).[4]

3 이 같은 '침해당할 수 없는' 권리들이 노동시장 참여와 뗄 수 없는 관계일 때가 많다는 점은 충격적이다. 가령, 노동관계가 결렬되었을 때야 비로소 **조건부** 소득을 받을 권리를 예로 들 수 있겠다.

4 미국과 유럽에서 체결된 사회적 합의에 대한 분석으로는 데이비스Davis(2000)를, 준즈, 쇼파와 히와타리Zunz, Schoppa y Hiwatari(2004)를 보라.

그러나 오늘날, 사회적 합의는 결렬됐다. 합의가 결렬된 것은 사실 1970년대 중엽부터 등장하여 착취를 일삼던 신자유주의의 엘리트 집단에 의한 일방적인 처사였다. 그것도 모자라, 2008년 발발한 세계 금융 위기를 과두적으로 대처하면서 신자유주의로 방향을 튼 자본주의의 약탈적 성격이 강화되기에 이르렀다. 실제로, 신자유주의 정책들이 단행한 노동 개혁은 노동자들이 안정적인 삶의 계획을 전망하고 설계하고 시행할 권한을 약화했고, 사회적 권리의 축소 또는 상실을 초래했으며, 불안정성이 증가하는 결과를 낳았다.[5] 이러한 맥락에서는 더 이상 노동시장 참여로 경제적 안정을 보장받지 못한다. 그것이 노동시장에 들어가지 못해서든(앞에서 보았다시피 실업률이 치솟았다), 노동시장 안에 있더라도 생계를 꾸리며 공존하는 데 필요한 수입을 벌지 못해서든 마찬가지다. 그리고 이런 사태는 자연히 여성들의 종속을

5 불안정성은 노동자 계급 대다수가 공유하는 현실이다. **불안정한 사람**이 된다는 것은 단순히 실질적으로 불안정한 조건하에 생활하는 것(실업, 일시성, 공공부조 부족 등)만이 아니라, 불안정의 덫에 빠질 위험이 언제나 도사리고 있다는 것을 의미한다. 불안정성이라는 다모클레스의 칼 아래 살지 않는다고 당당히 말할 수 있는 사람이 많던가? 이러한 맥락에서 “우리는 99%다”라는 표어는 근거가 충분한 경험적 증거라고 보기에는 어렵더라도, 세계 전역에서 뚜렷하게 나타나는 사회 양극화의 경향을 설명하는 은유로 기능한다. 노동 인구 대다수에게 사회경제적 안정은 더 이상 현실이 아니다. 이렇듯, 우리에게 닥친 현실이자 위협인 불안정성을 똑바로 인식하는 것이 노동자 계급을, 단결하고 유사한 정치적 주체들을 단결시키는 데 도움이 될 수 있을까? 신자유주의로 방향을 튼 자본주의와 이에 반하여 2011년 이후부터 영국과 스페인의 거리와 광장을 점거한 ‘분노’에 대한 분석으로는 로드리게스 로페스Rodríguez López(2016)를 보라.

심화시키는 결과로 이어지는데, 사회적 권리를 덜 보장받는다는 것은 곧 가정의 영역에서의 더 큰 착취를 의미하기 때문이며, 이런 처지의 여성들은 국가가 가정에 제공하는 수당에 의존하게 된다.[6]

사회적 합의가 산산이 조각났음을 각종 수치와 현실이 보여준다. 우선, 생산성 향상과 실질임금 상승 사이에 연관성이 없다는 점을 생각해보자. 미국 노동 통계청Bureau of Labor Statistics에 따르면, 1950년에서 1970년 사이에 실질임금 상승률이 경제의 가장 큰 부분을 담당하던 영역에서의 생산성을 약간 넘어서기까지 했던 반면, 2010년에는 실질임금이 1970년대 중반의 절반 수준에 머무르는 동안 생산성은 두 배가량 올랐는데(소르쉐Sorscher, 2012), 그 원인으로는 무엇보다 새로운 기술의 도입, 외국의 투자, 노동 시간 증가 등이 있다(하비, 2007; 바루파키스, 2011). 이와 더불어 지난 40년간 우리는 어느 정도의 사회 보호를 확장하던 복지 장치와 정책의 해체를 목격했다.[7] 이 모든 사태는 세계적 차원에서 목격되는 부와 권력의 심각한 불평등으로 귀결된다. 보아벤투라 데 소우사 산토스Boaventura de Sousa Santos(2017)의 주장을

6 데이비드 하비David Harvey(2003, 2007)와 가이 스탠딩(2009, 2011, 2014)은 이 같은 과정이 역사적으로 어떻게 전개됐으며, 노동 인구의 일상에 어떤 영향을 끼쳤는지 낱낱이 분석했다. 젠더 관점에서 이루어진 분석으로는 페레스 오로스코(2014)를 보라.

7 신자유주의 체제 경제 정책의 주목적인 공공 부채와 적자 줄이기(1992년부터 유럽의 상당 국가가 강제로 따라야 했던 마스트리히트 조약을 떠올려보자)가 '개혁된 자본주의'가 내세웠던 안전망 유지에 별 도움이 되지 않았다는 것은 굳이 언급할 필요가 없다.

들어보자.

> 대중에게 공개된 수치만 해도 걱정스러운 정도다. 금융 기업 28곳이 50조 달러를 쥐고 있다는 말은, 곧 산정된 전 세계 부의 3/4을 쥐고 있다는 것을 의미한다(전 세계 국내총생산 규모를 합하면 80조 달러 정도고, 조세 회피지에는 20조 달러가 더 있으리라 추정된다). 그리고 이러한 기업 대부분이 북미와 유럽에 등록되어 있다. 기업들의 권력에는 또 다른 출처가 있으니, 바로 투자로 인한 수익이다. (산업) 생산 투자로 인한 수익이 세계적으로 최대 2.5%에 이르는가 하면, 금융 투자로는 수익을 7%까지 거둬들일 수 있다. 이러한 체계는 곧 이백여 가지가 되는 국가 차원의 잠재적 규제 장치의[정부의] 주권이 통하지 않는 체계라는 것을 의미한다.[8]

앞에서도 말했듯, 사회적·정치적 '역사'는 인간 활동의 소산이다. 역사를 형성하고 주조하는 관념적 힘 따위는 없다.

8 이것이 끝이 아니다. 크레디트 스위스Credit Suisse에서 발표한 2016년 세계 부 보고서에 따르면, 성인의 상위 1%가 세계 부의 51%를 차지하는 반면, 성인의 하위 절반은 1%만 소유할 뿐이다. 실제로, 상위 10%가 세계 부 전체의 89%를 차지한다(크레디트 스위스 리서치 인스티튜트Credit Suisse Research Institute, 2016).

역사의 성질과 방향을 정하는 힘은 인간에게 달려 있으며, 그 힘은 온전히 지상적이다. 전후의 사회적 합의가 결렬된 것이야말로 이를 증명하는 증거다. 실제로, 전후의 사회적 합의는 (전적으로 인간의 뜻인) 레이거노믹스*reaganomics*가 아니었더라면 결렬되지 않았을 것이다. 막대한 수입을 벌어들이는 행위자들에게 감세와 세금 우대 조치로 혜택을 주었던 레이건의 경제 정책은 사회적 비용으로 시행되던 프로그램을 철폐하거나 비용을 삭감했으며, 1930년에서 1940년 사이 월가에 대한 각종 제한을 풀었다(바루파키스, 2011). 전후의 사회적 합의는 또한, 노동자 계급이 일으킬지 모를 물질적·상징적 저항의 징후와 노동조합을 때려눕히며 노동자 계급의 '시민 반사회운동'을 진압하는 데 전념했던 (전적으로 인간의 뜻인) 마거릿 대처의 결단이 아니었더라면 결렬되지 않았을 것이다.[9] 마지막으로, 전후의 사회적 합의를 구성하는 헌법적 근거에 맹렬히 반대하며 공격했던 미국의 투자은행 J.P. 모간사의 (전혀 관념적이지 않은) 2013년 주장을 살펴보자.

> 주변 국가들[남유럽]의 정치 체제는 독재 말기에 형성되었기 때문에 그 경험이 짙게 반영된다. 이 같은 국가들의 헌법은 강한 사회주의적 영향을 드러내는

9 노동자의 조합 가입률이 하락하면서 국가 수입에서 노동자 계급이 담당하던 부분도 줄어들었다는 사실은 잘 알려져 있다. 이 같은 상호관계는 1970년부터 관찰된다(페어차일드Fairchild, 2013).

> 경향이 있는데, 이는 파시즘의 패배로 좌익 정당이 얻은 권력을 반영한다. 이처럼 주변 국가들의 정치 체제는 다음과 같은 특징을 보인다. 약한 행정부, 지방 정부에 비해 약한 중앙 정부, 노동자의 권리에 대한 헌법적 보호, 고객정치를 조장하는 제도 조정을 국민적 합의로 결정, 정치적 현상에 사회에서 환영받지 못하는 변화를 주고자 할 때 시위할 권리 등이 그것이다. 그러나 금융 위기로 인해 이 같은 정치적 유산이 한계를 드러냈다. 법률에 제한받는 정부(포르투갈), 강력한 지방 정부(스페인), 포퓰리즘 정당의 성장(이탈리아와 그리스) 등의 원인으로 주변 국가들은 조세 및 경제 개혁을 도입하는 데 있어 부분적인 성공만을 거두었을 뿐이다(바르와 맥키Barr y Mackie, 2013: 12-13).

스페인의 경우, 전후의 사회적 합의를 구성하는 헌법적 근거에 대한 공격은 2011년 8월에 자행된 헌법 제 135조항의 개정으로 구체화된다. 사회 비용보다 국가채무 지불에 우선권을 주는 이 개정은 피사레요(2014)의 말을 빌리자면 자본주의와 양립하긴 했지만, 자본주의의 약탈적 성격이 미치는 범위를 줄이고자 했던 복지 체제를 '해체하는' 큰 타격이었다고 할 수 있다.

이로써 꿈은 종말했다. 포드주의적 합의가 내세웠던 안정적인 삶(안정적이지만, 노동 인구의 경제적 주권을 제한하기 위해 고안된 생산 모델에서 비롯한, 엄격하기 그지없는 '조건적 자유'에

만족하는 삶)이라는 꿈이 종말했다. 이제 무탈하고 안정적인 포드주의적 삶이란 가능하지 않다. 생활과 노동 조건의 불안정화와 삭감이라는 신자유주의의 대패에 갈린 안정적인 삶은 완전히 뭉개지지나 않았다면 다행이다. 이렇듯, 사회경제적 통합의 보장으로 실현하는 완전 고용이라는 약속은 망상에 지나지 않는다는 것이 증명되었다. 노동의 영역은 **고용주**라고 불리는 이들의 이익을 대변하는 방향으로 (재)조정되고 있고, 복지 체제의 혜택과 사회안전망은 해체의 과정을 밟고 있는 한편, 가장 강력한 경제적 행위자들(투자계의 큰손들과 '슈퍼리치들')에 대한 통제와 규제는 와해되고 있다. 그 결과 점점 투기적인 자본주의 체제 속 경제의 금융화 과정으로 이어지고, 그 안에서 금리생활자들이 활개를 치고 있다(벨로Bello, 2009; 하비, 2007; 스탠딩, 2016; 바루파키스, 2011). 이렇게 꿈은 종말했고, 사회적 합의는 산산이 조각났다.

이러한 상황에서 정치적·문화적으로 중요한 질문 몇 가지가 고개를 드는데, 다음과 같이 종합해 볼 수 있겠다. 합의가 깨지면 무엇을 해야 하는가? 더 자세히 말해보자. 다른 쪽에 의해 **일방적으로** 합의가 깨졌다는 것을 알았을 때, 손해를 보는(**배신당한**) 쪽은 무엇을 할 수 있는가? 앞에서 보았다시피, 모든 합의에는 승리와 포기가 뒤따른다(제2차 세계 대전 이후의 사회적 합의에서는 이 같은 승리와 포기가 분명했다).[10] 그렇다면,

10 모든 합의에는 승리와 포기가 뒤따른다는 말은 '순수한 승리'를 쟁취하는 사례도

전후의 사회적 합의로 형성된 조건들을 회복하는 것이 정치적으로 불가능하다는 사실(경제 엘리트들은 전후의 사회적 합의가 내세웠던 공공정책과 조세 체계로 돌아가려는 의지가 없어 보인다)을 인지했을 때, 손해를 보고 배신당한 쪽(노동자 계급)은 사회적 합의를 체결하고 정착시킨 대가로 포기해야 했던 영역을 되살리는 과정이 정당하다고 느낄 수 있다. 바로 생산에 대한 통제권(재생산에 대한 통제권도 덧붙여야 할 것이다), 즉 인간이 각자의 필요를 집단적으로 충족하기 위해 택하는 다양한 수단에 대한 통제권을 되찾는 것이다.

우리에게 주지 않으려는 것을 구걸하는 행위는 비참하기 그지없다. 그러니 우리에게 다시 돌아오지 않을 포드주의적-복지주의적 합의를 되찾고자 하는 것은 측은한 처사일 뿐이다. 자본가 계급이 협상의 여지조차 두지 않기 때문이다. 금리생활자들로 이루어진 소수 권력자 집단의 관심은 다만 '다른 측면들'에 있고, 이를 성취하는 데 있어 기율 바르고 참을성 있는 노동 인구의 도움이 점점 필요 없는 듯 보인다. 헤어지는 연인들이 그러하듯, 오랜 시간이 지난 후에도 여전히 돌이킬 수 없는 것을 되찾으려 애원하고 고통스러워하는 것은 다만 병적이고 품위를 손상하는 일이라는 것을 일러줄, 가깝고 충직한 외부

있다는 것을 부정하는 게 아니다. 예컨대, 보편선거의 쟁취는 순수하고도 확실한 승리로, 여기에는 타협의 여지가 없다. 보편선거는 '전부' 쟁취하거나 쟁취하지 못하는 것이다. 따라서 이 같은 순수한 승리는 합의라고 분류될 수 없다. 그저 순수한 승리다.

시선의 충고가 필요하다. 그렇다고 노동자 계급이 전후의 사회적 합의에서 비롯한 복지주의적 협정의 잔해를 유지하고, 가능하다면 재건하고 확장하기를 도모하는 투쟁을 할 수 없다거나 해서는 안 된다는 뜻은 아니다. 다만, 노동자 계급은 이 같은 '방어적' 행위가 정치 문화의 일부가 되어 우리에게 더는 오지 않을 합의의 논리를 뒤로하고 다시금 상황판의 통제권을 쟁취하기 위한 투쟁으로 향하게 하는 '공격적' 행위로 방향을 전환하도록 우리를 재무장시키고 우리에게 자극제가 되어야 한다는 점을 알아야 한다.

이렇듯, 역사는 우리가 다시 전부를 바라도록 자극하는 탈신자유주의 시대로 우리를 떠민다. 바라지 않는 것은 곧 자본주의가 약탈적이고 불로소득적인 성격으로 방향을 틀면서 가한 타격의 심각성을 무시하는 것이다. 바라지 않는 것은 곧 답변을 요구해야 할 필요성을 모른 체하는 것이다. 우리는 존엄을 위해서, 아니, 무엇보다 사회정치적 전략을 세우기 위해서라도 답변을 들어야 한다. E. P. 톰슨(1991)이 말했듯, 더는 **프롤레타리아**가 아니라 **공화주의적으로 자유로운** 노동자 계급의 조건을 '스스로 형성'할 수 있는 새로운 노동자 계급의 저항 문화가 싹틀 수 있는 곳은 바로 신자유주의가 타고 남은 잿더미 속에서, 아직 갈피를 잡지 못하는 혼란 속에서다.[11]

11 이러한 맥락에서 볼 때, 전후의 사회적 합의가 이른바 '노동자의 자율'이라고 불리던 사회운동이나 극좌 진영에서 비판의 대상이 되었다는 점이 흥미롭다. 이들에게 생산 통제를 포기한다는 것은 경제적 주권을 필요 이상으로 양도하는 행위이자, 노동자 계급이 벌였던 투쟁의 의미를 훼손하기 때문에 정당성이 없는 양도 행위를

그런데 오늘날 우리가 처한 상황에서 (재)생산 통제라는 문제를 어떻게 다뤄야 할까? 이 문제에 관하여 이 책에서 주장하는 바는 시민의 조건을 구성하는 사회적·경제적 권리로서 보장된 자원이 (재)생산 통제 문제를 다시금 사회적·정치적 의제의 중심에 두도록 도와준다는 것이다. 왜냐하면, 자원으로 우리는 낡은 포드주의적 합의의 결과로 노동 인구가 잃었던 협상력을 되찾을 수 있기 때문이다. 실제로, 모든 사람의 자율적인 사회적 삶을 무조건적으로 보장할 때, 사회적·경제적 권리는 사회적 행위자들에게 원하지 않는 삶에 반대하고 진정 자신의 것으로 느끼는 노동의 형태를 결정하는 권한을 부여한다. 적어도 2008년 발발한 금융 위기에 대한 신자유주의의 대응에 반하여 일어난 사회운동의 상당수(예로, 스페인 15M운동)가 같은 관점을 드러냈다(카사사스 외 다수, 2015). 서문에서 보았듯, 마르코 레벨리(2010)는 이탈리아 투린 공업 고등학교 벽에서 발견한 그래피티를 인용하며 견해를 분명하게 밝혔다. "*Ci avete tolto*

의미했다(카치아피카스, 2006). 그리고 이 점이 두 배로 흥미로운 것은, 이처럼 복지국가의 자본주의가 받은 '다른' 좌익의 비판을 오늘날의 '분노한' 또는 '복종하지 않는' 집단의 상당수가 다시 시작하고 있기 때문이다. 어쩌면 목적은 다를지 모를 이 같은 비판은 새로운 언어로 다시 태어났다. 가령, 스페인 15M 운동에서는 "이것은 금융 위기가 아니라 자본주의다!"라는 소리가 광장을 가득 채웠다. 이 모든 사태가 세 배로 흥미로운 것은, 자본주의 체제하의 임금노동이란 '시간제 노예제'에 불과하다는 인식을 회복하고자 하며, 노동관계의 측면에서 즉각적인 협상의 여지를 저버리지 않으면서 자본주의 논리를 부수려는 시도를 지원하는, '전통적인' 좌익의 정치권력과 노동조합이 적지 않다는 점이다.

troppo, adesso rivogliamo tutto(당신들은 우리에게서 너무 많이 빼앗아갔어. 이제 우리는 다시 전부를 원한다)" 사회적·경제적 권리(가령, 기본소득 제안으로 구체화 된 삶에 대한 권리)가 우리로 하여금 그것이 무엇이든 간에 **전부**를 쟁취하게 돕는 도구가 될 수 있을까?

2008년 금융 위기 이후의 사회운동 중에는 폴라니가 말한 '사회의 자기보호'를 위한 반작용으로 나타난 '이중운동'이 적지 않다는 점은 의심할 여지가 없다. 이중운동은 현재 상황의 지속불가능성을 강조하는 데 그치지 않고, '헌법 제정으로서의 대답'을 요구함으로써 노동자 계급이 잃어버린 경제적 주권을 되찾아(적어도 어느 정도라도 되찾아) 각자의 삶의 주인이 될 수 있게 하고자 했다. 칠레 학생운동, 스페인 15M운동, 미국 월가 점거시위, 프랑스 밤샘시위 등은 현재 궁지에 몰린 복지 체제의 제도적 장치들(예컨대, 양질의 공교육과 공공의료)을 지키려는 시도임과 동시에 경제의 영역에서 노동자의 주권을 제한하려는 의도가 다분한 자본주의를 복지국가에서 내보내려는 시도로 이해될 수 있다(도메네크, 2015; 롤스, 2001). 다시 말해, 오늘날 우리가 목격하는 사회운동은 신자유주의로 방향을 튼 자본주의의 반민주주의적 성질에 대항할 뿐만 아니라 (재)생산에 관한 새로운 합의를 하기 위한 것으로, 사회적·경제적 삶을 구성하던 자본주의의 논리를 뛰어넘는 새로운 실천과 사회관계를 쟁취하기 위한 투쟁이다(카사사스 외 다수, 2015). 앞에서 언급한 사회운동들이 한편으로는 넓은 범위의 공유 자원의 개발과 재생산을 가능하게 하는 다양한 자주 관리 형태와 상호원조 형태의 필요성을 강조하는가 하면(코리아트Coriat, 2015; 마테이Mattei, 2011), 다른 한편으로는 인구 전체가 실질적 자유를 행사하며 개인적·집단적으로 사회적·경제적 삶을 영위할 수 있도록 무조건적으로 자율권을 부여하는, 온전히 민주주의적이고 민중의 통제에 맡겨진 공공정책의 필요성을 강조하는 것은 바로 이러한 맥락에서다(스탠딩, 2011, 2014).

소득정책에 있어 놀라운 점은, 늘 쉽지는 않지만 **제지와 저항이라는 전략**과 **헌법 제정이라는 전략**이 공존한다는 점이다(카사사스와 만하린Casassas y Manjarín, 2013). 전자는 사회의 긴급 사태에 즉각 대응하고자 하며 기본소득을 미래를 향한 중장기적 전망으로 고려하는 데 반대하지 않는 전략으로,[12] 현재의 최저 소득 보장 수준을 개선하거나 더 느슨한 조건(아니면 적어도, 곧이어 살펴볼 현재의 소득정책이 제시하는 것보다 덜 엄격한 조건)을 요구하는 현금수당을 도입하기를 제안한다. 그런데 이렇게 무척 다양한 성질의 사회적·정치적 운동 가운데 기본소득이 함께 떠오른다는 점이 흥미롭다. 이는 탈자본주의적 사회를 이룩하기 위한 **헌법 제정**의 사명을 띤 사회적·정치적 운동들이 기본소득을 물질적·비물질적 재화를 생산하고 삶을 재생산하는

12 실제로, 이처럼 빈곤과 배척을 '그저' 완화하고자 하는 즉각 대응을 (사전)분배 능력이 뛰어난, 보편적이고 무조건적인 기본소득으로 실천해야 한다고 보는 활동가들과 분석가들이 적지 않다.

공간을 공동으로 결정할 때 노동 인구에 더 큰 결정권을 주는 새로운 사회적 합의를 체결하도록 돕는 도구로 보는 것이다. 실제로, 보편적이고 무조건적인 기본소득은 우리가 여태 지녀본 적 없는 수준의 경제적 주권을 손에 넣는 데 필요한 협상력을 부여하는, 특히 효과적인 수단이 될 수 있다. 우리는 과연, 이 대담한 시도를 실천에 옮길 수 있을까?

시장에 기댄 사회인가, 시장을 가진 사회인가?

이쯤 되면 우리가 시장을 배제하지 않는다는 사실이 별로 놀랍지 않으리라. 사회적·경제적 권리(구체적으로 말하자면, 기본소득의 권리)를 누림으로써 얻은 경제적 주권을 행사할 **수 있는** 공간으로서 시장의 도움을 받을 수 있지 않은가? 타인을 위한 강제 노동으로부터 해방된 삶에서 비롯한 자금과 활동을 (그 일부를) 상업적 공간에 배치할 수 있지 않은가? 폴라니 역시 시장이 복잡한 사회를 조율하는 문제를 해결하는 데 필요한 제도라고 지적한 바 있다(바움Baum, 1996). 그렇다면 과연, 우리에게는 언제 또 어떻게 상업적 공간을 꾸리고 싶은지, 언제 또 어떻게 그곳에서 나가고 싶은지 개인적·집단적으로 결정하는 권한이 있는가? 폴라니(1944)에 따르면, 자본주의에 따라오는 진정 굴욕적인 현상은 시장의 존재 자체가 아니라 모든 것을 갈아 시장의 교환 논리로 속절없이 흘러 들어가게 하는 '악마의 맷돌'에 갈려, 결정하는 권한이 사라져갔다는 사실이다. 따라서 다음과 같은 질문을 던질 수밖에 없다. 기본소득은 노동자 계급이 시장의 성질과 한계를 결정하는 권한을 되찾는 데 도움이 될 수 있는가? 시장은 존재해야 하는가 아니면 사라져야 하는가? 그리고 존재해야 한다면, 어떻게 존재해야 하는가?

우선, 시장의 개념을 정확히 짚고 넘어갈 필요가 있다. 너무나도 자주, **시장**이나 **국가**는 유일한 것으로, 즉 추상적으로 언급된다. 가령, “우리는 시장의 힘이 더 큰 사회를 원하는가 아니면 국가의 비중이 더 큰 사회를 원하는가?” 같은 질문을 주고받기도 한다. 문제는 이 같은 개념 설정이 존재론적으로 불가능하다는 것, 또는 기껏해야 노골적인 속임수에서 출발한다는 것이다. 왜냐하면, 유일한 것이나 추상적인 것으로서의 **시장**은 존재하지 않기 때문이다. 시장은 정치적 선택들(혹은 선택의 집합)에서 유래하여 역사적으로 형성된 다양한 형태로 존재한다(요에르게스Joerges, 스트래스Strath, 바그너Wagner, 2005). 다른 말로 하자면, 모든 시장은 국가를 비롯하여 규범을 강제하고 따르게 하는 권한이 있는 다른 기관들이 개입한 결과로 생겨난 것이다. 즉 모든 시장은 그 중대성이 각기 다르더라도 언제나 특정한 정치적 지향에서 비롯한 법률이 층층이 쌓인 결과로 생겨난 것이다. 한편, ‘정치적 지향’이란 상업의 영역을 포함하여 사회 내 존재하는 권력의 상호관계와 계급투쟁의 방향을 정하는 형태를 말한다. 그러므로, **국가**와 **시장**을 대립시키는 것은 의미가 없다. 경제적 삶을 집단적으로 통제하기 위한 국가나 다른 권력 기관들이 개입한 결과로 생겨나지 않은 시장이란 없기 때문이다(카사사스, 2013). 그리고 이것이 바로 제1부에서 말했던 것처럼, 그 유명한 자유방임주의가 선전 목적의 신화에 불과한 이유다.

이러한 맥락에서 볼 때, 중세 후기와 산업화 초기 영국에서 자본주의의 약탈과 박탈에 대항하여 일어났던 사회운동들이 시장의 확대 자체에 반대했던 게 아니라[시장은 청동기 시대부터 유라시아 대륙에 존재했다(구디Goody, 2006)], 자본가 계급이 근대 유럽과 영국의 시장을 정치적으로 형성하는 데 택한 방식에 반대했던 것이라는 점이 흥미롭다. E.P. 톰슨(1991)이 영국과 기타 유럽 국가에서 자본주의 약탈의 '정당화'에 반하여 일어난 '천민'의 사회정치적 문화에 호소했던 '군중의 도덕경제'를 언급하는 것은 근대 시장을 노동자 계급의 이익을 증진하는 방향으로 조정하는 절차와 규범의 집합을 말한다. 이 같은 군중의 도덕경제는 중개인의 존재, 독과점 행태, 물건의 가격을 변동하려는 목적으로 소문을 퍼뜨리는 방식, 가격 흥정, 전매와 소수 독점, 투기 목적의 재화 매매 등에 문제를 제기했고, 항의했으며, 어느 정도 금지하기까지 했다. 그렇다면 과연, 군중의 도덕경제는 본래 '자유로운 시장'을 제한하려는 시도였을까? 결코 아니다. 군중의 도덕경제는 **자본주의적 시장** 특유의 약탈적인 행태에 제동을 걸고[1],

1 애덤 스미스 역시 이 같은 현상을 알아차렸다. 스미스가 그토록 바라던 제조업과 상업의 발달에서 비롯한 '완벽한 자유의 체제'라면, 노동자 계급이 공화주의적으로 자유로운 행위자로서 생산 영역에 접근하지 못하게 배척하는, 사회 전체의 이익 추구와는 거리가 먼 자본가 계급의 지대 수취 행위와 흉계로 인한 난관을 정치적으로 헤쳐나갈 수 있어야 했다. 그리하여 스미스는 착취를 일삼는 엘리트들에게서 나온 법안이나 움직임에 대하여는 신중을 기하고, 정치적-제도적으로 통제할 필요가 있다고 강조했다(스미스, 1981).

자본주의적이지 않은 성질의 '실질적으로 자유로운 시장'을 가능하게 하는 조건들을 강화하기 위한 수단이었다.

잠시 앞으로 눈을 돌려 사전분배에 관하여 다시 살펴보자. 기본소득이 사전분배 정책으로서의 면모를 보인다면, 그것은 기본소득에 노동력을 비롯한 다른 자원과 활동을 탈상품화할 잠재력이 있기 때문이다. 언제나 어디에나 존재하는 시장(노동시장)의 성격을 고려했을 때, 사회정의를 강화하고자 하는 정치 전략이라면 모두에게 다음과 같은 권한을 부여해야 한다. 첫째, 시장에 들어갈지 (말지) 선택하는 권한이다. 둘째, 시장에 들어가기로 정했을 때는 그 공간의 기능과 성질을 공동으로 결정하는 권한이다.

그렇기에 사전분배를 다룬 초기문헌들이 탈상품화라는 주제(더 정확히 말하자면, **탈상품화를 실천할 능력**이라는 주제)를 소홀히 여긴다는 점이 놀랍다. 현대 사회에서 사회정의를 논할 때 탈상품화를 거론하지 않는다는 것은 크나큰 누락이 아닐 수 없다. 왜일까? 왜냐하면, 이는 곧 우리 사회를 구성하는 과정에서 그 중심 역할을 시장에(노동시장에) 맡기는 것과 마찬가지기 때문이다. 예컨대, 해커는 사전분배의 목적이 "**시장에 기댄** 민주주의가 제대로 기능하게 하는 것"[2]이라고 주장한 바 있는데(해커, 2011:36), 이는 곧 공권력이 "경제력과 그로 인한 보상의 더 평등한 분배를 장려하는 시장 개혁에 집중하기"를

2 돋움체 표시는 다비드 카사사스의 것이다.

요구하는 것이다(앞의 책:35). 오닐과 윌리엄슨(2012a)에 따르면, 해커의 계획은 '더 공정한 결과를 끌어낼 수 있는 시장을 처음부터 구상하는 것'이다. 이렇듯 해커의 주장은 게임을 더 원만하게 진행하기 위해서 규칙을 바꿀 수는 있지만, 게임 자체(자본주의적 성격의 시장 중심에 자리하는 교환 법칙)에는 문제를 제기할 수 없는 것으로 보인다. 어떻게 보자면, 주인이 노예를 대하는 방식을 규제해야 하지만(앞에서 보았듯, 기원전 5세기 아테네의 급진적 민주주의자들이 이렇게 주장했다), 노예제 자체는 합법적인 효력을 지니며 유지되어야 한다는 것과 같다. 같은 맥락에서, 영국의 노동당 당수를 역임한 에드 밀리밴드는 임금 규모를 합의하는 기업 위원회에 노동자 대표를 포함하는 것이나 최저임금 상승과 같은 방법을 제안하며 사전분배를 지지했다(오닐과 윌리엄슨, 2012a). 그런가 하면 레인 켄워시Lane Kenworthy(2013)는 산업분야 보강, 노동조합 강화, 최저임금 상승, 노동시장의 분열 방지, 기업 이익의 더 공정한 분배, 일자리 증가라는 목적을 내세우며 사전분배 정책 의제를 구체화했다.

임금노동자들이 더 나은 급여를 협상하는 데 이 같은 초기 사전분배 정책은 분명 도움이 될 수 있다. 가령, 더 큰 차원에서 노동자를 보호하는 노동법을 시행한다거나 노동조합지상주의에 중심 역할을 부여함으로써 집단 협상을 도울 수 있다. 그러나 **임금**노동 인구가 될지 말지를 노동 인구가 자율적으로 결정할 수 없다면, 공화주의적 자유는 결코 확장될 수 없다.

따라서 일부 사전분배 이론의 주장(해커와 밀리밴드의

주장)이 자본주의를 문명화하기 위한 수단을 모색한다는 점에서는 진정 주목할 만하지만, 기껏해야 개혁하거나 갱신하는 데만 그치기에, 본질적으로는 실질적 자유와 양립할 수 없다는 한계를 드러낸다. 결국, 자본주의라는 (길들일 수 없는) 짐승을 길들이기 위함이 아니라 약탈적이고 자유를 말살하며 반민주주의적인 자본주의의 성격에 대항하는 길을 개척하기 위해 사전분배적 도구의 도움을 구하는 편이 개념적으로나 정치적으로나 훨씬 더 큰 결실을 볼 수 있으리라 보인다. 이것이 바로 의료, 교육, 주거에 대한 무조건적 접근이라는 비슷한 조치를 배제하지 않는 기본소득 같은 무조건적인 수단이 개인과 집단이 시장 안팎에서 노동자로서의 삶을 형성하도록 실질적 권리를 부여하는 사전분배 전략의 일부로 인식되어야 하는 이유다.

마지막으로, 사회에서 많든 적든 상업 활동을 하며 산다는 사실이 꿈을 앗아가서는 안 된다. 정치적·문화적으로 가장 중요한 것은 바로 자원과 활동의 탈상품화(다시 강조하건대, 우선 노동력의 탈상품화)에 관하여 직접 결정할 가능성이다. 이 같은 가능성을 위해서는 지극히 우발적인 현상이 될 수 있는 '실재 (탈)상품화'와 '**탈상품화의 가능성**이라는 가치', 다시 말해 '탈상품화를 실현할 능력'을 구별해야 한다. 의심할 여지 없이, 공화주의적으로 자유로운 사회라면 시장이 사회를 조정하는 유일한 메커니즘으로 작동하는 사회('시장**에 기댄** 사회')가 아니라, 개인과 집단이 각자의 사회적 삶에서 시장으로 향하는 문을 언제, 어디서, 어떻게 열지 그리고 언제, 어디서, 어떻게 시장에서

벗어날지 결정하는 권한을 갖는 사회('시장**을 가진** 사회')여야 한다.[3]

'탈상품화를 실현할 능력' 또는 '권한'은 소득정책부터 시작하여 각종 공공정책 제안이 지니는 해방적 잠재력을 가늠케 하는 변수가 된다. 이어서 여섯 가지 예상 시나리오를 분석하고 결론을 맺어보자.

첫째, 소득정책이라고는 전무하고, 부실한 복지 체제가 작동하는 사회 속 자본주의 노동시장에 던져질 때, 공화주의적 자유란 없다. 간단히 말해, 우리는 이른바 '고용주들'이 정해둔 규칙을 준수해야 할 뿐이다. 우리의 가장 기초적인 생계가 규칙 준수에 직접적으로 달려 있기 때문이다.

3 이러한 측면에서 발라스의 혁명적 신고전주의(도메네크, 2013)부터 마르크스주의자 로머Roemer(1994)의 정치적-철학적 분석까지, 나아가 양차 대전의 중간시기를 모델로 삼은 랑게Lange(1938)의 이론을 아우르는, 무척 다양한 과학적·정치적 뿌리를 지닌 저술가들의 '시장**에 기댄** 사회주의' 제안에는 결정하는 권한이 부재한다. 이들의 제안이 모든 행위자에게 처음부터 자원을 정치적으로 보장할 것의 중요성을 강조할지언정, 여기에는 대대적인 소득과 재산의 재분배 과정이 필요하며, '사회배당' 제안을 포함하는 경향[랑게와 로머의 경우(반 파레이스와 반더보르트, 2017)]이 있다. 또한, 이 같은 '수정'이 도입되면 시장이 사회적 삶 전체의 방향을 정하게 될 것이다. 반면(감히 강조하건대), 이 책이 주장하는 바는 '사회주의적'(혹은 '급진민주주의적' 혹은 어떤 이름이든) 질서를 도입하고자 할 때, 그 시도는 '시장**에 기댄** 사회주의'가 아니라 '시장**을 가진** 사회주의'라는 개념에 대한 접근으로 이루어져야 한다는 것이다. 이처럼, 적절하다고 여겨질 때 시장으로 향하는 문을 열고, 사회제도가 부적절하다고 여겨질 때는 거부권을 행사하는 폴라니식의 권한에 관한 공화주의적 변론으로는 샌델Sandel(2012)을 보라.

둘째, 우리의 공화주의적(혹은 '실질적') 자유는 공권력이 제공하는 바가 실업수당과 '빈곤수당'에 그칠 때 심각하게 훼손된다. 우리는 노동시장에서 우리의 의지와 상관없이 타율적으로 부과된 규칙을 준수해야 하고, 노동관계가 결렬되고 빈곤과 배제의 나락으로 떨어졌을 때야 비로소 삶을 구제할 가능성이 생기는데, 그마저도 모든 것을 갈아버리는 노동시장이라는 끔찍한 기차에 다시 올라타겠다는 의사를 보여야 한다는 조건이 붙는다. 이런 형태가 바로 현재 대다수 사회에서 유효한 조건부 보조금 정책이 취하는 악랄한 **워크페어식** 논리다.

셋째, 공권력이 소득정책의 조건을 완화하면서도 여전히 임금노동을 논쟁할 여지가 없는 사회계약의 중심축으로 설정할 때, 우리의 실질적 자유는 극심한 손해를 입는다. 노동의 일시성과 불안정성, '노동 빈곤층' 또는 워킹 푸어*working poor*(수입이 빈곤선에 미치지 못하는 임금노동자들)의 증가라는 특징을 보이는 국가들의 소득정책이 미래의 수급자들에게 보조금을 받으려면 실질적 복귀가 불가능한 사회 속 넘쳐나는 노동 인구의 일부로서 사회적·직업적으로 복귀하기 위한 프로그램을 이수할 의사가 있어야 한다는 조건을 요구하는, 반인간적인 처사를 없애기를 지향한다는 점은 반길 만할 일이다.[4] 그러나 이처럼 '조건이 완화된 빈곤수당'에는 여전히 심각한 문제가 있다. 아무리 조건을

4 예컨대, 카탈루냐에서 '시민권으로 보장된 소득'이라 불리는 정책의 도입을 위해 발안제를 제안한 이들의 관점도 이와 같다(톨레다노Toledano, 2017).

완화(카탈루냐의 소득정책 제안은 월수입이 664유로에 못 미칠 때 수당을 지급한다)한다고 해도 여전히 '빈곤수당'이라는 것이다. 즉 자본주의 노동시장의 게임 규칙을 받아들였을 때야 비로소 시행되는 장치이며, 이처럼 독단적이고 약탈적인 현상*statu quo*과의 불가피한 상호 작용 속에서 우리는 우리 머리통을 깨뜨려야만 그 속을 행정기관에 증명해 보일 수 있는 것이다. 물론 이런 장치가 착취적 조건을 견디게 하는 데 도움은 되지만, 결코 착취에서부터 자유롭게 해주지는 않는다. 그리고 인간의 존엄은 권력자들의 변덕에 무방비로 노출되어서는 안 될 것이다.[5]

넷째, '취업촉진정책'과 결합된 '빈곤수당'[6] 역시 실질적 자유의 증진을 개선하는 데는 별 도움이 되지 않는다. 이 같은 제안은 다시금 "통제할 수 없고, 통제할 필요도 없는 세상에서 먹고 살 방편을 찾으십시오"라는 표어를 되풀이할 뿐으로, 이전과 같은 논리다. 즉 가난하거나 도움이 필요하다는 것을 증명할 수 있는 사람들에게 **사후**에 도움을 제공하는 것으로, **사전**에, 처음부터 노동시장의 가혹함을 불평 없이 받아들여야 하는 것을 의미한다.

5 '음의 소득세'에서도 이와 비슷한 일이 일어난다. 흔히 기본소득과 잘못 동일시되는 음의 소득세의 논리는 다음과 같다. 아무도 그 이하의 소득으로 살아서는 안 되는 연간 최소 소득의 기준을 정하고, 연말정산 시 소득이 그 기준에 미치지 못하는 사람들에게는 부족한 부분에 대하여 국가가 보조금을 지급하는 것이다. 현재 상황을 고려했을 때, 이런 보조금은 환영받을 만한 처사다. 그러나 음의 소득세로 지급되는 '보조금' 역시 처음부터, **사전**에 자기만의 삶을 선택할 가능성을 전혀 누리지 못한 사람들의 **사후** '생존을 위한 보조금'에 지나지 않는다는 점은 숨길 수 없다.

6 바스크 지방에서 유효한 '수입 보장 소득'이라고 불리는 제도를 예로 들 수 있다.

따라서 노동시장 주위를 맴도는 무산자들에게는 협상력과 통제권이 없다. 한편, 바스크 지방에서 시행되는 제도는 관행적인 조건부 보조금에 수반되는 '빈곤의 덫'에서 발생하는 문제들[7]을 참고하여 저임금에 대한 보충으로 일부 보조금을 지급하는 제도다. 이로써 별로 우호적이거나 포용적이지 않은 사회적·경제적 공간(자본주의 시장)에서 넘어져도 다시 일어나, 비바람을 뚫고 나아가며 도전을 멈추지 않는 바른 태도에 상을 주는 것이다. 그러나 우리는 백만 번째 같은 질문을 던지고 있고, 여전히 만족스러운 대답은 들리지 않는다. 노동 빈곤층인 동시에(아, 얼마나 멋진가!) 현금수당을 받는 사람은 단 한 번이라도 급여 여부와 상관없이, 각자의 삶에서 원하는 노동을 어떤 방식으로, 어떤 비율로 하고 싶은지 결정할 수 있었을까? 노동시장을 통해서든 공공부조(혹은 두 가지의 결합)를 통해서든, 수입은 **사후**에 오기 마련이다. 즉 수입은 늦게, 그것도 너무 늦게 온다. 우리의 삶을 위한 사회적·제도적 환경을 결정하는 권한을 다 잃고 난 후에야 비로소 수입이 생기는 것이다.

다섯째, '근로장려세제'(또는 영어로 *earned income tax credits*의 약자, EITC)에도 같은 문제가 있다. 빈곤선에 미치지 못하는 노동자들의 임금을 보완하는 데는 도움이 되지만, 혜택을

7 제3부에서 살펴본 바 있다. 적은 임금에 보람차지도 않은 데다가, 받고 있는 '빈곤수당'을 잃게까지 하는 일자리를 찾거나 수락하려는 의욕이 저하하는 문제를 의미한다.

받으려면 **현재의** 노동시장에서 가치 있다고 여겨지는 노동, 즉 유급노동(비록 형편없는 급여를 받는 일이 허다하지만)이 이루어지는 우리 안을 떠나지 않는 생활양식을 따라야 한다. 그렇다면 과연 시장 안에서 다른 삶의 계획을 상상하고 실현할 가능성은 어디에 있는가? 이것이 끝이 아니다. 급여를 받지 않기 마련인 돌봄노동을 여자와 남자 모두 책임져야 하는 노동에 포함할 가능성은 또 어디에 있는가? 우리 사회에서 이러한 가능성은 시궁창에 처박혀 있다.

여섯째, 영국의 경제학자 앤서니 앳킨슨Anthony Atkinson(1996)이 제안한 '참여소득'은 **의미 있는 노동**이란 무엇인지 개인적·집단적으로 결정할 권한에 훨씬 더 가까이 접근하게 하지만, 기술적·규범적인 문제를 지닌다. 앳킨슨의 제안을 두고 '아무런 대가 없이' 주는 행위에는 도덕적 타당성이 없다고 주장하는 것은 일부 좌익의 흔한 관행*ethos*이다. 기본소득과 같은 무언가를 받을만한 정당한 자격을 얻으려면 사회에 참여해야 한다는 것이다. 한편, 앳킨슨은 이러한 '참여'가 넓은 의미로 정의되어야 한다고 주장한다. 참여란 정식으로 급여를 받는 노동일 수도 있지만, 다양한 종류의 돌봄노동이나 교육 영역에서의 자원봉사, 사회공동체 발전에 이바지, 사회정치적 참여 등으로 실현할 수 있다. 이런 종류의 제안이 우리가 살고 싶은 세상의 경계를 정하는 가능성을 크게 확장한다는 것은 분명하다. 그러나 행정적 어려움(앳킨슨의 제안이 실현되려면 이른바 우리의 '참여'를 통제하는 매우 침해적이고 큰 규모의 공적 집단이 조직되어야 한다는 어려움)과 더불어 가부장제와 제도에 관한 정보 부족이라는 어려움(제4장에서 살펴볼 것이다)이 있어, 사회통합을 위한 주요 메커니즘으로 작동하기는 어렵다.

그리하여, 우리가 살고 싶은 공간과 경험하고 싶은 제도를 결정하는 (공화주의적) 자유를 쟁취하고 실현하기 위해서는 무엇보다 우리의 욕망과 바람에 맞게 시장의 문을 여닫을 수 있는 힘, 보편적이고 무조건적으로 지급되는 화폐 자원의 공적인 보장이 필요하다. 그리고 이로써 얻게 되는 협상력은 더 큰 중요성을 띠게 된다. 따라서 기본소득은[8] 그것이 얼마나 핵심적이든, 훨씬 더 넓은 차원의 공공정책이라는 장치 일부로 이해되어야 한다. 이어서 더 자세히 살펴보자.

8 반 파레이스와 반더보르트(2017:109) 역시 같은 입장을 취한다. "조건을 요구하지 않는다는 점 덕분에 기본소득은 […] 노동력을 탈상품화하고, 사회적으로 유용하나 급여를 받지 않는 노동을 촉진하고, 강요된 유연성과 파괴적인 세계화에서 우리의 삶을 보호하며, 시장의 전제 정치에서 우리를 해방하는 데 기여한다."

제3장

공통의 관습 되찾기: 민중의 정치경제는 어떤가?

기본소득이 초석일지언정, 기본소득만으로는 충분하지 않다. 우리 사회를 모두에게 열린 해방된 땅으로 전환하려면 오랜 시간에 걸쳐 정치적 다면체를 이루는 다양한 면을 쌓아 올리고 재생산해야 한다. 이번 장에서는 새로운 '공통의 관습'을 기반으로 진정 공공-공동으로 시행되는 '일련의 조치'의 필요성을 호소할 것이다. 그리고 이러한 조치들은 마블리와 페인과 로베스피에르가 주도한 프랑스 혁명의 좌익이 '민중의 정치경제'라고 불렀던 형태, 즉 약탈적이며 '공포'를 자아내는 정치경제에 반대하며 우리 삶의 물질적·상징적 기반의 집단 통제를 지향하는 모든 실천과 자원의 집합을 구현하게 할 것이다. 이러한 응집 없이는, 우리가 사는 세상을 공동으로 다스리기 어렵다. 이러한 응집 없이는, 목소리를 내지 못하게 할 뿐만 아니라 탐욕스레 상품화를 추구하는 거센 강바닥을 떠나지도 못하게 하는 자본주의 특유의 사회적·경제적 환경에서 기본소득**만** 손에 쥔 채, 분열된 개인들이 절망적으로 "누가 좀 살려주세요"를 외치는 신자유주의적 디스토피아를

건설할 위험이 있다.[1]

프랑스 혁명을 주도한 혁명가들에 따르면, 기본소득이 과거나 지금이나 모든 사람의 존엄한 삶을 보장한다는 '민중의 정치경제'의 주목적을 달성하기 위해서는 크게 네 가지 차원을 살펴봐야 한다(보스크, 2016, 2018).

첫째, 기본소득은 아무도 배제하지 않을뿐더러, 자유로운 노동을 조직하는 정치문화를 구축해야 한다. '떠남', 즉 우리에서 나가는 행위에 삶과 노동의 공간을 집단적으로 소유하기 위한 구체적인 형태를 지향하는 상징적 차원이 수반되지 않는다면, '떠남'의 자원을 손에 쥔다 한들, 별 소용없다. 몇몇 저술가들(고레비치, 2016; 래스[Raes], 2013)은 기본소득의 **개별성**이 우리의 노동과 삶을 **개인화**하여, 자본주의의 횡포에 맞서 저항하고 반항하는 문화가 탄생할 가능성을 없앨지 모른다는 우려를 내비친

1 운동 일주년을 기념하여 2012년 5월12일에서 15일까지 "거리를 점령하라"라는 표어를 내걸고 모인 스페인 15M 운동의 활동가들이 다음과 같은 조치의 **집합**으로 구성된 '시민 구제 계획'을 생각해낸 것은 어쩌면 이러한 이유에서인지도 모른다. 모든 형태의 금융 기관 구제를 중지할 것, 노동시장에서 예속과 불안정을 심화하는 신자유주의적 노동 개혁을 철회할 것, 양질의 공교육과 공공의료를 제공할 것, 모두에게 지붕을 제공하는 주택 공급을 실현할 것, 인구 전체의 물질적 생존을 보장하는 무조건적이고 보편적인 기본소득을 지급할 것이 바로 시민 구제 계획의 내용이다(카사사스 외 다수, 2015). 여기서 **구제**라는 단어는 복지에서 사용하는 구제의 의미가 아니라는 점을 언급해야겠다. 시민 구제 계획은 폴라니가 말한 일종의 '이중운동'으로, 은행을 '구제'(당시 신자유주의 정부는 은행 구제에 한창이었고, 구제라는 단어를 사용했다)하는 대신, 파산한 사람들을 구제하고자 했다(활동가들은 '사람이 먼저'라고 주장했다.)

바 있다. 저항과 반항의 문화가 타인과 함께 구현되고 발전될 때야 비로소 자본주의의 횡포에 맞설 수 있기 때문이다. 물론 이 같은 우려는 충분히 이해할 만하다. 수천 명의 로빈슨 크루소로 구성된 세상에서 공동 책임과 노동의 민주화를 상상이라도 할 수 있겠는가? 그러나 우리네 삶과 노동의 개인화는 이미 시작되었으며, 그것은 기본소득 때문이 아니라 자본주의 본연의 특성, 특히 신자유주의로 방향을 튼 결과로 발생한 현상이라는 점을 덧붙일 필요가 있겠다. 그뿐이 아니다. 노동자들이 다른 노동 환경을 구축하기 위한 집단 투쟁이며 노동조합 투쟁을 강화하고 오래도록 유지하는 데 기본소득을 개별적으로 부여되는 안전망으로 삼지 못하리란 법이 어디 있는가? 노동의 민주화를 위한 집단 투쟁에 참여하는 이들은 가장 고압적이면서 분열을 유발하는 약탈에 바스라 진 채 모일 필요가 없다. 노동의 민주화를 위한 집단 투쟁은 노동조합을 포함한 매우 다양한 성질의 사회정치 단체의 임무로, 기본소득과 같은 도구를 활용하는 것이 도움이 될 것이다. 제1부에서 보았듯 기본소득은, 우리가 한숨 돌릴 여지를 주고 서로를 동등하게 손해 입은 주체들로 인식할 가능성을 제공함으로써 현대의 해방적 운동이 여태 지지해 온 '자유롭고 평등한 생산자 연합이라는 공화주의 체제'를 신장하고 되풀이하게 한다.

둘째, 기본소득은 기본적인 생계를 해결하기에 **충분한** 액수여야 한다. 빈곤선에 못 미치는 기본소득이라면, 수령자들이 어느 정도의 복지 증진은 누릴 수 있을지 몰라도 공화주의적 자유는 누리지 못한다. 왜일까? 이미 보았다시피, 공화주의적 자유는 우리의 생존을 다른 사회적 행위자들에게 사회경제적으로 의존하지 않고(공화주의적 자유와 빈곤은 양립할 수 없다는 점을 강조한 바 있다), 이로써 그들의 시선을 견딜 수 있을 때 얻는 협상력에 달려 있기 때문이다. 이렇듯, 고개를 숙이지 않고 시선을 견디려면 적어도 빈곤선에 상응하는 기본소득이 필요하다(카사사스와 데 위스펠라레Casassas y De Wispelaere, 2016).[2] 이러한 맥락에서, 완전한 기본소득으로 향하는 정치적으로 현실적인 수단으로써 '부분적인' 기본소득을 고민하는 것(이는 우리가 사는 사회의 정치적-제도적 맥락에 달려 있다)이 타당할 수 있을지는 몰라도, '부분적인' 기본소득으로는 여전히 공화주의적 자유와 양립할 수 있는 (재)생산 환경에 '들어가기' 위해 '나올' 수 있는 권한, 즉 '사회권력'을 누리기 시작하는 수준에 도달할 수 없다.[3]

2 이러한 맥락에서 "기본소득이 공화주의적 자유 실현에 간헐적으로 기여하는, 방향이 없는 재산이라고 여겨질 수 있다. [기본소득의] 점진적인 증액[가령, 액수가 적은 기본소득]으로는 그 액수가 빈곤선에 다다르거나 '더 높은 수준'의 공화주의적 자유가 실현될 수 있는 임계점에 다다를 때까지, 개인의 공화주의적 자유에 미치는 효과가 미미하거나 없을 수 있다. 빈곤선이나 임계점에 미치지 못하는 기본소득은 시민들의 복지를 증진할 수 있을지는 몰라도, 공화주의적 의미에서 더 자유롭게 만들어주지는 못한다."(카사사스와 데 위스펠라레, 2016; 288).

3 이러한 이유에서 공화주의 이론은 반 파레이스가 제안한 기본소득 액수보다 더 엄격한 기준을 채택하기를 권한다. 롤스의 '이상론'적 분석 틀을 취하는 반 파레이스에 따르면 기본소득의 액수는 '지속 가능한 최대 액수'가 되어야 한다(반 파레이스, 1995).

셋째, 우리가 경험한 적 있거나 언젠가 경험하기를 바라는 복지 체제의 장치들을 비롯하여 넓은 범위의 공공정책이 수반될 때야 비로소 기본소득은 공화주의적 자유를 확장하는 면모를 보이는데, 이 같은 장치들이 수반하기 마련인 각종 조건이 완화된다면 그러한 면모가 더욱 두드러질 것이다. 각종 자원과 법적 제도[4] 외에도 의료, 교육(사회 복귀를 위한 교육 포함), 주거 정책, 돌봄 정책, 교통과 통신 수단에 대한 접근이라는 혜택은 공화주의적 자유의 쟁취와 확대에 필요한, 침해당할 수 없는 사회적 지위를 강화하는 데 결정적인 역할을 한다.[5]

반면, 공화주의 측면에서 볼 때 '지속 가능한 선에서 최대의 기본소득'이라는 수준이 너무 낮다면 기본소득을 확보하려는 노력이 의미 없을 수 있는데, 특히 다른 수단들이 공화주의적 자유를 증진하는 데 더 큰 효과를 낸다면 더욱 그렇다(카사사스와 데 위스펠라레, 2012). 여기서 21세기 초, 반 파레이스가 주장한 바를 덧붙일 수 있겠다. "오늘날 부유한 모든 국가는 생계를 유지하는 수준을 넘어서는 기본소득을 지급할 수 있다."(반 파레이스, 2001:6).

4 예컨대, 적절한 수준의 직업 공통 최저임금SMI이 어떤 역할을 할 수 있을지 생각해보자. 기본소득이 부여하는 협상력 덕분에 임금이 낮은 일자리를 거절할 권한이 **이미** 생겼겠지만, 여기에 직업 공통 최저임금이 보장된다면 기본소득을 받는다고 해서 노동자들의 임금을 삭감하려는 고용주들의 행태를 막을 수 있다. 만일 이런 사태가 발생한다면, 그것은 노동자들을 고용하는 기업에서 전적으로 부담해야 할 **노동자들의** 수입 일부를 국고에서 지급하는 셈인, **실제로** 마주하고 싶지 않은 상황에 직면하게 되는 것이다.

5 기본소득은 이처럼 '다른' 정책들과 양립하기만 하는 게 아니다. 사회복지 프로그램이 일상에서 어떻게 운영되는지 아는 이들이 주장하길, 기본소득은 사회복지 프로그램이며 장치들의 효과를 증폭할 수 있다. 실제로, 진정 내 것이라고 여기는 진로를 결정하도록 지원하는 프로그램의 혜택을 누리고자 할 때, 불안정성이라는 다모클레스의

따라서 지급액이 큰 기본소득 제안을 포함하여, 기본소득 제안이 사회경제적인 자율권을 부여하는 장치들과 보호 장치들이 작동하는 단단한 배경 속에 '바닥'을 마련해야 한다는 점이 무척 중요하다(카사사스와 데 위스펠라레, 2016).[6] 이러한 맥락에서 기본소득에 대한 공화주의적 변론이라면 복지국가 프로그램에서 비롯한 모든 정책을 무조건적인 소득 보장이라는 '간단한' 제도로 대체해야 한다는 찰스 머레이(2006)의 제안에 공개적으로 반대해야 한다. 가령, '역선택'의 결과로 건강보험료가 계속 오르는 시장에서 모든 종류의 서비스를 구매해야 한다면, 기본소득은 회계 측면으로나(지급 총액의 대부분이 서비스 구매 비용으로 날아갈 것이다) 실질적 자유의 강화 및 확장을 증진하는 측면에서 사실상 아무런 효과를 내지 못하는 수단이 되고 말 것이다(하그, 2011, 2017a; 크라트케, 2004; 스탠딩, 2017). 이러한 주장은

칼 아래에서 접근하는 것과 일정 수준의 사회경제적 안정이 보장된 상태에서 접근하는 것은 같지 않다(하그, 2007a; 라모스Ramos, 2011; 스탠딩, 2009).

6 그렇다면 이 같은 보호 장치들이 작동하는 맥락에서 자주 관리는 어떤 역할을 하는가? 보호의 임무는 전적으로 국가 기관의 몫이 아니던가? 결코 아니다. 공공정책과 제안을 비롯하여 자주 관리가 이루어지는 공간은 모든 사람의 사회경제적 기반을 강화하기 위한 자원 분배와 재생산의 과정에서 상호작용을 하며, 국가 기관만큼이나 중요한 보호 역할을 한다. 국가와 자주 관리의 '비율' 및 둘의 결합과 그로 인한 시너지 효과는 전적으로 각 사회의 역사적 발자취와 인식 과정에 달린 문제지만, 한 가지는 분명하다. 오늘날 '국가적' 전략과 '자주 관리적' 전략은 모두 같은 목적을 지닌다는 점이다. 이렇듯 자원과 (자기) 보호 장치를 집단 차원에서 생산하고 분배하는 환경을 비롯하여 과정을 공동으로 마련하고 점거하고 운영하려는 움직임이 2008년 금융 위기 이후 우리 사회에서 점점 더 관찰되고 있다.

단지 학술적인 연구 보고에 지나는 게 아니다. 사회의 '자기보호'를 비롯한 보호 장치 일체를 대체하는 수단으로써 기본소득을 도입하자는 신자유주의의 위험한 주장이 우리 사회의 문을 두드리고 있다.[7] 우리는 이 같은 위험이 현실이 되지 않도록 막아야 한다. 스탠딩(2017:4)의 말을 빌리자면, "기본소득은 복지국가를 해체하기 위해 고안된 수단이 될 이유가 없으며(그래서도 안 되며)," 복지국가를 지탱하는 바닥이 되어 지금보다 더 나은 수준의 보호 장치와 자율권을 부여하는 장치를 작동시켜야 한다.

여기서 잠깐 제1부에서 다뤘던 일자리 보장 제안을 다시 살펴보고, 다음과 같은 질문을 해 볼 필요가 있겠다. 그렇다면 일자리 보장 제안 역시 기본소득에 수반되어야 하는 조치에 속할까? 제1부와 제2부에서 보았듯, 우리가 기본소득을 주장하는 주목적은 진정 '자유로운 선택 주체들'인 개인들이 '자유롭게 결정'을 내릴 수 있고, 따라서 삶의 계획들을 자주적으로 선택하고 펼쳐나갈 수 있는 수평적인 사회질서를 구축하기 위한 토대를 닦는 것이다. 이러한 맥락에서 볼 때, 국가의 도움으로 (더) 자유로운 결정을 내릴 수 있으리라고 생각하는 사람이 몇몇 있다거나 많은 것도 무리가 아니다. 즉 사회적으로 이익이 된다거나 필요하다고

7 미국의 강력한 보수파 싱크탱크인 미국기업연구소American Enterprise Institute가 발표한 보고서에 사회보장제도와 노인 의료보장제Medicare를 비롯한 복지 프로그램과 소득 이전 프로그램의 대부분을 철폐하고 보편적인 기본소득으로 대체하자는 내용이 담겨 있다는 점을 예로 들 수 있겠다(젠슨 외 다수Jensen et al, 2017).

여겨지는 영역에 정부가 창출하는 일자리에 지원하면서, 오늘날의 많은 기업인보다 국가가 더 존엄하고 품위 있는 고용주의 역할을 하리라고 기대하는 것이다. 실제로, 정부가 창출하는 일자리는 기본소득(그리고 기본소득에 수반되어야 하는 각종 조치) 덕분에 해방된 노동자들이 접근할 수 있어야 하는 대안 중 **하나**다. 그러나 이는 말 그대로 대안 중 **하나**가 되어야 한다. 우리가 정말로 노동 인구의 해방을 고민한다면, 일자리 보장을 가능성으로 두면서도 이를 초월하여 해방의 미래로 향하게 하는 무언가를 염원해야 한다. 즉 사람들에게 자율권을 부여하여, 마르크스가 사회적 해방을 말하며 논했던 '자유롭고 평등한 생산자 연합이라는 공화주의 체제'를 국가의 중재 여부와 무관하게 개인적·집단적으로 구성하고, 운영하고, 오랜 시간에 걸쳐 재생산할 수 있도록 해야 한다.

넷째이자 마지막으로, 아무리 우리를 지탱하는 '바닥'이 있다 한들, 우리에게 주어진 사회적·경제적 공간이 사적 경제력을 크게 축적한 금리생활자들의 탐욕에 의해 망가지고 출입이 금지된 진창이라면 우리가 할 수 있는 일이 별로 없다. 앞서 존 로크는 사회 전체의 실질적 자유를 보장하고자 한다면, 외부 자원의 사적 취득 과정이 '박탈적이지 않아야', 즉 약탈적이지 않아야 할뿐더러(다른 말로 하자면, '타인을 위해 좋은 것을 많이' 남겨두어야 할뿐더러), 중요한 규범을 지켜야 한다고 경고한 바 있다. 외부 자원을 사적으로 소유하는 자들은 자원을 보존해야 하며, 오랜 시간에 걸쳐 자원을 파괴하거나 재생산을 막지 않는 방향으로 사용해야 한다는 것이다(로크Locke, 1982). 따라서 '바닥'은 '지붕'과 분리될 수 없는 문제다. 여기서 지붕이란 1930년대 중엽 케인스가 제안했던, 축적을 제한하여 '금리생활자의 안락사'를 꾀하고 이를 통해 노동자 계급이 진입 장벽에 막히는 일 없이 진정한 행위능력을 누리면서 (재)생산적인 삶으로 들어갈 수 있도록 길을 열어 보이는 규제의 집합을 의미한다. 그렇기 때문에 기본소득 제안이 결합된 '민중의 정치경제'는 '경제 군주들'이 자유를 말살할 위험을 방지하기 위해서라도 (그리고 이에 맞서기 위해서라도) 공화주의 전통을 저버릴 수 없다.[8]

그런데 사적 경제력의 축적을 제한하는 규제라고 할 때 정확히 어떤 규제를 말하는가? 근본적으로, 여기서 말하는 규제들은 다른 곳에서(카사사스와 데 위스펠라레, 2016) '루소식 전략'과 '루스벨트식 전략'이라고 언급한 조치를 의미한다. 전자는 부의 축적을 직접적으로 제한하는 조치(조세 징수, 수입 규제 등의

8 기본소득은 어떻게 보자면 **그 자체로** 지붕을 부여하며 평등화를 추구하는 장치이기도 하다. 그 이유로는 첫째, 기본소득의 재원 마련이 가장 부유한 사람들이 가진 자원을 덜 가진 사람들에게 이전하는 것으로 이루어지기 때문이다. 현재까지 시행된 시뮬레이션 연구에서 지니계수를 살펴보면 평등 지수가 대폭 올랐다는 사실을 알 수 있다(아르카르노스, 라벤토스와 토렌스, 2017). 둘째, 기본소득은 덜 가진 사람들이 사적 경제력의 거대한 축적을 토대로 하며 소외시키는 생산관계에서 '떠나'게 (또는 그러한 생산관계에 '들어가기'를 거부하게) 하므로 평등화에 불을 지필 수 있다. 이로써 생산 공간의 재생산과 확장 능력을 제한할 수 있다. 그러나 이 점이 '지붕'에 관하여 더 깊게 고민할 필요성을 없애지는 않는다.

조치)인 반면, 후자는 더 힘이 강한 행위자들이 약탈 행위를 벌일 가능성을 배제하는 법적 제도의 도입을 꾀하는 조치다. 공화주의는 첫째, 행위자들 사이의 부와 수입의 수준 차이가 합리적인 선 안에서 유지되어야 하며, 균형을 지키려는 노력을 기울여야 한다고 보는 '루소식' 전략을 공유한다. 지나친 불평등은 신뢰와 사회적 연대와 모두가 이해하는 선에서 서로를 비슷한 주체로 여기는 상호 인정을 막기 때문에 사회 분열로 이어진다.[9] 그런데 우리가 사는 세상에서는 이 같은 분열이 점점 더 일어나고 있다. 저널리스트 샘 피지가티Pizzigati(2009:41)에 따르면, 한 세기 전만 해도 "임원들의 순소득이 노동자들에 비해 평균 40배 높은 수준이었다. 그런데 2007년, 이 격차는 344배로 늘어났다." 이러한 이유로 테일러-구비Taylor-Gooby(2013:40)는 '최대 임금 도입을 비롯한 임금 체계 개혁을 통해 가장 높은 수입을 제한하는 [루소식] 조치'를 제안한다. 같은 맥락에서 제임스 미드의 '공유경제' 역시 루소의 영향을 받은 넓은 범위의 체계를 제안했는데, 다음과 같은 네 가지 장치를 포함한다. 기업의 임금 지급은 수입과 혜택을 나누기 위한 장치를 통해 결정되어야 한다. 부가 다음 세대로 넘어갈 때는 세금이 부과되어야 한다. 국가의 생산 자원의 일부를 공동체가 소유해야 한다. 공공-공동 자본으로 획득한 수입(가령, 공동체 소유의 자원을 사적으로 개발하는 행위에 대한 세금 부과를 통해

9 최근, 잉그리드 로빈스Ingrid Robeyns(2016)는 이러한 입장을 철학적-정치적으로 재해석한, **제한주의**라는 이론을 선보인 바 있다.

획득한 수입)은 사회배당의 형식으로 모든 시민에게 동등하게 분배되어야 한다(미드Meade, 1989; 화이트, 2012). 마지막으로, 피케티Piketty(2014) 역시 극단적인 불평등을 해결하기 위해 국제적인 차원에서 부에 매기는 세금을 제안하며 루소식 직관을 설파하고 있다.

둘째, 루스벨트식 전략은 어느 정도의 불평등을 인정하면서도, 그러한 불평등이 노동자 계급의 삶에 대한 부당한 개입의 구실이 되지 않도록, '규제하는 지붕'을 도입하는 조치를 지향한다. 실제로 사적 경제력의 막대한 축적은 진입 장벽을 치고, 약탈적으로 가격을 결정하고, 발전에 결정적으로 중요한 자원의 사용을 통제하고, 일자리에서 노동 인구의 자율을 제한하는 등의 행위로 경제적 삶을 소수 독재적 게임으로 만드는 소수의 권한과 밀접한 관련이 있다. 이 모든 행위는 타인에 의한 경제적 통제의 다양한 형태를 이루는 기초다(맥코믹McCormick, 2011). 여기서 루스벨트식 전략을 논하는 것은 미국이 노동자 계급의 공화주의적 자유가 침해받지 않도록, 보다 강력한 사회적·경제적 행위자들의 행위를 통제하고 규제하는 오랜(이제는 사실상 잃어버린) 전통을 지녔기 때문이다. 가령, 진보시대(1890~1914)에 도입되어 하층민에게 경제력을 부여하며 북미 민주주의의 토대를 강화하고자 했던 법률을 떠올려보자(찰스 A. 비어드와 메리 R 비어드Beard y Beard, 1939). 같은 맥락에서 프랭클린 D. 루스벨트는 분명한 언어를 사용하며 미국의 '경제 군주들'이 자행한 '새로운 산업 독재'가 대공황을 재촉했다고 비난했다(레우치튼버그Leuchtenburg,

1995:125). 이러한 이유로 그 유명한 미국의 독점금지법이 생겨났고, 제너럴 일렉트릭이며 알루미늄 컴퍼니 오브 아메리카 같은 기업들이 해당 법에 따라 기소됐다(레우치튼버그, 2009).[10]

그러나 역사적 맥락을 고려하지 않고 루소식 전략이냐 루스벨트식 전략이냐(혹은 둘의 결합이냐)를 결정하는 것은 의미가 없다. 어느 전략이 더 잘 맞을지는 온전히 독자적이고 구체적인 기회의 창이 열리고 진로가 관찰되는, 각 사회와 공간의 우발성에 달려 있다. 이번 장 전체를 통해 말하고자 하는 바는 조금 덜 거창하며 다른 방향을 향한다. 오늘날의 노동자 계급 또한 노동운동으로 성취할 수 있는 사회정치적 권력에 뿌리를 둔 (재)생산적 노동과 삶의 형태들을 실천에 옮기고 자본주의의 횡포적인 성격에 제동을 걸고자 결집한 사람들로서 '스스로를 형성'하기 위해 투쟁할 수 있도록, 기본소득이 개혁된 '군중의 도덕경제'와 그것이 요구하는 제도의 일부를 이루지 않는다면 의미가 없다는 점을 상기하는 것이야말로 이번 장에서 말하고자 하는 바다. 따라서 우리는 정치적 자폐와 '기본소득을 맹목적으로

10 공공 기관이 결정을 내리는 과정에 막대한 경제력을 보유한 기업들이 행사하는 지나친 영향력에 대한 흥미로운 분석으로는 윈터스와 페이지Winters y Page(2009)를 보라. 한편, 해커와 피어슨Hacker y Pierson(2010)은 주장하길, 현대의 정치적 삶은 동등한 자원을 부여받은 행위자들 사이의 게임이 아니라 경제 엘리트들이 영향력과 권력을 조직적으로 행사하면서 '준비한 전투'라고 이해되어야 하며, 이런 현상은 소수의 승리자가 전리품을 전부 차지하는 승자독식*winner-take-all*과 같은 결과를 조장할 뿐이다. 여기서 전개하는 루소식 전략과 루스벨트식 전략에 대한 분석은 카사사스와 데 위스펠라레(2016)의 것이다.

숭배하는 태도'를 지양해야 한다. 기본소득은 단번에 모든 문제를 해결하는 만병통치약이 아니기 때문이다. 그러나 제대로 운영되는 정치적-제도적 영역의 중심에 자리할 때, 즉 지배와 독재의 흐름이 스며들고 둥지를 틀 수 있는 곁과 공간을 내어주지 않는 '민중의 정치경제' 안에 자리할 때 기본소득은 오롯이 탈자본주의적이고 자유로운 성격의 사회관계와 무대를 구상하는 데 기여할 수 있다.

제4장

기본소득이 보장된 사회의 덕 윤리와 노동 유인: 프롤레타리아에서 벗어나 자유로운 노동자로

"그런데 잠깐! 사람들이 사회적 산물을 생산하는 데, 즉 부를 창출하는 데 신경 쓰지 않는다면 사상누각이 요란하게 무너져 내릴 것이다."라고 말하는 사람들이 있을 수 있다. 맨더빌을 예로 들어보자. 이미 보았다시피, 이 네덜란드계 영국 작가의 풍자는 오랜 두려움에 뿌리를 둔다. 벌집의 꿀벌들은 신들에게 덕과 중용을 알게 해달라고 빌고, 제우스가 그 소원을 들어주자 상황은 파국으로 치닫는다. 덕이 절제를 부르고, 벌집은 파산한다. 이제 아무도 달콤한 꿀과 투명한 밀랍을 생산하는 데 신경 쓰지 않는다. 번영하던 벌집이 있던 곳에는 이제 황폐한 불모지만 남았다. 왜일까? 꿀벌들을 생산으로 이끌었던 노동 유인의 구조, 즉 과다와 과시로 이루어진 '개인의 악덕'이라는 구조가 허공으로 흩어졌기 때문이다. 개인의 악덕이 없는 곳에는 결핍이 있을 뿐이다.

기본소득 제안은 우리에게 같은 주제를 약간 변형한 문제에 대해 생각할 여지를 준다. 꿀(사회적 산물)이 생산되는 것은 두 가지 이유에서다. 첫째는 부유해지려는 목적을 지닌 개인의 '악덕'이고, 둘째는 오직 개인의 노력으로만 복지를 누릴 수 있다는 인식이다(개인의 노력 없이는 파멸이 있을 뿐이다). 반면 기본소득과 같은 (사전)분배 정책은 자원 결핍에 대한 두려움과 고민을 처음부터 덜어주지만, 장기적으로 보면 활동에 대한 의욕 저하와 무기력을 양성하는 것으로 귀결된다. 만일 우리에게 꿀을 거저 준다면, 각자의 생존만 책임지면 되는데 무언가를 만들어내려는 근면한 정신을 왜 계발하겠는가? 이렇듯 기본소득은 자원을 (사전)분배함으로써 사람들이 사회적 산물을 생산하고자 하는 의욕을 저하시키는 셈이다. 그리고 사회적 산물이 없다면 기본소득의 재원을 마련할 수도 없다. 그러니 기본소득이라는 공공정책은 지속 불가능하고 스스로 재생산할 수 없어 저절로 사라지는 비극적인 결말을 맞게 될 것이다.

그런데 다시 한번 다음과 같은 측면을 떠올려보자. 맨더빌의 우화는 농담이자, 행동하는 이유가 사적 이익, 그것도 도구적 합리성과 실용적 목적만을 추구하는 단순한 논리에 국한된 사적 이익뿐이라고 믿는 이들에 대한 조롱이었다. 따라서 기본소득이라는 이른바 '사상누각'은 무너져 내리지 않는다. 기본소득은 사상누각이 아니라 사적 이익을 포함하여 인간을 행동으로 이끄는 다양한 동기를 실현하게 함으로써 훼손되지 않은 인간의 삶을 누릴 수 있게 하는 자원과 권리로 견고하게 구축된 구조이기 때문이다.

만일 우리가 인간에게 동기를 부여하는 요소를 두고 '동기의 다원성', 즉 인간의 행동 원인은 지극히 다양하다는 관점을 취하지 않았더라면, 이 책에서 주장하는 바는 순전 헛소리일 것이다. 만일 우리가 폰 미제스Von Mises(2007:591)의 말마따나 "노동에서 싫증이 즐거움을 대체한다는 사실은 […] 노동의 산물에 영향을 끼치지 않는데, […] 사람들은 즐거움이 아니라 보상을 바라고 노동하기 때문이다."라는 주장을 받아들이기로 한다면, 이 책에서 주장하는 바는 순전 헛소리일 것이다. 폰 미제스의 주장이 사실이라면, 기본소득은 해결이 몹시 어려운 노동 유인의 문제를 드러냈을 것이다.

그런데 이 책이 취하는 입장은 폰 미제스 학파보다는 애덤 스미스 학파에 가깝다. 《국부론》에 등장하는 정육점 주인, 양조장 주인, 빵집 주인을 떠올려보자. 스미스는 삼인조 중 아무도 단순한 자비심에서 생산하지 않는다고 주장한다. 다른 말로 하자면, 자기 노동의 결실을 취하고 그것으로 생활 조건을 개선할 수 없었더라면 셋 중 누구도 생산하지 않을 것이다. 사적 이익이라고? 당연히 사적 이익이다. 손가락만 빨고 있을 수는 없지 않은가. 그런데 스미스가 곧바로 덧붙이길, 정육점 주인, 양조장 주인, 빵집 주인이 생산하겠다고 결정을 내리는 데는 사적 이익만큼, 어쩌면 그보다 더 중요한 요인들이 작용한다. 몇 가지 능력을 외부에 위탁함으로써 제조업과 상업에서 자아실현을 이루고자 하는 욕망, 비슷한 직종에 종사하여 정보와 관심사를 공유할 수 있는 사람들을 찾음으로써 고유의 정체성을 표현하고자 하는 바람(무척 아리스토텔레스적인 태도로, 스미스는 인간이 스스로 규정하는 과정을 비슷한 과정을 겪는 다른 사람들과 함께 겪을 때 각자가 될 수 있는 존재에 가까워진다고 인정한다)을 비롯하여,

좋든 나쁘든 우리의 생활환경을 구성하는 데 도움이 되는 사회규범을 준수하려는 경향 등의 요인이 있다(카사사스, 2010). 이렇듯, 스미스에 따르면 인간이 노동하는 동기는 그 범위가 퍽 넓다(스미스, 1976, 1978, 1981).

기본적인 필요가 충족되는 세상에서 노동의 의미란 무엇인지 묻는 말에 스미스는 아테네의 덕 윤리(아리스토텔레스)와 헬레니즘의 덕 윤리(스토아학파와 에피쿠로스학파)로 대변되는 고전적인 덕 윤리를 회복하라고 답한다. 스미스는 기본적인 필요의 충족이야말로 이익과 무관하게 넓은 범위의 활동에 종사하려는 마음이 들고, 실천할 수 있게 하는 요소라고 말하면서도 부유해지고자 하는 단순한 바람이나 욕구를 충족할 필요성 또한 부정하지 않는다.

다른 말로 하자면, 스미스는 '도구적인' 활동과 '자기목적적인' 활동 사이의 구별을 이해하는 데 도움을 준다. 전자는 활동에 대한 보상이 활동을 실현한 **후에** 온다. 따라서 이는 외부에서 이익을 취하기 **위하여** 하는 활동이다. 예컨대 수입을 벌기 **위하여** 고기를, 빵을, 맥주를 생산하는 것이다. 반면, 자기목적적인 활동의 이익, 보상, 목적(텔로스*telos*)은 활동 **내부에서**, 활동을 **하면서** 찾을 수 있다. 이런 활동은 상당한 훈련과 자기통제가 필요한 긴 배움의 과정이 선행되어야 하기 마련이지만(도메네크, 1989), 그 즐거움이 훨씬 더 오래 지속하기도 한다(엘스터, 1986). 예컨대, 우리에게 의미를 가져다주고 그 안에서 자신을 발견할 수 있는(자아실현을 이룰 수 있는) 활동을 완벽하게 갈고닦는 즐거움 때문에 고기와 빵과 맥주(혹은 **소프트웨어**, 음악, 옷, 녹색건축물, 상호원조와 돌봄을 위한 공간)를 생산하고(생산하기를 배우고) 분배하는 경우가 많다.[1] 이렇듯, 기본소득이 보장된 세상에서 자기목적적인 활동들(또는 우리가 일상적으로 수행하는 수많은 활동을 구성하는 자기목적적 요소들)을 찾아내고 계발하는 권한은 사회적 산물을 유지할 뿐만 아니라 더 존중할 만한 (비)물질적 목적과 실천을 통해 사회적 산물을 더 풍요롭게 하고, 나아가 우리 모두 살고 싶어 하는 다양한 형태의 세상을 만드는 원동력이 된다(반 데르 빈과 반 파레이스Van der Veen y Van Parijs, 1986).

그렇다면 기본소득 제안을 비판하는 측이 가장 문제로 삼는 점, 즉 기본소득으로 인한 노동 의욕 저하를 어떻게 봐야 할까? 이 같은(**노동**이 꼭 **취업노동**이나 **유급노동**을 의미하는 것은 아니라는 사실을 '잊어버린' 게 분명한) 비판 또는 문제 제기는 '우파'뿐만 아니라 일부 '좌파' 진영에서도 형성되고 있다.[2]

기본소득을 비판하는 '좌파'의 관점은 인간의 사회화와 정체성 발달에 언제나 노동(사실상 거의 늘 **취업노동**)을 중심으로 두는 게 특징이다. 실제로 개인의 정체성은 사회적 상호작용의 맥락에서 발현하고, 타인과 교류하는 데는 노동관계만한 게 없다. 이러한 관점에서 이들은 "노동이 인간을 존엄하게 한다"고 주장한다.

1 물론, 이해할 수 있을법한 시간보다 훨씬 더 많은 시간을 노동하면서 착취당하거나 스스로 착취하지 않을 때의 이야기다.

2 다음에 이어지는 내용은 카사사스(2017)의 분석을 퇴고하여 전개한 것이다.

따라서 아무런 **노동(취업노동)**을 통하지 않고, '아무런 대가 없이' 자원을 부여하는 기본소득처럼 무조건적인 조치를 지지할 수 없는 것이다.

제3부에서 이미 다룬 부분을 다시 살펴보자. 기본소득은 결코 노동중심성에 문제를 제기하지 않을뿐더러, 생활의 기본적인 필요를 해결해 줌으로써 진정 원하는 일을, 현재의 처지 때문에 노동시장이 '제공하는'(그것도 일자리가 있을 때의 이야기다. 오늘날에는 기술적 실업이든 아니든, 실업이라는 현상이 일자리를 심각하게 제한하고 있다), 일시적이고 불안정하기 마련인 일자리에 매달리느라 하지 못했던 일을 시작하도록 오히려 장려하는 조치다. 노동이 인간을 존엄하게 한다고? 실례지만, 인간을 존엄하게 하는 노동이 있는가 하면, 그냥 그렇지 않은 노동도 있다. 요컨대 자본주의를 구성하는 장치들이 우리를 약탈하고, 그 결과 우리가 각자의 계획을 포기하고 문자 그대로 어떤 일자리든 받아들이도록 떠미는 상황에서 기본소득은 이처럼 '아무런' 일자리든 받아들여야 할 필요성 때문에 하지 못했던, 급여 여부와 무관한 인간 활동을, 나아가 우리가 진정 하고 싶은 노동을, (우리가 보기에) 진정 인간을 존엄하게 하는 노동을 활성화하는 지렛대로 기능할 수 있다.

역시 이미 살펴보았듯, 기본소득의 이런 기능은 비단 정당함과 공정함의 차원만이 아니라 경제 활동의 효율성, 심지어는 (재)활성화의 차원에서 중요하다. 왜냐하면 '우리에게 제공하는 것'을 서둘러 받아들여야 할 필요성 때문에 새로운 생산 관계와 생산 수단을 탐험하고 창조할 기회와 시간이 활성화되지 못하고, 그 결과 생산 조직이 망가지기 때문이다. 반면, 기본소득으로 바닥이 보장될 때 우리는 숙련과 재능과 집단 효용이라는 자산을 활용하여 각자의 생산적·재생산적 계획들에 개인적으로·공동으로 착수할 수 있는 공간으로 올라갈 수 있다.

이번에는 기본소득이 초래하리라는 노동 의욕 저하 문제에 대한 일부 '우파'의 입장을 살펴보자. 이런 주장을 펼치는 '우파'의 언어를 빌려오자면, 기본소득은 기생적 삶을 유발할 것이다. 아주 오래전부터 내려오는 그들의 주장(실업수당처럼 훨씬 더 소극적인 조치들의 평판을 떨어뜨리는 데 이미 동원된 주장)은 다음과 같이 이어진다. 노동이란 자고로 피로나 **비효용**의 원천인 법인데(폰 미제스의 주장에서 보았듯, 이 같은 견해는 인류학적 가정에서 몹시 자주 언급된다), 기본소득을 지급한다면 게으름뱅이들에게 밥을 떠 먹여주는 꼴이 아닌가?

엄격히 이론적인 측면에서 보자면, 기본소득이 우리 사회에 문제를 일으키는 기생적 삶(을 살 권리)에 있어 호혜성 부족의 문제를 해결할 수 있다는 결론이 나올 수 있다. 왜냐하면, 우리 사회에는 소수 집단이지만 그렇다고 아주 적은 수는 아닌 사람들이 **이미** 일하지 않고 살 권리를 누리고 있기 때문이다. 불로소득을 취하는 부자들은[3] 문자 그대로 아무 일도 하지 않고 그 소득만으로

3 재산을 물려받았거나 정부 기관에 압력을 가하고 소유한 재산의 가치에 비교해 터무니없이 불균형적인 재분배를 수행하는 등의 지대 수취 활동 덕분에 재산을 쌓아

살 수 있다. 이러한 맥락에서 볼 때, 기본소득으로 소수가 누리는 특권의 형태로 이미 존재하는 권리, 즉 기생적 삶을 살 권리를 보편화할 수 있다. 평등주의에 기반을 둔 도덕 직관을 지닌 이라면 아무도 이 주장에 반박할 수 없으리라.

순수하게 경험적인 측면을 보자면, 기본소득을 받는다고 하더라도 애덤 스미스가 제시한 삼인조의 사례에서 보았듯, 급여 여부와 상관없이 노동하려는 동기의 다양성을 유지할 수 있다는 결론으로 이끄는 현실이 수없이 많다. 적은 임금으로 가능한 것보다 더 큰 소비 수준을 갖추기 위해 추가 시간을 근무하는 임금노동자들, 충분한 연금을 받으면서도 가사노동이나 자원봉사로 계속 일하는 은퇴자들, 일하지 않아도 사는 데 지장이 없지만 일하는 부자들을 비롯하여 독일, 벨기에, 브라질, 캐나다, 미국, 핀란드, 네덜란드, 인도, 케냐, 나미비아, 스리랑카, 우간다 등 다양한 국가에서 시행된 연구며 파일럿 프로젝트에 참여하는 사람들(스탠딩, 2017)[4] 모두, 급여 여부를 떠나 노동하려는 동기는

올린 부자들을 떠올려보자(맥퀘이그와 브룩스McQuaig y Brooks, 2014; 라벤토스, 2017, 스탠딩, 2016). 한편 맷 브루닉Matt Bruenig(2017)의 불평등에 관한 분석이 제시하는 통계에 따르면, 미국에서 10달러의 수입이 생산될 때마다 1달러는 노동 수행과 완전히 무관한 지급 방식으로, 가장 부유한 1%의 사람들의 주머니 속으로 들어간다.

4 그러나 실험 결과는 신중하게 받아들여야 하는데, 지나친 낙관주의로 이끌 우려가 있어서가 아니라 사실은 정반대의 이유 때문이다. 우선, 기본소득은 본래 “무덤에서 요람까지” 중단 없이 지급되어야 하는데, 실험은 몇 년 동안 시행된 것으로 그 기간이 짧다. 실제로 생의 마지막 날까지 규칙적인 주기에 따라 소득을 지급했을 때 기대할 수

기본적인 생계를 유지하는 데 필요한 소득을 얻고자 하는 것 이상으로 다양하다는 사실을 증명한다. 실제로, 앞에서 언급한 파일럿 프로젝트며 실험 상당수에 따르면 식량, 의료, 교육에 대한 접근을 확대하는 자원을 제공한 결과 정신건강이 증진되는 등 놀라운 효과가 나타났을 뿐 아니라 무조건적인 소득의 유입이 농촌 소외 현상과 필연적으로 따르는 임금노동을 찾아 대도시로 떠나는 현상을 예방함으로써 지역 경제 발전에도 이바지한다는 점을 나타냈다. 이와 더불어 인도에서는 협동조합주의와 기업가 정신의 형태들이 여성들에게 더 큰 경제적 자율권을 부여했다(스탠딩, 2017).

지금까지 살펴본 모든 사례는 기생적 삶의 위험을 경고하고 기본소득이라는 권리(모두에게 물질적 생존을 무조건적으로 보장하는 권리)에 반대하는 '우파'가 진정으로 우려하는 바는 사실 우리가 노동을 그만두는 것이 아니라 '그들을 위해' 노동하기를 그만두는 것이라는 결론으로 이끈다. 노동과 생산의 다른 종류와 형태의 등장은[5] 분명, 우리를 과거나 지금이나 (재)생산 수단을 독점하는 이들이 중재하는, 공공연히 횡포적인 절차와 공간으로

있는 결과야말로 기본소득 제안의 가장 중요한 특징 중 하나다(스탠딩, 2017). 따라서 기본소득으로 기대할 수 있는, 우리 삶을 '크게 **리셋**'([재]생산의 영역에서의 거대한 변화, 내부 집단에 널리 영향을 끼치는 전환 등)하는 차원의 효과는 실험으로 관찰되기 어렵다(반 파레이스와 반더보르트, 2017).

5 남반구에서 시행된, '자본주의 법칙'을 초월하는 생산 형태의 실험으로는 소우사 산토스Sousa Santos (2006)를 보라.

구성된 우리 바깥으로 나가게 할 것이다. 그리고 이런 상황은 그들이 보기에 위험할 수 있다.

어떤 경우든, 기본소득의 역할(더불어 다시금 강조하건대, 기본소득에 수반되어야 하는 조치들의 역할)이란 넓은 경제 환경을 제공함으로써 인구 전체가 덜 불안정하고 덜 적대적인 (재)생산의 공간으로 '들어가게' 유인하고, 그곳에서부터 각자 최선을 다하여 이루고 싶은 계획을 전개하게끔 하는 것이다. 왜냐하면, 취업노동에 대한 동기를 가장 하락시키는 요인은 바로 취업노동 그 자체이기 때문이다. 적어도 우리가 아는 자본주의 세상에서는 그렇다. 신체적·정신적 건강을 해칠뿐더러 우리를 궁핍하게 하고 타인의 의지에 종속하게 만드는 노동을 하면서 우리는 과연 욕망과 동기를 얼마나 간직할 수 있을까? 여기서 첫째, 미국의 무정부주의자 작가 밥 블랙이 강제 생산이라는 형벌이자 '시간제 노예제'(밥 블랙은 이렇게 아리스토텔레스적으로 표현하기도 한다)로서의 취업노동 앞에서 느낀 탄식의 깊은 의미를 이해하고자 반제도적인 발길질에 참여할 필요는 없다. 둘째, 윌리엄 모리스, 폴 라파르그, 마샬 살린스의 자취를 밟아 그가 주장하는, 지금까지 임금노동에 할애했던 시간을 자기목적적인 요소를 지닌, 온전히 제도에서 벗어난 활동에 쏟자는 '생산적인 게임'(블랙Black, 2013)[6]에 참여할 필요까지는 없다. 기본소득의 무조건성이 아무도

6 취업노동의 영역 밖에서 의미 있는 노동을 할 수 있는 세상을 건설하자는 제임스 리빙스턴James Livingston(2016)의 호소 역시 개념적·정치적으로 같은 좌표에 있다.

감당해서는 안 되는 형벌에서 '벗어나', 너무 일찍 뒤로해야 했던 영역을 다시 방문하여 복원하는 권한을 부여할 수 있다.

일부는 다음과 같이 지적한다. 사회적 산물을 제조하고 공동체의 필요를 충족시키는 데 어떤 식으로든 기여하거나 기여하겠다는 약속이 없다면 과연 도덕적 의미가 있는 삶이 가능한가? 이는 앞에서 살펴본 바 있는 앤서니 앳킨슨(1996)의 '참여소득' 제안과 스튜어트 화이트의 '시민수당' 제안의 배후에 깔린 질문이다. 약 15년 전(화이트의 견해는 시간이 흐르며 기본소득 논리와 비슷하게 변했다), 화이트는 개인이 수당을 받는 대가로 공적 이익과 효용을 내는 노동을 약속하지 않는다면 공덕이란 존재하지 않을뿐더러 정반대의 상황(근면한 자들을 게으른 자들이 대놓고 착취하는 상황)이 벌어지리라고 주장한 바 있다. 개인이 노동으로 보답할 때야 비로소 수당이 '시민적'이고 '덕을 발휘하는' 성질의 것이 될 수 있다는 말이다.

그런데 이 같은 주장은 규범적으로나 제도적으로 큰 문제를 나타낸다. 우선, 도덕을 논하는 앳킨슨과 화이트의 주장은 제 꼬리에 잡혀 무효가 되는데, 그들의 제안에 따르면 개인이 이른바 **시민**수당을 획득하기 위해서는 **도구적으로** 기여해야 하기 때문이다. 누군가 자발적으로 행동하게 강요하거나 진심 어린 사례, 가령 결혼 축의금을 강제할 수는 없는 것처럼(진심 어린 사례라는 것은 자발적일 때만 가능하다), 이른바 **덕성을 지닌** 사람에게 걸맞은 혜택과 수당을 받기 위해서는 타인과 협력해야 한다는 점을 **조건**으로서 시민에게 **강요**할 수는 없는 노릇이다. 덕은 병따개로 열어 꺼낼 수 있는 게 아니다. 다시 말해, 만일 덕이란 게 병따개로 열고 꺼내야 하는 것이라면, 그것은 시민적인 덕이 아니라 도구적인 행동일 뿐이다. 그럼에도 불구하고 낙관적으로 보자면, 그런 행동은 나를 벗어난 목적을 이루기 위한 행동일 수 있겠다. 우리는 또한 임금노동을 강요하는 소득정책에 속아서는 안 될 것이다. 가난한 사람들이 다만 생계를 해결하고자, 그들의 정치적 의도가 얼마나 좋든 '타인'의 의사에 따라 억지로 행동해야만 하는 상황이 다시금 오게 해서는 안 될 것이다.

여기까지 앳킨슨과 화이트의 주장에 담긴 도덕적 성질이 지닌 문제였다. 이제 제도적 약점을 살펴보자. 알다시피, 아리스토텔레스 시대부터 집단에 대한 개인의 진정한 기여란 물질적 생존이 보장된 평온한 삶에서 나오는 부산물이다. 다른 말로 하자면, 자기 목숨 하나 건사하기 힘든 개인이 제공할 수 있는, 사회적으로 가치 있는 진정한 참여란 과연 무엇인지 **사전**에 결정하여 정부 공식 간행물이나 학교 칠판에 적어둘 수는 없는 노릇이다. 왜냐하면 진정한 참여란 참여하는 행위자가 시간을 두고 직접 알아낼 수밖에 없는 것이기 때문이다. 그런데 '시민수당'이나 '참여소득' 제안은 우리가 할 수 있는 활동 중 어떤 활동이 사회적·도덕적으로 가치 있는지 관료들이 **알고,** 결정할 수 있다고 암시한다. 이는 사실이 아니며, 설사 그렇다 한들 몹시 부분적인 사실이다. 시간이 말하게 하자. 그리고 무엇보다, 가치 있는 활동이란 무엇인지 알거나 알게 될 사람들이 직접 말하게 하자. 그렇지 않으면 끔찍한 수준의 가부장제를 양산하거나 정보의 부족이라는 거대한 난관에 부딪히게 될(혹은 동시에 두 가지가 발생할) 위험이 있다. 사회적으로 가치 있는 활동이란 그것을 알아가는 데 시간이 필요하고, 어쩌면 기본소득 덕분에 '살기 위해 매일 허락을 구할' 의무에서 해방된 사람의 자주적인 행동의 결과로 자연히 나타날 수 있다. 사회적으로 가치 있는 활동을 알아가는 과정은 이렇게 이루어져야 한다.

그런데 앳킨슨과 화이트의 주장을 따르는 사람들이 호혜성(부족)의 문제나 착취의 문제를 보았던 측면에서 우리는 집단적으로 물려받은 부의 평등한 재분배를 본다. 마추카토Mazzucato(2017)와 바루파키스(2016)가 상기하듯, 현존하는 부는 오랜 시간과 공간에 걸쳐 집단적으로 생산되고 전해진 것이다. 이러한 이유로 제임스 미드James Meade(1964, 1989)의 영향을 받은 바루파키스는 다음과 같이 주장한다. 이 세상 거주민 모두가 '사회배당' 또는 무조건적인 기본소득의 형태로 집단적인 부를 누려야 한다. 그리고 만일 누군가 자신에게 할당된 몫을 가지고 일에 전념하지 않는 소박한 삶을 살고자 한다면 그것 또한 그의 권리다. 그 이유는 첫째, 일에 전념하지 않는 소박한 삶이라고 해서 그 삶이 '비생산적인' 또는 '기생적인' 삶인지는 두고 보아야 알 일이다. 한 사람이 진정 원하고 또 할 수 있는 일을 찾고, 그 일을 통하여 집단에 기여할 수 있는 최선의 방법을 시도하기까지 얼마나 오랜 시간이, 얼마나 큰 노력이 필요할까? 그날이 오기 전에 가능성을 지레 짓밟지 말고, 오래 걸려도 좋으니 성숙하기를 기다리자. 둘째, 일에 전념하지 않는 삶을 사는 것 또한 우리의 권리다. 방금 이야기했듯, 오래 걸려도 좋으니 성숙하기를 기다릴 가능성은 소수에게는 이미 주어진 권한이기 때문이다. 그러니 이런 특권을 모든 사람의 권리로 보편화하지 않을 이유란 무엇인가?[7]

꿈은 종말했다. 제4부 제1장에서 말했듯 꿈이 종말했다는 것은 한편으로는 전후의 사회적 합의로 예정되었던 삶, 즉 너무나 엄격하게 구성되어 주권은 인정하지 않지만 어느 정도의 안정을 보장했던 삶의 형태는 이제 돌이킬 수 없이 망가졌다는 의미에서다. 그런데 꿈이 종말했다는 것은 다른 한편으로, 우리를 보호하기는 했지만 동시에 생산관계(오늘날에는 재생산관계도 덧붙일 수 있겠다)의 실질적 민주화를 위해 세대를 거듭하며 투쟁을 벌이던 노동자들의 반란을 향한 염원을 질식시키고자 했던 사회적 합의에서 비롯한 무기력 상태가 끝났다는 의미이기도 하다. 오늘날 신자유주의로 방향을 튼 자본주의의 특징으로 나타나는 적대적인 사회 상황은 역설적이게도 같은 염원을 되살리게 한다. "당신들은 우리에게서 너무나도 많이 빼앗아 갔어. 이제 우리는 다시 전부를 원한다"라는, 마르코 레벨리가 언급한 그래피티가

7 마지막으로, 그럴 가능성은 거의 없지만, 기본소득의 도입으로 인해 사회가 기본소득을 비롯한 공공정책의 재원을 마련하기에 충분한 사회적 산물을 생산하지 않는 조짐을 보이는 최악의 사태가 온다면("그럴 가능성이 거의 없다"라고 하는 것은 의미를 가져다주는 활동을 하려는 인간의 성향에 대한 증거가 있기 때문이다), 그때는 물론 공동체가 사회적으로 필요하다고 간주하는 노동을 평등하고 민주적으로 재분배하기 위한 제도를 구상해야 할 것이다.

이를 증명한다. 우리는 정말로 '전부'를 되찾을 용기를 낼 수 있을까?

자본주의의 경계에서 무조건적 자유를 외치다

우리는 정말로 '전부'를 되찾을 용기를 낼 수 있을까? 우리는 과연, 동물원 바깥에서 살아갈 수 있을까? 동물원에서 태어난 동물들은 자연 속에서 생존하는 능력을 발달시키지 못했기 때문에 자연에 풀어줄 수 없다. 우리는 과연, 걸음을 늦추고, 지나친 현기증을 느끼지 않을 만큼 차분히 주위를 둘러보며, 우리 삶을 결정하는 권한을 되찾게 하는 문화와 관습을 쟁취할 수 있을까?

임금노동의 세계는 돌고 돌기만 할 뿐 결코 멈추지 않는 관람차와 같아서, 머리를 깨뜨리지 않고 멀쩡히 내려오기가 어렵다. 관람차에 오르기 또한 어려운데, 객실마다 만원인 데다가 우리 앞을 빠른 속도로 지나쳐버리기 때문이다. 임금노동의 세계는 이렇듯 집어삼키는 동시에 뱉어내는 관람차와 닮았다. 그것도 모자라, 터질듯한 작은 바구니 안에 담겨 돌고 도는 이들은 이 야만적인 세계 속에 자기 자리가 있다는 사실을 자랑스러워하는 경향이 있다. 놀이공원에서 사람들은 재미를 느끼고 즐거워하기 마련이다. 그러나 결국 시간의 문제다. 며칠, 몇 주, 몇 달, 몇 년이 지나도록 놀이공원에 갇히게 된다면 그것은 소름 끼치는 무서운

이야기로 변한다. 그런데 우리에게는 임금노동이라는 불행한 놀이공원에 갇혀 지내는 것을 성공이라고 칭찬하는 괴이한 경향이 있고, 이는 '거짓 인식'의 자양분이 될 수 있다.

기본소득은 놀이공원과 관람차를 부수기 위함이 아니다. 기본소득을 논의하는 것은 놀이공원의 문을 부수기 위함이며, 불행하게 회전하는 관람차에 제동을 걸 수 있게 하기 위함이다. 프롤레타리아에서 벗어난다는 것은 자본주의의 약탈을 막기 위한 자원으로 무장하고, 그로부터 우리가 삶에서 원할 수 있는, 급여 여부와 무관한 다양한 형태의 노동으로 구성된 톱니바퀴를 언제 멈추고 언제 다시 작동시킬지 선택한다는 것을 의미한다. 따라서 프롤레타리아에서 벗어난다는 것은 결코 노동에서 벗어난다거나 노동자 계급이기를 거부한다는 것이 아니다. 오히려 정반대다. 프롤레타리아에서 벗어나기, 프롤레타리아화를 부정하기 곧 진정 자기 것이라 여기는 노동의 형태와 과정을 선택하는 자유로운 노동자들로 이루어진 새로운 계급을 형성하기 위한 문을 여는 과정을 의미한다. 자본주의 사회에서 노동의욕을 저하시키는 요인은 바로 취업노동 그 자체와 이에 딸려오는 조건들이다. 기본소득은 오늘날 유효한 일자리를 받아들여야만 할 필요성에서 우리를 해방함으로써 우리가 노동의욕을 회복하고 다시 표출하게 한다. 왜냐하면, 기본소득은 각자가 자신에게 적합하다고 생각하거나 바라는 이상에 부합하는 방식으로 원하는 공간에서 노동할 권한을 주기 때문이다. 이렇게 노동(노동들)의 세계와 애정(애정들)의 세계는 우리 삶이 의미를 지니는 공간이 된다.

그러한 공간에 살고자 하는 우리의 바람을 아무도 짓밟지 않기를.

프롤레타리아에서 벗어나는 데는 긍지가 중요하다. 그러나 긍지를 잘못된 방향으로 표출해서는 안 될 것이다. 우리는 자본주의의 약탈이라는 밀방망이에 밀려 프롤레타리아화된 사람들로 이루어진 계급에 속한다는 사실을 고분고분하게 받아들인다거나, 심지어 그 사실에 열광해서는 안 된다. 과거나 지금이나 시민권을 요구하며 투쟁하는 아프리카계 미국인과 속박의 사슬을 끊고자 힘을 합하는 여성 인구는 '소속됐다는 긍지'를 지니는데, 그들의 긍지는 극복하지 못할 취약성을 공유한다는 데서 나오는 것이 아니다(만일 그러했다면, 그들이 자신의 목소리를 들리게 하고자 하는 모든 노력이 물거품이 되리라). 소속됐다는 긍지는 아프리카계 미국인이거나 여성이기를 그만두는 게 아니라, 에스니시티나 젠더라는 이유만으로 하위 집단이 되고 소수자가 되기를 그만두고자 하는 역동적인 관점을 공유하는 데서 나온다. 독재와 종속에 짓밟힌 집단을 스스로 해체하고자 하는 목표가 없다면, 지배가 군림하는 곳에 집단의 긍지란 있을 수 없다. 프롤레타리아 인구의 상황도 마찬가지다. 프롤레타리아가 프롤레타리아인 것은 약탈이 다른 대안을 남겨두지 않았기 때문이다. 만일 우리가 우리에 갇힌 양으로서, 동물원 철장 속에 부대낄 틈 없이 갇힌 동물로서, 관람차의 작은 바구니 안에서 멀미하는 탑승객으로서, 시간제 노예로서 긍지를 느낀다면 그것은 비통한 일이리라. 반면, 공권력이라는 신경과 근육에 깊게 뿌리내린 노동 공간을 차지하기 위하여(즉 실질적으로 자유로운 노동자 계급으로 '스스로를 형성'하기 위하여) 대담하게 우리를, 동물원을, 관람차를 떠나고자(즉, 프롤레타리아 계급을 해체하고자) 할 때, 계급의 긍지는 더할 나위 없이 타당하다.

왜냐하면, 우리는 애덤 스미스가 말한 '절박한 자 특유의 광기'를 품은 채 살 수 없기 때문이다. 왜냐하면, 노동자와 자본가는 똑같이 서로를 필요로 하는 관계라서 권력의 불균형도 없고 한쪽이 다른 쪽을 강제하는 일도 없다는 폰 미제스의 말은 거짓이기 때문이다. 왜냐하면, 프롤레타리아화로 인해 망가진 삶(그람시와 파솔리니 전통은 이러한 입장을 취한다)이란 곧 모든 종류의 지식에 대한 통제권을 잃은 삶이기 때문이다. 일터에서 매일 하는 일을 예로 들어보자. '절박한 자 특유의 광기'를 발휘해 생산하면서(또는 그러려고 노력하면서), 관람차의 바구니 끝에 걸터앉아 균형을 잡으려 애쓰면서, 우리는 양배추와 완두콩을, 수탉과 도마뱀을, 여름과 겨울을, 못을 박는 것과 홈을 파내는 것을, 켜는 것과 끄는 것을, 폭풍과 매연을, 계획하는 것과 계획당하는 것을, 고개를 드는 것과 고개를 숙이고 걷는 것의 차이를 잊어버리게 된다. 아는 것에 대한 통제권을 잃어버린 채 망각 속으로 떨어지도록 내버려 두는 것은 곧 삶 전체가 손아귀에서 빠져나가게 두는 것과 다름없다.

그렇기에 우리는 당장 매트릭스의 빨간약을 삼키고 장소를 다시 구성해야 한다. 그리고 우리가 사는 곳이 삶의 무수한 가능성을 차단하는 수렁이라는 사실을 인식해야 한다. 나아가, 모든 사람이 오래도록 공존하는 세상을 만들고 가꿀 수 있도록 연대와 반항의 수단과 방법으로 무장해야 한다. 여기서 다시금 모자의 중요성이 대두된다. 무조건적 성질을 지니는 다른 조치들과 마찬가지로, 기본소득을 논의하는 것은 우리가 모자**에 기대어** 살도록 하기 위함이 아니라, 우리가 '모자들'**을 가지고** 자유와 양립할 수 있는 상호독립을 실현할 수 있게 하기 위함이다. 결국, 토씨의 문제다. 가령, 기본소득의 무조건적 성질에서 비롯하는 협상력은 시장과 재산을 배제하지 않으면서 시장이 언제 출몰하고 어떻게 배치되는지, 또 사회관계를 위해 재산을 어떤 형태로 비축해둘지 결정하는 권한을 모든 사람이 누리는 세상을 만들고 가꿀 수 있게 한다. 선택한 일을 하고 모두가 공동 책임을 지는 메커니즘이 작동하는 것은 그럴 수 있는 환경이 구축되었느냐에 전적으로 달려있다.

기본소득으로 탈자본주의적 사회가 반드시 도래하는 것은 아니다. 그러나 기본소득은 복지주의적 메커니즘을 적용하는 사회를 비롯한 자본주의적 사회 내에서 찾아볼 수 있는 주요 훈육 기제 중 하나를 무력화할 수 있다. 바로 임금노동의 의무적이고 강요적인 성격이다. 이렇듯 자본주의의 약탈적인 성격과 상품화를 추구하는 성격에 맞서 투쟁한다는 측면에서 기본소득에는 잠재력이 있다. 실제로, 노동과 수입이 분리되고, 무조건적으로 지급되는 자원이 모든 종류의 삶의 계획과 형태를 가능하게 할 때야 비로소 나타날 수 있는 자율적인 (재)생산 환경은 과거나 지금이나 임금노동의 의무적인 성격에 의해 막혀 있다. 한편, 적지 않은 사회운동이 이 같은 견해를 밝히며 여태 숨어 있었거나 앙금에 덮여 보이지 않았던 실상이 드러날 때까지 이 시대를 붙잡고 뒤흔들기를 고무하고 있다. 자본주의가 신자유주의로 방향을 틀면서 시작된 날카로운 불안의 시대, 오랜 포드주의적 합의가 엘리트 집단에 의해 일방적으로 깨져버린 데 대한 깊은 배신감에 뿌리내린 분노가 최근 칠십 년 동안 보인 적 없던 사회적·정치적 야망을 살찌우는 이 시대에 기본소득 같은 제안은 자본주의 시장의 규율을 넘어, 의심할 여지 없이 더 자유로운 삶과 노동의 형태를 양산하는 데 도움이 될 수 있다.

누군가는 기본소득이 있는 세상을 건설할 수 있을 만한 권력의 상호작용이 있다면, 어쩌면 기본소득이 더는 필요하지 않으리라고 지적하기도 한다. 왜냐하면, 우리를 '더 멀리' 데려가 줄 다른 '무언가'를 바랄 수 있기 때문이다. 따라서 정치적 실현 가능성이라는 측면에서 봤을 때, 기본소득은 곧장 불필요한 장치가 되고 만다. 그런데 잠깐. 앞에서 말한 '무언가'는 과연 무엇을 의미할까? 그리고 더 중요하게는, '더 멀리'라는 말은 무엇을 의미할까? 지금까지 이 책은 해방에 관한 어떤 '결말'도 제시한 적 없다. 얼마나 높은 수준의 경제민주주의를 성취하든, 생산과 재생산 수단을 공동으로 통제하는 형태를 정치적으로 구체화할 방법을 얼마나 많이 찾아내든, 첫째, 우리는 여전히 상충하는 이해관계(건강한 인간 사회는 자고로 다양성을 보장하는 사회다)와 부족한 자원이 특징인, 갈등으로 대립하는 사회에서 살아갈 것이다. 둘째, 우리는 여전히 시장이며 무척 다양한 형태의 재산권 같은 사회제도를 활용할 수 있고 그래야만 할 것이다. 이런 제도들이 없다면 복잡한 사회에서 삶을 지속할 수 없기 때문이다. 그리고 바로 이 점이 우리가 모두 협상력을 갖추어야 하는 이유다. 그래야 각 사회제도적 상황과 사회적 삶 각지에서, 앞에서 언급한 제도들에 형태를 부여하려거든 어떤 형태를 부여할지 결정할 수 있고, 나아가 자기만의 삶 역시 개인적·집단적으로 선택할 수 있다.

따라서 기본소득은 자본주의의 본래 약탈적인 성격에 맞서서 우리가 더 살만한 삶을 살도록 도와준다는 점에서 자본주의적 사회구성체 **안**에 필요한 대책일 뿐만 아니라, 바로 그러한 이유로 우리에게 익숙한 이 자본주의 세상의 경계 **바깥**에도 필요한 대책이기도 하다. 왜냐하면, 기본소득을 가지고 우리는 진정 민주적인 성격을 띠는 삶과 노동의 공간을, 즉 탈자본주의적인 공간을 만들어나갈 수 있기 때문이다. 같은 맥락에서, 그것이 언제나 '민중의 정치경제' 안에서 작동한다고 할 때 기본소득은 30년도 더 전에 반 데르 빈과 반 파레이스가 말했던 것처럼 "자본주의에서 공산주의로 이행하기 위한 수단"으로가 아니라, 각자의 필요에 맞게 생산할 수 있고, 그 덕분에 각자의 진정한 능력에 따라 기여할 수 있는 세상으로 이행하기 위한 민주적이고 반자본주의적인 폴라니적 수단으로 이해될 수 있다.

자본주의는 자연적이고 당연한 것이 아니다. 자본주의는 우리가 힘껏 밀면 비틀거릴 수 있는 것이다. 한 세기 반 전에 마르크스가 지적했고, 오늘날 실비아 페데리치가 예리하게 상기하듯, 16세기 무렵 유럽의 일부 과두 집단은 평민이 '사회권력'을 쟁취하려는 움직임을 막고자 하는 반혁명으로 혈안이었다. 그들에게 있어 평민이 사회권력을 쥔다는 것은 용납할 수 없는 일이었기 때문이다. 기본소득은 사회권력의 형태들을 재숙고하고 재구성하며, 이를 쟁취하려는 길을 다시 밟고자 한다. 발터 벤야민의 말을 빌리자면, 기본소득의 민주적-혁명적 잠재력은 역사라는 기관차에 제동을 걸고 다른 현대 사회, 즉 배제되는 이 없이 모든 사람이 협박과 조건에 종속되지 않는 자유를 누릴 수 있는, 자본주의적이지 않은 현대 사회를 고민하게 할 가능성에 있다.

왜냐하면 자유가 실현되려면 충족되어야 할 조건들이 있기 때문이다. 이 책의 상당 부분은 기본소득이 자유의 물질적 조건 일부를 어떻게 보장할 수 있는지(상징적 조건까지 어느 정도 보장할 수 있을지 또 누가 알겠는가) 탐구하기 위해 쓰였다. 그러나 민주적이고 민주화를 추구하는 사회에서라면 이처럼 '조건이 충족되어야 하는 자유'에 접근하는 데는 어떤 조건도 붙을 수 없다. 이러한 의미에서 자유는 **무조건적 자유**여야 한다. 민주적-혁명적이고 현대적인 공화주의의 맥락 안에서 기본소득을 최초로 제시했던 토머스 페인이라면, 자유는 그저 상식의 문제라고 말하리라.

참고문헌

데이비스, 마이크, 《미국의 꿈에 갇힌 사람들: 미국 노동계급사의 정치경제학》, 김영희, 한기욱 옮김(서울: 창비, 1994).
라벤토스, 다니엘, 《기본소득이란 무엇인가》, 이재명, 이한주 옮김(서울: 책담, 2016).
라이트, 에릭 올린, 《리얼 유토피아: 좋은 사회를 향한 진지한 대화》, 권화현 옮김(경기: 들녘, 2012).
러셀, 버트런드, 《버트런드 러셀의 자유로 가는 길》, 장성주 옮김(서울: 함께읽는책, 2012).
롤스, 존, 《공정으로서의 정의: 재서술》, 김주휘 옮김(서울: 이학사, 2016).
마르크스, 카를, 《경제학-철학 수고》, 강유원 옮김(서울: 이론과 실천, 2006).
——, 《자본론 1·2·3》, 김수행 옮김(서울: 비봉출판사, 2015).
——, 《정치경제학 비판 요강 1·2·3》, 김호균 옮김(서울: 그린비, 2007).
——; 엥겔스, 프리드리히, 《독일 이데올로기 1·2》, 이병창 옮김(서울: 먼빛으로, 2019).
맨더빌, 버나드, 《꿀벌의 우화: 개인의 악덕, 사회의 이익》, 최윤재 옮김(서울: 문예출판사, 2010).
메이슨, 폴, 《포스트자본주의 새로운 시작》, 안진이 옮김(서울: 더퀘스트, 2017).
미제스, 루트비히 폰, 《인간행동 1·2·3》, 민경국, 박종운 옮김(서울: 지만지, 2011).
벌린, 이사야, 〈자유의 두 개념〉, 《이사야 벌린의 자유론》, 박동천 옮김(경기: 아카넷, 2014).
벤야민, 발터, 《일방통행로》, 조형준 옮김(서울: 새물결, 2007).
브레흐만, 뤼트허르, 《리얼리스트를 위한 유토피아 플랜》, 안기순 옮김(서울: 김영사, 2017).

비르노, 빠올로, 《다중: 현대의 삶 형태에 관한 분석을 위하여》, 김상운 옮김(서울: 갈무리, 2004).

샌델, 마이클, 《돈으로 살 수 없는 것들: 무엇이 가치를 결정하는가》, 안기순 옮김, 김선욱 감수(서울: 와이즈베리, 2012).

세넷, 리차드, 《신자유주의와 인간성의 파괴》, 조용 옮김(서울: 문예출판사, 2002).

스미스, 애덤, 《도덕감정론》, 박세일 옮김(서울: 비봉출판사, 2009).

——, 《국부론 상·하》, 김수행 옮김(서울: 비봉출판사, 2007).

스탠딩, 가이, 《프레카리아트: 새로운 위험한 계급》, 김태호 옮김(경기: 박종철출판사, 2014).

스턴, 앤디; 크래비츠, 리 《노동의 미래와 기본소득: 21세기 빈곤 없는 사회를 위하여》, 박영준 옮김(서울: 갈마바람, 2019).

아렌트, 한나, 《인간의 조건》, 이진우 옮김(경기: 한길사, 2017).

엥겔스, 프리드리히, 《영국 노동계급의 상황》, 이재만 옮김(서울: 라티오, 2014).

오르테가 이 가세트, 호세, 《대중의 반역》, 황보영조 옮김(경기: 역사비평사, 2005).

카치아피카스, 조지, 《정치의 전복》, 윤수종 옮김(경기: 이후, 2000).

케인스, 존 메이너드, 《고용, 이자 및 화폐의 일반이론》, 조순 옮김(서울: 비봉출판사, 2007).레이코프, 조지; 존슨, M., 《삶으로서의 은유》, 노양진, 나익주 옮김(서울: 박이정, 2006).

톰슨, E.P., 《영국 노동계급의 형성》, 나종일, 김인중, 한정숙, 노서경, 김경옥, 유재건 옮김(서울: 창비, 2000).

판 파레이스, 필리프, 《모두에게 실질적 자유를: 기본소득에 대한 철학적 옹호》, 조현진 옮김(서울: 후마니타스, 2016).

페데리치, 실비아, 《캘리번과 마녀》, 황성원 옮김(서울: 갈무리, 2011).

——, 《혁명의 영점: 가사노동, 재생산, 여성주의 투쟁》, 황성원 옮김(서울: 갈무리, 2013).

페인, 토머스, 《상식》, 남경태 옮김(경기: 효형출판, 2012).

페팃, 필립, 《왜 다시 자유인가》, 곽준혁, 윤채영 옮김(서울: 한길사, 2019).

폴라니, 칼, 《거대한 전환: 우리 시대의 정치·경제적 기원》, 홍기빈 옮김(서울: 길, 2009).

푸코, 미셸, 《생명관리정치의 탄생: 콜레주드프랑스 강의 1978~79년》, 오트르망, 심세광, 전혜리, 조성은 옮김(서울: 난장, 2012).

프랭크, 로버트 H.; 쿡, 필립, 《승자독식사회》, 권영경, 김양미 옮김(서울: 웅진지식하우스, 2008).

프랭클린, 벤자민, 《프랭클린 자서전》, 이계영 옮김(서울: 김영사, 2001).

피케티, 토마, 《21세기 자본》, 장경덕 옮김, 이강국 감수(서울: 글항아리, 2014).

하비, 데이비드, 《신제국주의》, 최병두 옮김(서울: 한울, 2016).

——, 《신자유주의: 간략한 역사》, 최병두 옮김(서울: 한울, 2014).

한, 병철, 《피로사회》, 김태환 옮김(서울: 문학과지성사, 2012).

허시먼, 앨버트 O., 《떠날 것인가, 남을 것인가: 퇴보하는 기업, 조직, 국가에 대한 반응》, 강명구 옮김(서울: 나무연필, 2016).

Alperovitz, G., «On Liberty», en J. Cohen y J. Rogers (comps.), *What's Wrong with a Free Lunch?*, Boston, Beacon Press, 2001, págs. 106-110.

Arcarons, J.; Raventós, D.; y Torrens, L., *Renta básica incondicional: una propuesta de financiación racional y justa*, Barcelona, Ediciones del Serbal, 2017.

Arendt, H., *The Human Condition*, Chicago, The University of Chicago Press, 1958 (trad. cast.: *La condición humana*, Barcelona, Paidós, 1993).

———, «Reflections on Little Rock», en *Dissent*, 6(1), 1959, págs. 45-56.

Argemí, L., «La mano invisible y la divina providencia», en VV. AA., *Miscelánea Ernest Lluch*, Barcelona, Fundació Ernest Lluch, 2006, págs. 37-46.

Atkinson, A. B., «The Case for a Participation Income», en *The Political Quarterly,* 67(1), enero de 1996, págs. 67-70.

Aznar, G., *Trabajar menos para trabajar todos*, Madrid, HOAC, 1994.

Barr, M.; y Mackie, D., «The Euro Area Adjustment: About Halfway There», en *J. P. Morgan Global Issues*, mayo 2013, págs. 1-16, disponible en <www.jpmorganmarkets.com>.

Barragué, B., *Desigualdad e igualitarismo predistributivo*, Madrid, Centro de Estudios Políticos y Constitucionales, 2017.

Barry, B., *Why Social Justice Matters*, Cambridge, Polity Press, 2005.

Baum, G., *Karl Polanyi on Ethics and Economics*, Montreal, McGill-Queen's University Press, 1996.

Beard, C. A.; y Beard, M. R., *America in Midpassage*, Nueva York, Macmillan, 1939.

Bello, W., «Capitalism's Crisis and our Response», en *Focus on the Global South*, 2009, disponible en <http://focusweb.org/node/1486>.

Benjamin, W., *Calle de dirección única*, Madrid, Abada, 2010 [1928].

Berlin, I., «Two Concepts of Liberty», en I. Berlin, *Four Essays on Liberty*, Londres, Oxford University Press, 1969 [1958] (del artículo mencionado, trad. cast.: *Dos conceptos de libertad y otros escritos*, Madrid, Alianza, 2005).

Bertomeu, M. J., «Republicanismo y propiedad», en *El Viejo Topo*, 205-206, 2005, págs. 85-89.

———, «Pobreza y propiedad. ¿Cara y cruz de la misma moneda? Una lectura desde el republicanismo kantiano», en *Isegoría: Revista de Filosofía Moral y Política*, 57, 2017, págs. 477-504.

———, y Domènech, A., «El republicanismo y la crisis del rawlsismo metodológico», en *Isegoría: Revista de Filosofía Moral y Política*, 33, 2005, págs. 51-75.

Birnbaum, S., *Basic Income Reconsidered. Social Justice, Liberalism, and the Demands of Equality*, Nueva York, Palgrave Macmillan, 2012.

———, «Basic Income», en *Oxford Research Encyclopedia of Politics*, 2016, disponible en <http://politics.oxfordre.com/>.

———, y Casassas, D., «Social Republicanism and Basic Income», en D. Leighton y S. White (comps.), *Building a Citizen Society: The Emerging Politics of Republican Democracy*, Londres, Lawrence & Wishart, 2008, págs. 75-82.

———, y De Wispelaere, J., «Basic Income in the Capitalist Economy: The Mirage of 'Exit' from Employment», en *Basic Income Studies*, 11(1), 2016, págs. 61-74.

Black, B., *La abolición del trabajo*, Logroño, Pepitas de Calabaza, 2013[1985].

Blackstone, W., *Commentaries of the Laws of England* (ed. S. N. Katz, 4 vols.), Chicago, University of Chicago Press, 1979 [1765-1769].

Blaschke, R., «Sustainable Ecological Transition is Impossible Without Unconditional Social Security for All People», en *Degrowth in Movements*, 2017, disponible en https://www.degrowth.info/en/dim/degrowth-inmovements/unconditional-basic-income/.

Bosc, Y., *La Terreur des droits de l'homme: le républicanisme de Thomas Paine et le moment thermidorien*, París, Kimé, 2016.

———, «L'Économie politique populaire de Robespierre», en M. Bellet y P. Solal (comps.), *Républicanisme et économie politique*, París, Classiques Garnier, 2018.

Bregman, R., *Utopia for Realists: The Case for a Universal Basic Income, Open Borders and a*

15-Hour Workweek, Ámsterdam, De Correspondent, 2016.

Bruenig, M., «The Rich Already Have a UBI», en *Jacobin*, 2017, disponible en <https://www.jacobinmag.com/2017/01/rich-universal-basic-incomepiketty-passive-income-capital-income/>.

Casal, P., «Why Sufficiency Is Not Enough», en *Ethics*, 117(2), 2007, págs. 296-326.

Cameron, D., «The Big Society», 2009, disponible en <https://web.archive. org/web/20120714070101/http://www.conservatives.com/News/Speeches/2009/11/David_Cameron_The_Big_Society.aspx>.

Casassas, D., «Sociologías de la elección y nociones de libertad: la renta básica como proyecto republicano para sociedades de mercado», en *Isegoría: Revista de Filosofía Moral y Política*, 33, 2005, págs. 235-248.

———, *La ciudad en llamas: la vigencia del republicanismo comercial de Adam Smith*, Barcelona, Montesinos, 2010.

———, «La renta básica como vehículo de la democracia económica: relaciones de producción más justas para una ciudadanía sustantiva», en A. Comín Oliveres y L. Gervasoni Vila (comps.), *Democracia económica: hacia una alternativa al capitalismo*, Barcelona, Icaria, 2011, págs. 521-528.

———, «Adam Smith's Republican Moment: Lessons for Today's Emancipatory Thought», en *Economic Thought. History, Philosophy and Methodology*, 2(2), 2013, págs. 1-19.

———, «Economic Sovereignty as the Democratization of Work: The Role of Basic Income», en *Basic Income Studies*, 11(1), 2016a, págs. 1-15.

———, «La centralidad de los trabajos en la revolución democrática: ¿qué aporta la perspectiva de derechos?», en D. Casassas (coord.), *Revertir el guion: trabajos, derechos y libertad*, Madrid, Los Libros de la Catarata, 2016b, págs. 21-41.

———, «¿Por qué la renta básica?», en J. Arcarons, D. Raventós y L. Torrens (comps.), *La renta básica incondicional: una propuesta de financiación racional y justa*, Barcelona, Ediciones del Serbal, 2017, págs. 7-18.

———, «Pre-distribution, Basic Income, and the Institutions of Economic Democracy» (manuscrito inédito), 2018.

———, *et al.*, «Indignation and Claims for Economic Sovereignty in Europe and the Americas: Renewing the Project of Control over Production», en P. Wagner (comp.), *African,*

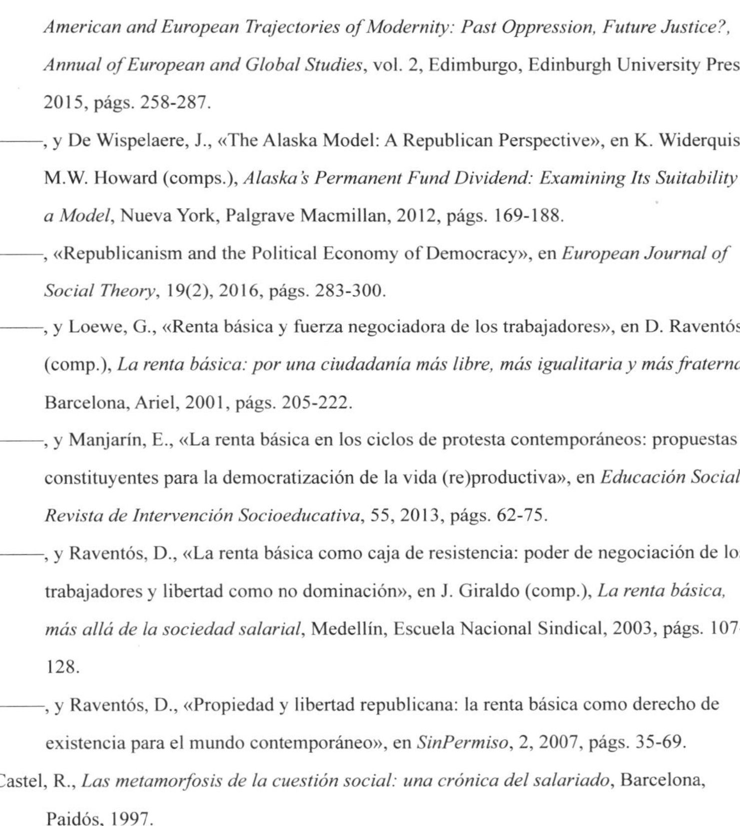

American and European Trajectories of Modernity: Past Oppression, Future Justice?, *Annual of European and Global Studies*, vol. 2, Edimburgo, Edinburgh University Press, 2015, págs. 258-287.

———, y De Wispelaere, J., «The Alaska Model: A Republican Perspective», en K. Widerquist y M.W. Howard (comps.), *Alaska's Permanent Fund Dividend: Examining Its Suitability as a Model*, Nueva York, Palgrave Macmillan, 2012, págs. 169-188.

———, «Republicanism and the Political Economy of Democracy», en *European Journal of Social Theory*, 19(2), 2016, págs. 283-300.

———, y Loewe, G., «Renta básica y fuerza negociadora de los trabajadores», en D. Raventós (comp.), *La renta básica: por una ciudadanía más libre, más igualitaria y más fraterna*, Barcelona, Ariel, 2001, págs. 205-222.

———, y Manjarín, E., «La renta básica en los ciclos de protesta contemporáneos: propuestas constituyentes para la democratización de la vida (re)productiva», en *Educación Social: Revista de Intervención Socioeducativa*, 55, 2013, págs. 62-75.

———, y Raventós, D., «La renta básica como caja de resistencia: poder de negociación de los trabajadores y libertad como no dominación», en J. Giraldo (comp.), *La renta básica, más allá de la sociedad salarial*, Medellín, Escuela Nacional Sindical, 2003, págs. 107-128.

———, y Raventós, D., «Propiedad y libertad republicana: la renta básica como derecho de existencia para el mundo contemporáneo», en *SinPermiso*, 2, 2007, págs. 35-69.

Castel, R., *Las metamorfosis de la cuestión social: una crónica del salariado*, Barcelona, Paidós, 1997.

Constant, B., *De la liberté des Anciens comparée à celle des Modernes*, París, Mille et Une Nuits, 2010 [1819] (del discurso de Constant, trad. cast: «Sobre la libertad de los antiguos comparada a la de los modernos», en *Libertades*, verano 2013, págs. 83-95).

Coriat, B. (comp.), *Le retour des comuns: la crise de l'idéologie propriétaire*, París, Les Liens qui Libèrent, 2015.

Credit Suisse Research Institute, *The Global Wealth Report 2016*, 2016, disponible en <www.credit-suisse.com/corporate/en/research/researchinstitute/publications.html>.

Dahl, R. A., *Polyarchy: Participation and Opposition*, New Haven, Yale University Press, 1971 (trad. cast.: *La poliarquía: participación y oposición*, Madrid, Tecnos, 2009).

Davala, S.; Jhabvala, R.; Mehta, S. K.; y Standing, G., *Basic Income: A Transformative Policy for India*, Londres y Nueva Delhi, Bloomsbury, 2015.

Davis, M., *Prisoners of the American Dream: Politics and Economy in the History of the US Working Class*, Londres, Verso, 2000.

De Wispelaere, J.; y Stirton, L., «A Disarmingly Simple Idea? Practical Bottlenecks in the Implementation of a Universal Basic Income», en *International Social Security Review*, 65(2), 2012, págs. 103-121.

Domènech, A., *De la ética a la política: de la razón erótica a la razón inerte*, Barcelona, Crítica, 1989.

———, «... Y fraternidad», en *Isegoría: Revista de Filosofía Moral y Política*, 7, 1993, págs. 49-78.

———, *El eclipse de la fraternidad: una revisión republicana de la tradición socialista*, Barcelona, Crítica, 2004.

———, «El socialismo y la herencia de la democracia republicana fraternal», en *El Viejo Topo*, 205-206, 2005, págs. 90-96.

———, «Ortega y el 'niño mimado de la historia'. O qué se puede aprender políticamente del uso incongruo de una metáfora conceptual», en R. R. Aramayo y J. F. Álvarez (comps.), *Disenso e incertidumbre: un homenaje a Javier Muguerza*, Madrid, Consejo Superior de Investigaciones Científicas y Plaza y Valdés, 2006, págs. 341-378.

———, «Democracia burguesa: nota sobre la génesis del oxímoron y la necedad del regalo», en *Viento Sur*, 100, 2009, págs. 95-100.

———, «Republicanism, Natural Right, Political Economy and Free Markets: The Astonishing Case of Léon Walras», ponencia presentada en el coloquio internacional, *Cultures des républicanismes: pratiques, représentations, concepts, de la Révolution anglaise à aujourd'hui*, Universidad de Ruán, Ruán, 21-22 de noviembre de 2013.

———, «Prólogo», en X. M. Beiras, *Exhortación a la desobediencia*, Santiago de Compostela, Laiovento, 2015, págs. 9-35.

———, y Bertomeu, M. J., «Property, Freedom and Money. Modern Capitalism Reassessed», en *European Journal of Social Theory*, 16(2), 2016, págs. 245-263.

———, y Raventós, D., «Property and Republican Freedom: An Institutional Approach to Basic Income», en *Basic Income Studies*, 2(2), 2007, págs. 1-8.

Elster, J., «Self-Realization in Work and Politics», en *Social Philosophy & Policy*, 3(2), primavera de 1986, págs. 97-126.

———, *Explaining Social Behavior: More Nuts and Bolts for the Social Sciences*, Nueva York, Cambridge University Press, 2007.

Engels, F., *The Condition of the Working Class in England*, Moscú, Progress Publishers, 1973 [1845].

Fairchild, C., «Middle-Class Decline Mirrors The Fall Of Unions In One Chart», en *The Huffington Post*, 18 de septiembre de 2013, disponible en <www.huffingtonpost.com/2013/09/18/union-membership-middleclass-income_n_3948543.html>.

Federici, S., *Calibán y la bruja: mujeres, cuerpo y acumulación primitiva*, Madrid: Traficantes de Sueños, 2010.

———, *Revolución en punto cero: trabajo doméstico, reproducción y luchas feministas*, Madrid, Traficantes de Sueños, 2013.

Flanagan, O., *Self Expressions: Mind, Morals and the Meaning of Life*, Oxford, Oxford University Press, 1996.

Foucault, M., *El nacimiento de la biopolítica*, Madrid, Akal, 2009.

Francisco, A. de, «A Republican Interpretation of the Late Rawls», en *Journal of Political Philosophy*, 14(3), 2006, págs. 270-288.

Frank, R. H.; y Cook, P. J., *The Winner-Take-All Society: Why the Few at the Top Get So Much More Than the Rest of Us*, Nueva York, Penguin, 1996.

Franklin, B., *Memoirs of Benjamin Franklin*, 2 vols., Nueva York, Harper & Brothers, 1839 (trad. cast: *Autobiografía de Benjamin Franklin, Madrid, Mono Azul*, 2010).

Garcés, M., *Un mundo común*, Barcelona, Bellaterra, 2013.

———, «Trabajo y vidas en común», en D. Casassas (coord.), *Revertir el guion: trabajos, derechos y libertad*, Madrid, Los Libros de la Catarata, 2016, págs. 59-71.

Garzón, A.; y Guamán, A. (comps.), *El trabajo garantizado: una propuesta necesaria frente al desempleo y la precarización*, Madrid, Akal, 2015.

Gauthier, F., «À l'origine de la théorie physiocratique du capitalisme, la plantation esclavagiste. L'expérience de Lemercier de la Rivière, intendant de la Martinique», en *Actuel Marx*, 32, 2002, págs. 51-72.

Gómez Jiménez, N., «La revolución democrática será diversa y accesible o no será», en

Fundación de los Comunes (comp.), *Hacia nuevas instituciones democráticas: diferencia, sostenimiento de la vida y políticas públicas*, Madrid, Traficantes de Sueños, 2016, págs. 159-174.

Goodhart, M., «'None So Poor That He Is Compelled to Sell Himself'»: Democracy, Subsistence, and Basic Income», en S. Hertel y L. Minkler (eds.), *Economic Rights: Conceptual, Measurement, and Policy Issues*, Cambridge, Cambridge University Press, 2007, págs. 94-114.

Goody, J., *The Theft of History*, Cambridge, Cambridge University Press, 2006.

Gorz, A., *Misères du présent, richesse du possible*, París, Galilée, 1997 (trad. cast.: *Miserias del presente, riqueza de lo posible*, Barcelona, Paidós, 1998).

Gourevitch, A., «The Limits of a Basic Income: Means and Ends of Workplace Democracy», *Basic Income Studies*, 11(1), 2016, págs. 17-28.

Haagh, L., «Basic Income, Social Democracy and Control over Time», en *Policy & Politics*, 39(1), 2011, págs. 43-66.

———, «Basic income as a pivoting reform», en *Nature Human Behaviour*, 1(125), 2017a, págs. 1-3.

———, «Basic Income and Institutional Transformations», en *Compass*, 2017b, disponible en <https://www.compassonline.org.uk/8395-2/>.

Hacker, J. S., «The Institutional Foundations of Middle-Class Democracy», en Policy Network (comp.), *Priorities for a New Political Economy: Memos to the Left*, Londres, Policy Network, 2011.

———, y Pierson, P., «Winner-Take-All Politics: Public Policy, Political Organization, and the Precipitous Rise of Top Incomes in the United States», en *Politics & Society*, 38(2), mayo de 2010, págs. 152-204.

Han, B., *La sociedad del cansancio*, Barcelona, Herder, 2012.

Harrington, J., *The Commonwealth of Oceana and A System of Politics* (ed. de J.G.A. Pocock), Cambridge y Nueva York, Cambridge University Press, 1992 [1656-1747].

Harvey, D., *The New Imperialism*, Oxford, Oxford University Press, 2003.

———, *Breve historia del neoliberalismo*, Madrid, Akal, 2007.

Harvey, P., *Securing the Right to Employment: Social Welfare Policy and the Unemployed in the United States*, Princeton, Princeton University Press, 1989.

Heckman, J., «Promoting Social Mobility», en *Boston Review*, 2012, disponible en <www.bostonreview.net/forum/promoting-social-mobilityjames-heckman>.

Herrero, Y., «Apuntes ecofeministas para reconsiderar el trabajo humano», en D. Casassas (coord.), *Revertir el guion: trabajos, derechos y libertad*, Madrid, Los Libros de la Catarata, 2016, págs. 123-133.

Herzog, L., «Basic Income and the Ideal of Epistemic Equality», en *Basic Income Studies*, 11(1), 2016, págs. 29-38.

Hirschman, A. O., *Exit, Voice, and Loyalty: Responses to Decline in Firms, Organizations, and States*, Cambridge, MA, Harvard University Press, 1970.

Holmes, S.; y Sunstein, C. R., *The Cost of Rights: Why Liberty Depends on Taxes*, Nueva York y Londres, W. W. Norton, 2000.

Jayadev, A.; y Bowles, S., «Guard Labor», en *Journal of Development Economics*, 79(2), 2006, págs. 328-348.

Jensen, M. H.; *et al.*, «A budget-neutral universal basic income», en *AEI Economics Working Papers*, 10, págs. 1-19.

Joerges, C.; Strath, B.; y Wagner, P., *The Economy as a Polity: The Political Constitution of Contemporary Capitalism*, Londres, UCL, 2005.

Jordan, B., «Basic Income and the Common Good», en P. Van Parijs (ed.), *Arguing for Basic Income: Ethical Foundations for a Radical Reform*, Londres, Verso, 1992, págs. 155-177.

Kalecki, M., «Political Aspects of Full Employment», en *The Political Quarterly*, 14(4), 1943, págs. 322-330.

Katsiaficas, G., *The Subversion of Politics: European Autonomous Social Movements and the Decolonization of Everyday Life*, Edimburgo, AK Press, 2006.

Kaye, F. B., «Introducción», en B. Mandeville, *La fábula de las abejas (o los vicios privados hacen la prosperidad pública)*, Madrid, Fondo de Cultura Económica, 1997 [1729], págs. xiii-xxvii.

Kenworthy, L., «What's Wrong with Predistribution», en *Juncture*, 20(2), 2013, págs. 111-117.

Keynes, J. M., *The General Theory of Employment, Interest and Money*, Nueva York: Palgrave Macmillan, 2007 [1936] (trad. cast.: *Teoría general de la ocupación, el interés y el dinero*, Madrid, Fondo de Cultura Económica, 2006).

Klosse, S., «Flexibility and Security: A Feasible Combination?», en *European Journal of Social*

Security, 5(3), 2003, págs. 191-213.

Krätke, M., «Basic Income, Commons and Commodities: The Public Domain Revisited», en G. Standing (comp.), *Promoting Income Security as a Right. Europe and North America*, Londres, Anthem Press, 2004, págs. 129-143.

Laguna, H., «'¡Mamá, puedo ser artista!' Renta básica y trabajo cultural»,

en *Nativa*, disponible en <http://www.nativa.cat/2017/04/mama-puedoser-artista-renta-basica-y-trabajo-cultural/>.

Lakoff, G.; y Johnson, M., *Metáforas de la vida cotidiana*, Madrid, Cátedra, 1986.

Lange, O., «On the Economic Theory of Socialism», en B. E. Lippincott (comp.), *On the Economic Theory of Socialism*, Minneapolis, University of Minnesota Press, 1938, págs. 55-143.

Laval, C.; y Dardot, P., *La nueva razón del mundo. Ensayo sobre la sociedad neoliberal*, Barcelona, Gedisa, 2013.

Lemercier de la Rivière, P.-P., *L'ordre naturel et essentiel des sociétés politiques*, París, Fayard, 2001 [1767].

León XIII (1891): *Rerum novarum: sobre la situación de los obreros*, disponible en <http://w2.vatican.va/content/leo-xiii/es/encyclicals/documents/hf_l-xiii_enc_15051891_rerum-novarum.html>.

Lerner, A. P., «The Economics and Politics of Consumer Sovereignty», en *American Economic Review*, 62(1/2), 1972, págs. 258-266.

Leuchtenburg, W. E., The FDR Years: *On Roosevelt and His Legacy*, Nueva York, Columbia University Press, 1995.

———, *Franklin D. Roosevelt and the New Deal*, 1932-1940, Nueva York, Harper Perennial, 2009.

Livingston, J., *No More Work: Why Full Employment Is a Bad Idea*, Chapel Hill, The University of North Carolina Press, 2016.

Lo Vuolo, R. (comp.), *Citizen's Income and Welfare Regimes in Latin America: From Cash Transfers to Rights*, Nueva York, Palgrave Macmillan, 2013.

Locke, J., *Second Treatise on Government* (ed. R. Cox), Wheeling, Harlan Davidson, 1982 [1689].

Mandeville, B., *La fábula de las abejas: los vicios privados hacen la prosperidad pública*,

Madrid, Fondo de Cultura Económica, 1997 [1724].

Manjarín, E.; y Szlinder, M., «A Marxist Argumentative Scheme on Basic Income and Wage Share in an Anti-capitalist Agenda», en Basic Income Studies, 11(1), 2016, págs. 49-59.

Mason, P., *Postcapitalism: A Guide to Our Future*, Londres, Allen Lane, 2015.

Marx, K., *Manuscritos económico-filosóficos de 1844*, Barcelona, Grijalbo, 1975 [1844].

———, *Grundrisse der Kritik der Politischen Ökonomie*, Berlín, Dietz Verlag, 1953 [1857-1859] (trad. cast.: *Elementos fundamentales para la crítica de la economía política*, Madrid, Siglo xxi, 1976).

———, El capital: crítica de la economía política (3 vols.), México, Fondo de Cultura Económica, 1976 [1867-1894].

———, *Teorías sobre la plusvalía*, parte I, OME 45, Barcelona-Buenos Aires-México, Crítica-Grijalbo, 1977 [1862].

———, y Engels, F., *La ideología alemana*, Barcelona, Grijalbo, 1970 [1844-1845].

———, *Crítica del programa de Gotha; Crítica del Programa de Erfurt*, Madrid, Fundación Federico Engels, 2004 [1875-1891].

Mattei, U., B*eni comuni: un manifesto*, Roma y Bari, Laterza, 2011.

Mazzucato, M., «Rediscovering Public Wealth Creation», en *Project Syndicate*, 2017, disponible en <www.project-syndicate.org/onpoint/growthand-public-sector-investment-by-mariana-mazzucato-2017-12?barrier=accesspaylog>.

McCormick, J.P., *Machiavellian Democracy*, Nueva York, Cambridge University Press, 2011.

McQuaig, L.; y Brooks, N., *El problema de los super-millonarios. Cómo se han apropiado del mundo los super-ricos y cómo podemos recuperarlo*, Madrid, Capitán Swing, 2014.

Meade, J., Efficiency, Equality, and the Ownership of Property, Londres, George Allen & Unwin, 1964.

———, Agathatopia: The Economics of Partnership, Aberdeen, Aberdeen University Press, 1989.

Meiksins Wood, E., «Hobbes y el neorrepublicanismo académico de la escuela de Cambridge», en SinPermiso, 2010, disponible en <www.sinpermiso.info/textos/hobbes-y-el-neorrepublicanismo-acadmico-de-la-escuela-de-cambridge>.

Miguel, A. de, «Participación, deliberación y excelencia. En torno a la filosofía política de John Stuart Mill», en Isegoría: Revista de Filosofía Moral y Política, 44, 2011, págs. 73-88.

Millar, J., The Origin of the Distinction of Ranks, Bristol, Thoemmes Press, 1990 [1771].

Mises, L. von, Human Action, A Treatise on Economics (4 vols.), Indianápolis, Liberty Fund, 2007 [1949] (trad. cast.: La acción humana: tratado de economía, Madrid, Unión Editorial, 2015).

Moreno Colom, S., «Trabajo y tiempo: una controversia de género», en D. Casassas (coord.), Revertir el guion: trabajos, derechos y libertad, Madrid, Los Libros de la Catarata, 2016, págs. 134-145.

Moruno, J., La fábrica del emprendedor: trabajo y política en la empresa-mundo, Madrid, Akal, 2015.

Mundó, J., «Political Freedom in Locke's Republicanism», en Y. Bosc, R. Dalisson, J.-Y. Frétigné, C. Hamel y C. Lounissi (comps.), Cultures des républicanismes: pratiques-représentations-concepts de la Révolution anglaise à aujourd'hui, París, Kimé, 2015, págs. 103-116.

———, «La constitución fiduciaria de la libertad política (por qué son importantes las coyunturas interpretativas en la filosofía política)», en Isegoría: Revista de Filosofía Moral y Política, 57, 2017, págs. 433-454.

Murray, C., In Our Hands: A Plan to Replace the Welfare State, Washington, D. C., The American Enterprise Institute Press, 2006.

Murray, M. J.; y Forstater, M. (comps.), The Job Guarantee: Toward True Full Employment, Nueva York, Palgrave Macmillan, 2013.

Naím, M., El fin del poder: empresas que se hunden, militares derrotados, papas que renuncian y gobiernos impotentes: cómo el poder ya no es lo que era, Barcelona, Debate, 2013.

NEF y Ecopolítica, Veintiuna horas: una semana laboral más corta para prosperar en el siglo xxi, Barcelona, Icaria, 2012.

Offe, C., «A Non-Productivist Design for Social Policies», en P. Van Parijs (ed.), Arguing for Basic Income: Ethical Foundations for a Radical Reform, Londres, Verso, 1992, págs. 61-78.

O'Neill, M.; y Williamson, T., «The Promise of Pre-distribution», Policy Network (2012a), disponible en <www.policy-network.net/pno_detail.aspx?ID=4262&title=The+promise+of+pre-distribution>.

———, (comps.), *Property-Owning Democracy: Rawls and Beyond*, Oxford, Wiley-Blackwell,

2012b.

Ortega y Gasset, J., *España invertebrada y otros ensayos*, Madrid, Alianza, 2014 [1922].

———, *La rebelión de las masas y otros ensayos*, Madrid, Alianza, 2014 [1929].

Paine, T., «Agrarian Justice», en *The Life and Major Writings of Thomas Paine* (ed. P. S. Foner), Nueva York, Citadel Press, 1974 [1791], págs. 605-623.

———, *Common Sense* (ed. I. Kramnick), Nueva York, Penguin, 1986 [1776].

Pateman, C., «Democratizing Citizenship: Some Advantages of a Basic Income», en E.O. Wright (comp.), *Redisigning Distribution. Basic Income and Stakeholder Grants as Cornerstones for an Egalitarian Capitalism*, Londres y Nueva York, Verso, 2006, págs. 101-119.

Pérez Orozco, A., *Subversión feminista de la economía: aportes para un debate sobre el conflicto capital-vida*, Madrid, Traficantes de Sueños, 2014.

Pettit, P., *Republicanism: A Theory of Freedom and Government*, Oxford, Oxford University Press, 1997 (trad. cast.: *Republicanismo: una teoría sobre la libertad y el gobierno*, Barcelona, Paidós, 1999).

———, *A Theory of Freedom: From the Psychology to the Politics of Agency*, Oxford, Oxford University Press, 2001 (trad. cast.: *Una teoría de la libertad*, Madrid, Losada, 2006).

———, «Freedom in the Market», en *Politics, Philosophy & Economics*, 5(2), 2006, págs. 131-149.

———, *On the People's Terms: A Republican Theory and Model of Democracy*, Cambridge, Cambridge University Press, 2012.

———, *Just Freedom: A Moral Compass for the Modern World*, Nueva York y Londres, W. W. Norton, 2014.

Piketty, T., *Capital in the Twenty-First Century*, Cambridge, Harvard University Press, 2014 (trad. cast.: *El capital en el siglo xxi*, Madrid, Fondo de Cultura Económica de España, 2014).

Pisarello, G., *Un largo Termidor: la ofensiva del constitucionalismo antidemocrático*, Madrid, Trotta, 2011.

———, *Procesos constituyentes: caminos para la ruptura democrática*, Madrid, Trotta, 2014.

Pizzigati, S., «The Corporate Pay Gap: Do We Need a Maximum Wage?», en *Perspectives on Work*, 12(1-2), verano 2009, págs. 40-42.

Polanyi, K., *The Great Transformation: The Political and Economic Origins of Our Time*, Boston, Beacon Press, 1944 (trad. cast.: *La gran transformación*, Madrid, Endymion, 1989).

Pradel Miquel, M.; y García Cabeza, M., «Innovación social en las ciudades españolas: la centralidad de la gobernanza local y ciudadana», en M. Pradel Miquel y M. García Cabeza (comps.), *El momento de la ciudadanía: innovación social y gobernanza urbana en Barcelona, Bilbao, Madrid y Zaragoza*, Madrid, Los Libros de la Catarata, 2018, págs. 13-31.

Raes, K., «Basic Income and Social Power», en K. Widerquist, J. A. Noguera, Y. Vanderborght y J. De Wispelaere (comps.), *Basic Income: An Anthology of Contemporary Research*, Nueva York, Wiley-Blackwell, 2013 [1988], págs. 246-254.

Ramonet, I., «Las cuatro cosas que el papa Francisco les dice a los pobres», en *Le Monde Diplomatique* (edición en español), 254, 2016, págs. 1 y 12.

Ramos, F., «Políticas activas de empleo y renta básica: ¿soluciones sustitutivas o complementarias?», en D. Casassas y D. Raventós (eds.), *La renta básica en la era de las grandes desigualdades*, Barcelona, Montesinos, 2011, págs. 137-167.

Raventós, D., *El derecho a la existencia: la propuesta del subsidio universal garantizado*, Barcelona, Ariel, 1999.

———, *Las condiciones materiales de la libertad*, Barcelona, El Viejo Topo, 2007.

———, *Renta básica contra la incertidumbre*, Barcelona, RBA, 2017.

———, y Casassas, D., «Republicanism and Basic Income: The Articulation of the Public Sphere from the Repoliticization of the Private Sphere», en G. Standing (comp.), *Promoting Income Security as a Right: Europe and North America*, Londres, Anthem Press, 2004, págs. 229-251.

———, y Wark, J., *Against Charity*, Pretolia, CA, AK Press & Counterpunch, 2018.

Raventós, S., «Crisis, salud mental y renta básica», en D. Casassas y D. Raventós (comps.), *La renta básica en la era de las grandes desigualdades*, Barcelona, Montesinos, 2011, págs. 236-259.

———, «Desigualdad socioeconómica y salud mental: la propuesta de una renta básica para proteger y promover la salud mental», *SinPermiso*, 2016, disponible en <www. sinpermiso.info/textos/desigualdad-socioeconomicay-salud-mental-la-propuesta-de-una-

renta-basica-para-proteger-y-promover>.

Rawls, J., «The Priority of Right and Ideas of the Good», en *Philosophy and Public Affairs,* 17, 1988, págs. 251-276.

———, *Justice as Fairness: A Restatement*, Cambridge, MA, Harvard University Press, 2001 (trad. cast.: *La justicia como equidad. Una reformulación*, Barcelona, Paidós, 2002).

Revelli, M., «La prima generazione arrabbiata del post-crescita», en *Democrazia nella Comunicazione*, 2010, disponible en <www.megachip.info>.

Rey Pérez, J. L., *El derecho al trabajo y el ingreso básico: ¿cómo garantizar el derecho al trabajo?*, Madrid, Dykinson, 2007.

Riutort, S., *Energía para la democracia: la cooperativa Som Energia como laboratorio social*, Madrid, Fuhem Ecosocial y Los Libros de la Catarata, 2016.

Robeyns, I., «Having Too Much», en J. Knight y M. Schwartzberg (comps.), NOMOS LVII: *Wealth Yearbook of the American Society for Political and Legal Philosophy*, Nueva York, NYU Press, 2016, págs. 1-44.

Rodríguez López, E., *La política en el ocaso de la clase media: el ciclo 15MPodemos*, Madrid, Traficantes de Sueños, 2016.

Roemer, J. E., *A Future for Socialism*, Cambridge, Harvard University Press, 1994.

Russell, B., *Roads to Freedom: Socialism, Anarchism and Syndicalism*, Londres, Unwin Books, 1966 [1918].

Samuelson, P., «Wages and Interest: A Modern Dissection of Marxian Economic Models», en *The American Economic Review*, 47(6), 1957, págs. 884-912.

Sandel, M., *What Money Can't Buy: The Moral Limits of Markets*, Nueva York, Farrar, Straus and Giroux, 2012 (trad. cast.: *Lo que el dinero no puede comprar*, Barcelona, Debate, 2018).

Sempere, J., «Trabajo y medio ambiente: tensiones y oportunidades en la transición verde», en D. Casassas (coord.), *Revertir el guion: trabajos, derechos y libertad*, Madrid, Los Libros de la Catarata, 2016, págs. 161-171.

Sennett, R., *The Corrosion of Character: The Personal Consequences of Work in the New Capitalism*, Nueva York y Londres, W.W. Norton, 1999.

Shadab, M.; y Koshy, T., *Understanding the Characteristics of the Sumangali Scheme in Tamil Nadu Textile & Garment Industry and Supply Chain Linkages*, Washington D. C., Fair

Labor Association, 2012.

Simon, W. H., «Social-Republican Property», en *UCLA Law Review*, 38, 1991, págs. 1335-1413.

Skinner, Q., «Meaning and Understanding in the History of Ideas», en *History and Theory*, 8(1), 1969, págs. 3-53.

Smith, A., *The Theory of Moral Sentiments*, Indianápolis, Liberty Fund., 1976 [1759] (trad.cast.: *La teoría de los sentimientos morales*, Madrid, Alianza, 2013).

———, *Lectures on Jurisprudence* (ed. R. L. Meek, D. D. Raphael y P. Stein), Indianápolis, Liberty Fund., 1978 [1762-1766] (trad. cast.: *Lecciones de jurisprudencia*, Madrid, BOE, 1996).

———, *An Inquiry into the Nature and Causes of the Wealth of Nations* (ed. R. Campbell y A.S. Skinner, 2 vols.), Indianápolis, Liberty Fund., 1981 [1776] (trad. cast.: *Investigación sobre la naturaleza y causas de la riqueza de las naciones*, Madrid, Fondo de Cultura Económica de España, 1958).

Sorscher, S., «We All Do Better When We All Do Better», en *The Huffington Post*, 3 de mayo de 2012, disponible en <www.huffingtonpost.com/stansorscher/we-all-do-better-when-we-all-do-better_b_1469635.html>.

Sousa Santos, B. de (comp.), *Another Production is Possible: Beyond the Capitalist Canon*, Londres y Nueva York, Verso, 2006.

Srnicek, N.; y Williams, A., *Inventing the Future: Postcapitalism and a World without Work*, Londres, Verso, 2015.

Standing, G., *Beyond the New Paternalism. Basic Security as Equality*, Londres y Nueva York, Verso, 2002.

———, *Work after Globalization: Building Occupational Citizenship*, Cheltenham, Edward Elgar, 2009.

———, *The Precariat: The New Dangerous Class*, Londres, Bloomsbury, 2011 (trad. cast.: *El precariado: una nueva clase social*, Barcelona, Pasado & Presente, 2012).

———, *A Precariat Charter: From Denizens to Citizens*, Londres y Nueva York, Bloomsbury Academic, 2014 (trad. cast: *El precariado: una carta de derechos*, Madrid, Capitán Swing, 2014).

———, *The Corruption of Capitalism: Why Rentiers Thrive and Work Does Not Pay*, Londres,

Biteback, 2016 (trad. cast.: La corrupción del capitalismo: por qué prosperan los rentistas y el trabajo no sale a cuenta, Barcelona, Pasado y Presente, 2017).

———, *Basic Income: And How We Can Make It Happen*, Londres, Penguin, 2017.

Stern, A., *Raising the Floor: How a Universal Basic Income Can Renew Our Economy and Rebuild the American Dream*, Nueva York, Public Affairs, 2016.

Taylor-Gooby, P., «Why do People Stigmatise the Poor at a Time of Rapidly Increasing Inequality, and What Can Be Done about It?», en *The Political Quarterly*, 84(1), enero-marzo de 2013, págs. 31-42.

Thomas, A., *Republic of Equals: Predistribution and Property-Owning Democracy*, Oxford: Oxford University Press, 2016.

Thompson, E. P., *La formación de la clase obrera en Inglaterra*, Madrid, Capitán Swing, 2012 [1963].

Tierney, B., *The Idea of Natural Rights. Studies on Natural Rights, Natural Law, and Church Law 1150-1625*, Grand Rapids, MI y Cambridge, William B. Eerdmans, 1997.

Toledano, D., «La larga marcha por la renta garantizada de ciudadanía», en *Viento Sur*, 25 de agosto de 2017, disponible en <http://vientosur.info/spip.php?article12942>.

Torrens, L.; y González de Molina, E., «La garantía del empleo libre: desempleo, robotización y reducción de la jornada laboral», en *SinPermiso*, 2016, disponible en <www.sinpermiso.info/textos/la-garantia-del-tiempo-libre-desempleo-robotizacion-y-reduccion-de-la-jornada-laboralparte-1>.

Tuck, R., *Natural Right Theories. Their Origin and Development*, Cambridge, Cambridge University Press, 1979.

Vanderborght, Y., «Why Trade Unions Oppose Basic Income?», en *Basic Income Studies*, 1(1), 2006, págs. 1-20.

Van der Veen, R. J.; y Van Parijs, P., «A Capitalist Road to Communism», en *Theory and Society*, 15, 1986, págs. 635-655.

Van Parijs, P., «The Second Marriage of Justice and Efficiency», en *Journal of Social Policy*, 19, 1990, págs. 1-25.

———, *Real Freedom for All: What If Anything Can Justify Capitalism?*, Oxford, Oxford University Press, 1995.

———, «A Basic Income for All», en J. Cohen y J. Rogers (eds.), *What's Wrong with a Free*

Lunch?, Boston, Beacon Press, 2001, págs. 3-28.

———, «Basic Income: A Simple and Powerful Idea for the Twenty-First Century», en E. O. Wright (comp.), *Redesigning Distribution: Basic Income and Stakeholder Grants as Cornerstones for an Egalitarian Capitalism*, Londres y Nueva York, Verso, 2006, págs. 3-42.

———, «De chacun (volontairement) selon ses capacités, à chacun (inconditionnellement) selon ses besoins. Propos recueillis par Baptiste Mylondo et Simon Cottin-Marx», en *Mouvements*, 73, 2013, págs. 155-174.

———, y Vanderborght, Y., *Basic Income: A Radical Proposal for a Free Society and a Sane Economy*, Cambridge, MA, y Londres, Harvard University Press, 2017.

Varoufakis, Y., *The Global Minotaur: America, the True Origins of the Financial Crisis and the Future of the Global Economy*, Londres y Nueva York, Zed Books, 2011 (trad. cast.: *El minotauro global: Estados Unidos, Europa y el futuro de la economía mundial*, Barcelona, Punto de Lectura, 2015).

———, «When Does a Society Become Social?», ponencia presentada en la *Future of Work Conference*, organizada por el Gottlieb Duttweiler Institute, Zúrich, 4 de mayo de 2016.

Virno, P., *Gramática de la multitud: para un análisis de las formas de vida contemporáneas*, Madrid, Traficantes de Sueños, 2003.

White, S., *The Civic Minimum: On the Rights and Obligations of Economic Citizenship*, Oxford, Oxford University Press, 2003.

———, «The Republican Critique of Capitalism», en *Critical Review of International Social and Political Philosophy*, 14(5), 2011, págs. 561-579.

———, «Property-Owning Democracy and Republican Citizenship», en M. O'Neill y T. Williamson (comps.), *Property-Owning Democracy: Rawls and Beyond*, Oxford, Wiley-Blackwell, 2012, págs. 129-146.

———, «Labour, Capital and Commons: Three Sites of Predistribution», en R. Merrill (comp.), *Predistribution*, 2018 (en prensa).

Widerquist, K., *Independence, Propertylessness, and Basic Income: A Theory of Freedom as the Power to Say No*, Nueva York, Palgrave Macmillan, 2013.

Willetts, D., *Civic Conservatism*, Londres, The Social Market Foundation, 1994.

Winters, J. A.; y Page, B. I., «Oligarchy in the United States?», en *Perspectives in Politics*, 7(4), diciembre de 2009, págs. 731-751.

Wray, L. R., *Understanding Modern Money: The Key to Full Employment and Price Stability*, Cheltenham, Edward Elgar, 1998.

Wright, E. O., «Compass Points: Towards a Socialist Alternative», en *New Left Review*, 41, 2006a, págs. 93-124.

———, «Basic Income as a Socialist Project», en *Basic Income Studies*, 1(1), 2006b, págs. 1-11.

———, *Envisioning Real Utopias*, Londres y Nueva York, Verso, 2010.

———, «Sociology and Epistemology of Real Utopias. A Conversation with David Casassas and Maciej Szlinder», en *Theoretical Practice*, disponible en <http://www.praktykateoretyczna.pl/sociology-and-epistemologyof-real-utopias/>.

Zimmermann, R., *The Law of Obligations: Roman Foundations of the Civilian Tradition*, Oxford, Oxford University Press, 1996.

Zunz, O.; Schoppa, L.; y Hiwatari, N. (comps.), *Social Contracts under Stress: The Middle Classes of America, Europe, and Japan at the Turn of the Century*, Nueva York, Russell Sage Foundation, 2004.

찾아보기

[숫자]

[A-Z]

[ㄱ]

[ㄴ]

[ㄷ]

[ㅅ]

[ㅈ]

[ㅊ]

무조건 기본소득

모두의 자유를 위한 공동의 재산

1판 1쇄 발행 2020년 5월 1일

지은이 다비드 카사사스
옮긴이 구유
펴낸이 전길원
책임편집 김민희
디자인 최진규

펴낸곳 리얼부커스
출판신고 2015년 7월 20일 제2015-000128호
주소 04593 서울시 중구 동호로 10길 30, 106동 505호(신당동 약수하이츠)
전화 070-4794-0843
팩스 02-2179-9435
이메일 realbookers21@gmail.com
블로그 http://realbookers.tistory.com
페이스북 www.facebook.com/realbookers

ISBN 979-11-86749-11-1 03300

이 도서의 국립중앙도서관 출판예정도서목록(CIP)은
서지정보유통지원시스템 홈페이지(http://seoji.nl.go.kr)와
국가자료종합목록 구축시스템(http://kolis-net.nl.go.kr)에서
이용하실 수 있습니다. (CIP제어번호 : CIP2020011343)

이 책은 2020년 아름다운 청년 전태일 50주기를 맞아 기획·출간되었으며,
도서 인세 일부를 전태일재단에 기부합니다.